謹以本書敬獻給先師

王恢教授

一位影響我人生方向、讀書方法的恩師，
雖然五十年過去了，依然懷念、感恩不已。

臺灣史研究叢書 20

澎湖古蹟與歷史

卓克華 著

蘭臺出版社

克華這個人──《澎湖古蹟與歷史》序

杜潔祥

　　卓克華的史學，在研究台灣歷史的學者當中，可謂獨樹一幟，卓然成家，早已獲得學界的肯定：「治學廣泛，又有所偏重。」（王見川語）、「涉獵極廣，別有見地。」（黃美娥語）、「克華兄的歷史鑽研功夫，向來別樹一幟、不落窠臼。」（徐裕健語）、「每一篇都十足展現出克華『大膽的假設、細心的考證』的史學風範與工夫。」（楊仁江語）。卓克華獨領風騷的台灣古蹟史研究，名史家尹章義的評語最中肯綮：「古蹟史研究難度最高，已刊文獻絕少，已刊文獻堪用者更少，一難；研究古蹟必備建築學、人文地理、宗教學等跨學科知識，二難；必須實地研究，三難；故學者能從事古蹟史研究者極少，不自量力之輩，灰頭土臉事小，一事無成，無法交稿而誤事者事大。作者（按：指卓克華）為台灣古蹟史翹楚……世罕其匹，不研究古蹟史者，不知其難，亦不知作者成就之大。」

　　這麼多學界名家的肯定，克華是不需要我這個學術殿堂外的江湖人越界來揄揚他的成就的。不過作序有兩種，一種寫書，一種寫人。讓江湖人談這個人，該是克華對我作序的要求吧？

克華個性中有兩個特質，我認為對他的學術工作有所影響。他自奉儉約，自律較嚴，對生活用度的態度極為樸實，好吃、好穿、好用的東西沒特別想望，能用就好！這種個性很適合沈潛、安靜、深究的歷史考證工作。另一方面，他熱情樂觀，與人為善，朋友經濟上有難，他常金援掖助。我和克華相交三十年，略知出版界一眾苦哈哈的朋友不少人曾得到他的幫忙。當然，有去無回也是有的，克華雖然懊惱，卻不怨懟。這樣的性格表現在學術研究上，便是廣搜博採、大開大闔的自信自負。他的儉省自律，使他研究時小心翼翼，他的樂觀進取，使他大做文章。不知克華是否同意我的看法？

不諱言，這裡我也要談談克華的中風，這是他生命中最大的困頓。克華中風前數年，才經歷了不捨的離婚，那是令他心痛的打擊，我至今猶記得克華來請我在證書上簽字時的哀傷。離婚後他扛起單親爸爸的責任，身兼母職，教養兩個稚子。中風時，克華才四十歲出頭，上面還有老母，他身殘心瘁，生業無門，我很難想像克華當時是如何的煎熬！多年後克華向我傾訴他的痛苦時，曾說要不是對母親與孩子撫養的責任，他萬念俱灰。所幸，治療復健了一年，語言、思緒漸漸回復到正常。翌年，佛光大學歷史研究所成立，龔鵬程校長義無反顧的聘他為專任副教授。教學與研究，讓他恢復了自信，生活也步上了軌道。當時我的教師宿舍與克華毗鄰，陽台走道相通，夜讀疲乏時，克華常輕叩我的窗門，兩人品茗夜談，無所不聊，我對克華的生命歷程，才有了比較深切的體認。

克華 2000 年中風，我查了 2016 年他自編的著作目錄，赫然發現，16 年期間他出版了 9 本論文集、寫了 33 篇古蹟歷史研究與調查報告、發表了 27 篇期刊論文，估計已超過上百萬字，這是何等驚人的學術生產力！我認為中風以

來克華把生命浸潤在學術的探討中，涵泳況味，樂在其中，不僅安頓了失常的生活，也找到了存在的意義。

　　克華有一篇論文〈金門魯王「漢影雲根」摩崖石刻新解〉，結語中，克華為這位明朝的亡命王孫感慨繫之，說：「寫至此，驀然驚見一個落寞身影沒入蒼茫海天之中，遠遠地，悠悠地，傳來一聲廣遠的嘆息！」那個落寞身影，莫非是克華的自況？最近，我感覺克華對中風這檔事愈來愈淡然處之，上不怨天，下不尤人，沒有嘆息了！

　　謹以此序，與好友克華共勉之。

　　　　杜潔祥寫於 2022 年 10 月 22 日拔牙不痛了之後

　　　　　　　　（序者為花木蘭出版社負責人）

史蹟拓荒，「卓」然有成

謝貴文

　　個人與卓克華教授的因緣，起於二〇〇七年臺北大龍峒保安宮所舉辦的研討會。當時我還在公部門服務，也剛踏入民間信仰的研究領域，雖然有幸在會中發表論文，但得知是大名鼎鼎的卓教授擔任討論人，著實感到惶恐。所幸他雖然治學態度嚴謹，對我不成熟的論文提出深入批評，但也展現直率豪爽的真性情，給予我許多鼓勵，讓我有信心朝學術方向邁進。翌年八月，個人如願轉往大學任教，在跌跌撞撞的學術路上，他總是亦師亦友地指導我，他的每本論著也都帶給我諸多啟發，開展我的研究視野與深度。

　　卓教授早在一九七〇年代即投入臺灣史的研究，最初專攻行郊史的課題，而成為此一領域的開創者。一九九〇年代起，臺灣文化資產保存的風潮興起，他因治學成果受到肯定，獲邀參與許多古蹟修復的調查研究，而開展出古蹟史的新課題，亦為此一領域的奠基者與第一人。而在全臺的古蹟中，寺廟的數量無疑最多，他在調查研究的過程中，發現其在地方歷史與文化的重要性，於是又另闢寺廟史的新領域，也成為臺灣史研究不可或缺的一環。在卓教授這本新作《澎湖古蹟與歷史》中，即涵蓋此三大領域，包括

對清代臺廈郊的考察；探討西嶼燈塔、西嶼東砲台、萬軍井等古蹟的歷史；爬梳媽宮城隍廟、觀音亭、施公祠等寺廟的沿革變遷。這些都展現他在史學研究的深厚功力，也讓外界看到離島澎湖少為人知的珍貴史蹟。

個人因曾在公部門主管文化資產業務，又長期關注民間信仰的課題，對於卓教授在古蹟與寺廟的研究，尤有更多的感觸。在古蹟史方面，雖然《文化資產保存法》規定古蹟修復要先進行調查研究，內容包括文獻史料之蒐集及修復沿革考證，但在建築專業的主導下，這些總是聊備一格，獲得的資源也甚少。然而，古蹟不同於一般建築物，在於它是承載不同時代的記憶，也記錄人們在此活動的軌跡，如果沒有詳盡的歷史考證，如何能呈現古蹟的文化厚度與價值呢？所幸卓教授在有限資源下，仍透過深入的實地調查及史料的蒐集解讀，盡可能還原每座古蹟的原始樣貌與演變歷程。例如對於媽宮觀音亭的調查，他推論其最早可能是供人觀景的涼亭，至康熙年間才改建擴大為觀音廟，並在道光初年將東廂房改建為龍神廟。這些在日治後期的更新重建中，幾乎都已消失殆盡，但如果能在後來的古蹟修復中，透過其他形式予以重現，則更能展現該廟的歷史深度與文化內涵，也會增添更多的故事性與吸引力。

在寺廟史方面，過往臺灣史學者多著重於官方檔案或民間文書的蒐集與分析，而低估隨處可見的寺廟之重要性，僅強調其能反映地方社會的發展，忽略它不僅是居民的信仰之所，也是當地權力、經濟、武力、教化、慈善、娛樂及公共事務的中心，其本身即是地方社會的主體，是治史者必須重視的區塊。卓教授在這本書中，亦透過細膩的調查與考證，發掘出多座寺廟的歷史訊息，讓外界看見其陳舊外觀下的迷人光彩。例如在媽宮天后宮、萬軍井旁的施公祠，是座狹隘不起眼的建築，即使進到廟內也很難知道

所祀何神；但他從史料爬梳中，發現其原稱「施將軍廟」，是施琅尚在世時所建的生祠，又從西壁的古碑及廟內所祀武營無祀者的神主，推測其改稱「施公祠」的年代與原因。更重要的是，他考察出該廟與海壇標兵的緊密關係，不僅讓人看見清代澎湖官民對施琅的崇敬，也見證此地班兵制度的運作狀況，使其珍貴的歷史價值得以彰顯。

卓教授投身臺灣史研究四十餘年，雖然多年來身體有恙，而今也已退休，但卻依然保有強烈的學術熱情與動能，始終論著不輟，實為後學者之典範。每當個人有所消極懈怠，總會以他的堅強意志來自我惕勵，繼續在學術路上奮勇向前。值此新書付梓之際，除致上祝賀與感佩之意外，也期待他能永保安康，持續為臺灣史學界做出更大的貢獻。

國立高雄科技大學文化創意產業系教授

謝貴文 謹識

2022.10.21

目　次

第一章 清代澎湖臺廈郊考

臺廈郊會館（水仙宮）

文化資產局網站基本資料介紹			
文化資產類別	古蹟		
級別	縣（市）定古蹟	種類	寺廟
公告日期	1985/11/27	公告文號	臺內民字第357272號
評定基準	具歷史、文化、藝術價值	法令依據	《古蹟指定及廢止審查辦法》第2條第1項第1款
指定/登錄理由	具有保存價值		
所屬主管機關	澎湖縣政府		
地址或位置	澎湖縣馬公市中央里中山路6巷9號		
主管機關	名　　稱：澎湖縣政府文化局 聯絡單位：文化資產科 聯絡電話：06-9261141#134 聯絡地址：澎湖縣馬公市中華路230號		
管理人/使用人	關係　　　　名稱 管理人　　　祭祀公業金長順神明會		

所有權屬	關係　　　公私有　名稱 建築所有人　私有　　祭 OOOOOOOOO
歷史沿革	根據乾隆 3 年《台灣志略》記載，澎湖的水仙宮是薛奎在康熙 35 年所建。照方志記載，薛奎是遼東人，康熙 34 年任澎湖水師右營遊擊。水仙是中國大陸長江流域下游與東南沿海浙江一帶的信仰，薛奎的原鄉信仰並未有此信仰。既然如此，那他為何會建水仙宮呢？這似乎與其經歷有關。當時，大陸、澎湖、台灣之間的交通已由隔絕再度活絡，兵船、官船、商船絡繹不絕。 在平常的情勢下，來台人員祈求、祭祀主要對象是媽祖。不過，除了媽祖外，他們亦向水仙王禱告，祈求水仙王幫助，海上行船安全。 由於地處海邊，水仙宮每天受海風吹襲，鹽水腐蝕，日積月累，頗有傾頹。乾隆 45（庚子）年澎湖水師將領招成萬見此，遂即捐錢重修。 光緒元年（1875），馬公水仙宮再次重修。這是由媽宮街商民黃鶴年鳩資主導的。一般認為，當時的水仙宮，已被充為「臺廈郊會所，以為行商棲止之處。」 澎湖的「臺廈郊」，具有下列特色： 1.設有公所，解決貿易紛爭。 2.成員包括販賣五穀、布帛、油酒、香燭等日常應用器具的舖戶。 從現存史料，「臺廈郊」是由澎湖的台郊、廈郊組合而成，其中「台郊」的公號叫「金順利」、「廈郊」公號稱「金長順」。 日治時期，水仙宮主事者及信眾認為廟宇已經「甚形剝蝕，又極湫隘非禮，觀觀不雅，抑且有瀆神靈」，遂於昭和四年（1929）募款重修。 重建完的水仙宮，頗為特別，是歐式的建築風格，上下兩層，上層祀神，下層作為「臺廈郊實業會」辦公場所。這樣寺廟格局在日治時期也是獨樹一格，頗為罕見。

民國 47（1958）年再次重修，在其大殿的供桌，就是當時重修完成，爐下弟子敬送的。水仙宮在民國 73（1984）年曾做過整修，完工後，做一盛大的建醮。

這幾年水仙宮目前主要的收入是民眾捐的香油錢，且水仙宮每年提撥信徒捐獻的約 1/10 做社會慈善公益活動。

目前水仙宮的管理人為吳明錚先生，吳明錚對水仙宮務出錢出力，截至目前，並與宮中委員積極籌畫下列事情：

1. 水仙宮每年十月慶典及遶境活動。
2. 元宵節慶祝活動。
3. 纂修宮志。

資料來源：
https://nchdb.boch.gov.tw/assets/overview/
monument/19851127000091

第一節　前言

　　澎湖為列島組成，自北而南，矗立於臺灣海峽中，號稱澎湖列島。依其自然形勢，分為二系：北以澎湖本島為主，及其環周島嶼，統稱為澎湖群島或大山群島；南以望安島為主，及其環周島嶼，稱為下嶼群島或八罩群島。島嶼數目，古來志書記載不一，有云三十六島，有謂四十五島，有說四十九島，有稱五十島、五十五島者，近經詳勘，島於滿潮時露出海面者，計六十四島嶼，面積 126.8641 平方公里，有人島嶼二十一，而以澎湖本島為最大，面積 64.2388 平方公里，占全縣總面積二分之一強。

　　澎湖當大海之中，四面環海，各島地形平坦，無山嶺河川，土質脊薄，乏礦產資源，其資源除漁業外，他如畜牧、農業無足稱道。幸澎湖諸島散布臺灣海峽之中，環海水域遼闊，且有天然港灣，自昔為上趨浙江、遼東、日本，下

通廣東、交趾、暹羅必由之路，居國際航線之要衝，扼海峽之咽喉，以海疆重鎮見稱。

澎湖雖蕞爾丸地，因介於福建與臺灣之間，為臺閩咽喉，為我列祖列宗拓殖海外之首站。隋大業中派遣虎賁陳稜略地至澎湖，其名始見於中國。自唐代以後，迄兩宋之時，移民相當發達。迨元末時，遂置巡檢司以官斯地，隸屬泉州郡晉江縣治，此建置之所自始也。惜以海道險阻，未遑加意經營，明初雖沿襲置巡檢，繼而廢墟其地，淪為海寇出沒之所，一度還曾遭荷蘭所竊據。明末鄭成功退居臺澎，於澎置安撫司，統有三世。至康熙二十二年（1683）施琅攻克臺澎，明鄭投降，澎湖遂改隸臺郡，臺灣縣屬焉。清時，澎湖復置巡檢司，雍正五年（1727）升格廳治，其下轄十三澳八十五社。日治時期，初設澎湖列島行政廳，清光緒二十一年（日本明治 28 年，1895）改為澎湖島廳，光緒二十四年又改為澎湖廳，直隸臺灣總督府；民國九年（日本大正 9 年，1920）降格為郡，隸高雄州轄，民國十五年（昭和元年，1926）再恢復為廳，以至臺灣光復。光復初，設澎湖縣，下置望安區（成立未久，因機構緊縮，於民國三十五年裁撤）、馬公鎮及湖西、白沙、西嶼、望安、大嶼等五鄉。民國三十九年實施地方自治，基層組織愈趨重要，地方區劃屢經分合，至今全縣計有六市鄉九十七村里。

澎湖僻在海中，乏田可耕，物產不豐，漁業產量固有剩餘，然食糧生產及其他日用物品之製造，則極感缺乏，故商業交易，互濟有無，至感需要。早於元時，《島夷志略》即已記述工商興販以樂其利，可知商業之盛。清代更有商業團體媽宮「臺廈郊」之設立，本文之作，即擬以澎湖之臺廈郊為研究主題，作一全面之探討，明其興衰沿革、組織販運，及其功能、貢獻，冀能略窺清代澎湖臺廈郊之面貌，並作一較完整之描述。

第二節　澎郊之成立年代

　　澎湖自元代設巡檢司，開發早於臺灣三、四百年且為我漢族拓殖臺灣之踏蹬，臺廈往來之關津，況土性斥鹵，不殖五穀，民鮮蓋藏，窮荒之島，懋遷尤殷，則澎地之有「郊」，應早於臺灣，然文獻尠乏，頗難稽考，《澎湖廳志》卷二〈規制·恤政〉條記：

> 媽宮街金興順，郊戶德茂號等，鳩貲買過蔡天來店屋一間，為失水難民棲身之所，址在媽宮口左畔……嘉慶二十四年，經於前廳陞寶任內稟官存案。[1]

　　據此可見澎湖臺廈郊至遲於嘉慶二十四年（1819）即已成立，但據「澎湖媽宮臺廈郊約章」所載，則年代悠久，約章中有云「我郊自開澎以來，迄今二百餘年，前商人設立臺廈郊……」[2]此約章成立於光緒二十六年（明治33年，1900），上溯二百餘年，當在康熙三十九年（1700）之前，方豪先生曾評之曰：「似為推測之詞，無法證明。」[3]此語誠是，然稽之文獻，則又有一二實情，非全為無稽之推測，《澎湖紀略》卷二〈澳社〉云：

> 自康熙二十二年平臺而後，招徠安集，以漁以佃，人始有樂土之安，而澳社興焉，其時澳則僅有九也。至雍正五年，人物繁庶，又增薛里、通梁、吉貝、水垵四澳，遂十有三澳，共七十五澳社。[4]

1　林豪，《澎湖廳志》，卷二〈規制·恤政〉，頁76（臺銀文叢第一六四種）。

2　見《臨時臺灣舊慣調查第一部調查會第一部調查第三回報告書》之《臺灣私法附錄參考書》第三卷上，第四篇第一章第三節「郊」，所收第六「澎湖媽宮臺廈郊約章」，頁68-69（日本明治四十三年十一月發行）。

3　見方豪，〈澎湖、北港、宜蘭之郊〉，頁327（收入《方豪六十至六十四自選待定稿》，民國六十三年四月初版）。

4　胡建偉，《澎湖紀略》卷之二〈地理紀〉「澳社」，頁32-33（臺銀文叢第一零九種）。

澳社日增，亦即生齒日蕃。生齒日蕃則交易愈殷，商業愈盛，故處處商舶與漁船，《澎湖志略》記：

> 澎湖四面環海，非舟莫濟。商船二十八隻、杉板頭船一百二十八隻；巨者貿易於遠方，小者逐末於近地，利亦溥哉！[5]

要之，澎湖因地理位置優越，四面踞海，無所不通，兼以洋流與信風，成為泉州外府，宋元時期為泉州到南洋貿易瓷之轉口港，明初雖一度中衰，但自康熙二十三年領有臺澎後，歷年既久，居民日以熙攘，海隅漸以式廓，而時既升平，海疆富庶，宦賈臺灣者相望，往來之艘，皆泊澎湖。兼以有司善治，政興張舉，致力於奠甿業、詰澳蠹、程講肄、釐貿遷諸大端，而守土者又曲意加惠商人，招致其來，以裕民用，故舟楫紛來，商賈輻輳，得以「巨者貿易於遠方」，故澎湖媽宮臺廈郊之成立於康熙末年，自是極有可能！

第三節　澎郊之組織體制

澎湖之郊名臺廈郊，公號不詳，以通商臺廈兩島為主，乃媽宮（今馬公市）街中商賈組成，志願入郊，並無強制。《澎湖廳志》載：

> 街中商賈，整船販運者，謂之臺廈郊。設有公所，逐年爐主輪值，以支應公事。……然郊商仍開舖面，所賣貨物，自五穀布帛，以至油、酒、香燭、乾果、紙筆之類，及家常應用器，無物不有，稱為街內。其他魚肉生菜，以及熟藥、糕餅，雖有店面，統謂之街外，以其不在臺廈郊之數也。[6]

5　周于仁等，《澎湖志略》之〈舟楫〉項，頁37（臺銀文叢第一〇四種）。

6　林豪前引書，卷九〈風俗・服習〉，頁306。

　　「街內」諸舖戶組成臺廈郊，雖云「無論大小生理，聽從志願入郊」[7]，但彼為謀求利益，保護利權，應率多入郊。入郊者須繳「插爐銀」之入會費，故約章規定「凡在街開設生理，要入郊著出插爐」[8]。其退出則「凡入郊之人，不遵郊規，以私亂公，執拗乖張，公議聽從退出」。[9]

　　澎湖臺廈郊之組織，現存文獻闕略不詳，基本上應係由多數稱為爐下（或稱爐腳、爐丁）之郊員組成。爐下須遵守郊規，於緣簿上登錄住所、舖號及經費負擔額，依郊規約定，或一次捐足，或按時視其業務抽分，或臨時按點攤派，不一而足。郊員若是不遵郊規，公議論處，重者勒令退出，輕者罰款。又郊員須於每年奉祀主神之誕辰日，出席祭拜聚餐，凡有會議之時，盡可提出意見商討，逢過爐則有資格擲筶當選爐主，此為郊員之權利與義務。

　　臺廈郊之組織，設有爐主二名，如光緒二十六年之爐主為金利順與金長順[10]。爐主執掌該郊事務，辦理祭祀事宜與經常會務，如約章中所記：「凡值當爐主，所有大小事務，及收店租，支用一切，各人經手辦明」[11]，除此，凡遇商事糾紛，帳目不清，亦由爐主調處，《澎湖廳志》載：「……臺廈郊設有公所，逐年爐主輪值，以支應公事。遇有帳條爭論，必齊赴公所，請值年爐主及郊中之老成曉事者，評斷曲直，亦省事之大端也。」[12]「凡值當爐主之人，各專責成辦理，凡鄉村有帳目不直相投，為其論理解勸了事。」[13]而經費之收支，帳簿及建家屋契字等簿，亦由爐主收存運用，約章云：「凡有捐緣、充公、罰款等項，務宜輪交值

7　同註2。
8　同註2。
9　同註2。
10　同註2前引書所收第七「媽宮臺廈郊約章」，頁69-71。
11　同註2。
12　同註6。
13　同註2。

當之人收存,以妨公用。」[14] 會議之召開,也由爐主負責,「凡有會議之日,定於午後二點鐘,值當之人通傳一次,各自趨赴」[15]。而爐主之由來,於每年大祭典過爐時(即媽祖誕辰日,農曆三月二十三日),擲筶決定,約章規定:「本郊崇奉天上聖母,每年輪當爐主二名,分上下期辦理。上期三月二十三日至九月止,下期十月初十日辦,至來年三月一日止。」「值年爐主二名,該年三月過爐之日,聖母面前祈筶,就入郊之妥號擬選,以筶為准。」[16]

以上為澎湖臺廈郊之組織體制,至於臺灣各地行郊素聞之籤首、稿師、郊書、局丁等等職員,文獻缺乏,無從查考。

第四節　澎郊之經費收支

行郊乃由同鄉、同業、同族等以共同信仰為中心而組織之團體,其目的在於同業互相扶持,解決困難,保持商譽,維護商品品質及郊商間之情誼,並在官府力量不足之處,協助官方維持地方,建設地方,凡此莫不需要經費。經費之來源,各郊不同,以澎湖臺廈郊言,略別之,亦不外乎會費、抽分、捐款、罰金、置產等。

以會費言:有入郊之會費,如約章中云「凡在街開設生理,要入郊,著出插爐」[17]。

以抽分言:以貨物稅為主,故規定「凡船頭水客及行配倚兌各貨,無論輕重,兌出以九七扣仲,其餘柴炭生菓檳榔,依舊例九五扣,公議如斯,各宜遵照約章」、「凡有船頭水客,由本埠置辦貨物往外港,不論何價貨,要價外

14　同註 10。
15　同註 10。
16　同註 2。
17　同註 2。

加零二,即每百元加二元,各宜遵約,如違罰」[18]。可知其抽分視各類不同貨物有百分之二、三、五之抽分,茲錄其貨物釐金率於表 1-1[19]。

表 1-1　澎湖臺郊入出口貨物釐金率

入口貨物	釐金率	出口貨物	釐金率
白糖	每擔均釐一十文	生茫（油粕）	每千擔均釐一百文
大青（青糖）	每件均釐二十五文	生茫粕（花生之油粕）	每百擔均釐二百文
小菁（染料）	每籠均釐一十文	生粕	每包均釐五文
芝簽（番薯簽）	每擔均釐二文	花生	每石均釐二文
米、麻、麥、豆	每包各均釐四文	生油	每擔均釐一十文
生油	每擔均釐一十文		
糖水（糖蜜）	每擔均釐三文		
倚兌（委託販賣）	每元均釐二文		

　　以捐款言:會費、抽分之收入有限,且不穩定,遂於神佛誕辰、慶典節日,或地方有事,則由所屬各郊戶樂捐或攤派,如約章所云「除收入之項以外不敷,照份均分」、「凡有失水難民無費,代為救助些費」、「逢神誕慶祝,俱各照份均攤」、「以五月水仙王祝壽,逢便設筵同會,所費用照份均分,以垂永遠,宜全始終」等[20]。

　　以罰金言:臺廈郊訂有郊規約章,內中公議詳定各種商事規約,凡不遵守者,輕者罰金,重者除名退出,如約章云「凡船頭水客及行配倚兌各貨……公議如斯,各宜遵照約章,違者罰金壹十貳元,不得徇情」、「苟如買客不遵約章,會眾不與交易,違者議罰」、「倘買客不遵,會眾

18　同註 10。
19　同註 2 前引書,頁 167。
20　同註 10。

不許交易，如我會內之人，以私廢公，密與往來交易，偵知罰金壹十七元」……等等均是[21]。

以置產言：行郊為求生存發展，需有一固定穩當之收入，故多置有田產店厝為其公業，將所置立田產公店租賃，俟其利息之蕃，專供祭祀及其他事務用，約章記「本郊建置公店，逐月收店租，以資神誕過爐及廟中油香祭祀、修繕器棋等件」[22]。

郊中經費來源略如上述，其開支項目則以祭祀事宜、地方公事及其他雜項為主，其例如前所引約章諸條，茲不重複贅述。

郊中既置有財產，復有銀錢款項之收支，為求徵信及管理之有所依據，勢必設立帳簿，登明議約，以防止侵吞，杜絕糾紛。而有關經費之收支保管，率由值年爐主經手辦理，每年媽祖誕辰或水仙王壽辰之日，設宴同會，公布帳目，以備眾郊員之察核。郊中財產之田契、帳單、租單與謄本，及出租公款之單據，均於過爐時移交新爐主掌管。倘遇災異遺失，隨時稟報官府存查，並告知眾郊員，是以約章云「我郊自開澎以來，迄今二百餘年，前商人設立臺廈郊之公帳、建家屋契字等簿，一切於乙酉遭兵燹，盡皆遺失，合經稟官存案，批准給契總字」、「凡值當爐主，所有大小事務，及收店租，支用一切，各人經手辦明，不得度外，延過下年」、「凡有捐緣，充公、罰款等項，務宜輪交值當之人收存，以妨公用」等均是[23]。

第五節　澎郊之郊規約章

行商設郊之目的，除共謀同業間之利益外，或充為街民

21　同註 10。
22　同註 2。
23　同註 2、註 10。

自治之協議所，以懲戒不法商人，維持風紀，或鳩資修廟，進而從事公益事業，凡此在在均需有一組織章程、議事章程等之規定，遂有郊規之訂立。

郊有郊規，郊規為其自治規範，郊規內容，除有關郊員之加入退出及其他權利義務、爐主與董事之推舉輪值及其職務外，尚規定各種商事規約，如運費工錢之決定、買賣地區之限制、爐下生理倒號之處理，與交易上之種種議定等等。郊規所議定之章則，郊員須恪守勿違，倘敢抗違，嚴以責罰。郊規約章各郊員均應遵守，固不煩言，其效力往往及於郊外之商人，凡關於商事之爭執，官署亦命郊予以調處，賦予相當權限。

行商組織「郊」，純為自發性，官府未加以干涉輔導，所謂「聽從志願入郊」是也，故商人入郊並未受到強制，於是乎自會有行商不加入，不受郊規之約束，有時不免惡性競爭，打擊郊行。而行商加入，固受到郊規約束，然違規結果，不外乎罰酒筵、燈彩、演戲、檳榔，重者開除郊籍而已。雖云開除退名後，同盟絕交，不得往來，事實上眾郊員未必皆遵守。換言之，郊員若不認真遵守約章，陽奉陰違，郊亦無可奈何。是以約章中所記「不得違約，上流下接帳目算清，不得混淆，亦不許侵款」、「間有取貨存心僥吞，故意生理倒壞，私自休業，侵欠之項不還」、「倘買客不遵，會眾不許交易，如我會內之人，以私廢公，密與往來交易」、「不可私卸行仲，由街走兌，雖差微利、大失風氣」[24]，似此詐欺貨財、翻覆反價，陰謀奪客，走私兌賣，正足以覘知澎湖臺廈郊諸郊員故違舞弊，不得和氣共志，以致產生如許弊竇，才要如此大費周章訂規約束管制。

今存澎湖臺廈郊約章僅有兩件，均為日治初期時訂

24　同前註。

立，收錄於臨時臺灣舊慣調查會第一部調查第三回報告書《臺灣私法附錄參考書》。首件約章立於庚子歲，即光緒二十六年（日明治 33 年，1900），約章下編者註明：中日戰爭時，一度停廢，至明治三十三年（光緒 26 年）始恢復；約末具名者為該年值年之二名爐主，即郊舖金利順、金長順。次件立於翌年，即明治三十四年（辛丑歲，光緒 27 年，1901），乃新立規約，約中詳細而具體地訂立有關仲錢及罰金等之商事規約，與前約不太相同；且署名改為「商會同立公啟」，非前約之「臺廈郊」名稱，殆受日政府之壓迫而改組易名。茲引錄兩件約章於後，以供參考[25]：

第一　澎湖媽宮臺廈郊約章

竊以是經是營，風追晏子，成郊立業，美紹陶公，然而錦上添花，斯固吾儕之發達，日中換市，頓開商會之興隆也，我郊自開澎以來，迄今二百餘年，前商人設立臺廈郊之公帳，建家屋契字等簿一切，於乙酉遭兵燹，盡皆遺失，合經稟官存案，批准給契總字，公店之條目，仍照常輪當辦理，無論大小生理，聽從志願入郊，和心同志，整頓郊規，永遠遵行，始終如議，勿墜厥志，則聖母之明鑒馨香萬世，而我郊戶之通亨發達，亦蒸蒸日上也，是以為啟。

一本郊崇奉天上聖母，每年輪當爐主二名，分上下期辦理，上期三月二十三日至九月止，下期十月初十日辦，至來年三月一日止。

一值年爐主二名，該年三月過爐之日，聖母面前祈筶就入郊之妥號擬選，以筶為准。

一凡值當爐主，所有大小事務，及收店租支用一切，

25　同前註。

各人經手辦明，不得度外延過下年。

一本郊建置公店，逐月收店租，以資神誕過爐，及廟中油香祭祀，修繕器棋等件，公議酌辦，除收入之項以外不敷，照份均分。

一凡值當爐主之人，各專責成辦理，凡鄉村有帳目不直相投，為其論理解勸了事。

一凡有失水難民無費，代為救助些費。

一凡在街開設生理要入郊，著出插爐，逢神誕慶祝，俱各照份均攤。

一凡入郊之人，不遵郊規，以私亂公，執拗乖張，公議聽從退出。

一凡郊中之人，務要和衷共志，凡事相商，不得違約，上流下接帳目算清，不得混淆，亦不許侵款。

一凡船頭交易，須照公平，以顧郊中面目，如街市交接買賣，間有取貨存心僥吞，故意生理倒壞，私自休業，侵欠之項不還，以為生理廢止，詐欺貨財，請眾論理。

庚子歲麥秋月穀旦

臺廈郊金利順金長順公啟

第二　媽宮臺廈郊約章

竊以是經是營，風追晏子，成財成業，美紹陶公，然而錦上添花，斯固吾儕之發達，日中換市，頓開商會之享通也。茲者議定商約，凡我會中各號，以及船頭等貨，按照後開規條遵守，仲立聯同眾志，從茲土積成山，源朝萬水，斯時整頓，累蓄億千，

他日奮興，事歸劃一，或慶神誕，或需諸公小大由之，其宜各適，伏祈會內諸君，和其氣，同其心，協其力，永遠遵行，始終如議，毋墜厥志，行見生涯則千祥鴻集，利澤則百福駢臻，於靡既耳，是為啟。

辛丑歲蒲夏月　　　日

商會同立公啟

附錄約章十二則

一凡船頭水客，及行配倚兌各貨，無論輕重儎，兌出以九七扣仲，其餘柴炭生菓檳榔，依舊例九五扣，公議如斯，各宜遵照約章，違者罰金壹十貳元，不得徇情。

一凡有鄉村與吾儕交易，所最重者，米麥麵粉參色，是儎乃大宗之數，豈可任意拖延無期，爰是議舉，取貨之時預先交一半，餘剩十日為限，至期必要清完，苟如買客不遵約章，會眾不與交易，違者議罰。

一凡有買賣，價定言諾，振跌乃常，早晚市價不同，毋庸翻覆反價，不能較取多寡，然既在船明看大辦，出舨門好醜不能退換，此乃生理舊例規模，宜認真莫宥。

一凡有會外之人，不遵會章，動輒悖理，購定之後，如貨盛到市疲，雖許定挨延，不取足額之貨及定價再反覆價，此風不可長，自今公議禁止，倘買客不遵，會眾不許交易，如我會內之人，以私廢公，密與往來交易，偵知罰金壹十七元。

一凡有船頭水客，由本埠置辦貨物往外港，不論何

價貨，要價外加零二，即每百元加貳元，各宜遵約，如違議罰。

一凡有外船，由本港貿易，人地兩疏，凡有事之秋，毋論倚何人，總要鼎力，會眾共為排解，本港之船亦宜如是。

一凡有會議之日，定於午後二點鐘，值當之人通傳一次，各自趨赴，無復加矣，倘有大關緊要，勿拘時間，切勿推東託西，畏縮不前。

一凡會議一年一次，定以五月水仙王祝壽，逢便設筵同會，所費用照份均分，以垂永遠，宜全始終。

一凡有捐緣充公嗣款等項，務宜輪交值當之人收存，以妨公用，如有應用之款，會議而行，倘有積蓄頗多之項，那時再議。

一凡會內之人與人交易，不依規則，顧佔便宜，被人爭較，理果委曲，情莫寬宥，須按輕重懲罰，若執拗不遵，革出會外，使他議誚，為悖理者戒。

一凡行配水客，及船頭倚兌，雖主擇客，不可陰謀相奪，各憑信交收，如貨主分交一二號，當存厚道之心，毋得僭越相爭，致失會內面目，而為外埠所竊笑耳。

一凡有諸號同倚一船之貨，偶遇市疲為難發兌，可與船客酌商分價裁賣，不可私卸行仲，由街走兌，雖差微利，大失風氣，此層會禁，各遵斯約。

計開　為逐年值當，周而復始

安興　一鬮　合發　七鬮　順美　十三鬮

鼎順　二鬮　豐順　八鬮　通發　十四鬮

長順	三鬮	振吉	九鬮	源合	十五鬮
裕記	四鬮	錦成	十鬮	豐德	十六鬮
怡發	五鬮	益成	十一鬮	合源	十七鬮
同成	六鬮	源茂	十二鬮		

第六節　澎郊之會議會所

　　行郊之會議，原則為一年一次，或於媽祖誕辰日（農曆三月二十三日），或於水仙王誕辰日（農曆五月五日），設筵同會，屆時全體郊員均應出席祭拜聚餐。祭主（即爐主）於聚餐時將一年來之收支，及郊中要事詳細報告，郊員有意見者也於此時提出，會中且同時筶選新任值年爐主。如前引約章，則知臺廈郊原於媽祖誕辰過爐時，筶選二名新爐主輪值，分上下期負責；至日治後於明治三十四年改為水仙王誕辰日改選，並於該年一次筶選，決定十七家次序，逐年值當，周而復始，可謂一勞永逸，甘苦均沾。

　　除每年媽祖、水仙王誕辰之大祭典外，其餘各神明聖誕郊中演戲設筵，眾郊員可任意出席，並無強制。郊中諸事，平時由爐主裁決，若有大事，非得逐一問眾集議不可，則臨時召集討論，如約章中所記「凡有會議之日，定於午後二點鐘。值當之人通傳一次，各自趨赴，無復加矣。倘有大關緊要，勿拘時間，切勿推東託西，畏縮不前」。

　　行郊係由作同一地區貿易之商賈，相謀設公會訂規約，以互相扶持，解決困難，聯絡情誼，則勢必需要一辦公處所，其處所，有稱會館，有稱公所，多數附於寺廟內，澎湖臺廈郊之會所則設於媽宮街之水仙宮。

　　水仙宮為澎湖四大古廟之一，宮內祀有五神像，即大禹、伍員、屈原、項羽、魯班（或作王勃、李白）等五水

仙尊王。清康熙三十六年（1697）郁永河渡臺採硫磺，途遇暴風，靠「划水仙」[26]而安抵澎湖，便下令右營游擊薛奎建宮祀之。乾隆四十五年（1780）澎協副將招成萬，率同監生郭志達勸捐重修。道光元年（1821）左營游擊阮朝良、通判蔣鏞、護協沈朝冠、協鎮孫得發等倡修。後於光緒元年（1875）媽宮街商民鳩資修建，充為臺廈郊會所，以為行商棲止之處。臺灣陷日後，於光緒二十六年（明治33年，1900）改稱為「臺廈郊實業會館」[27]。

水仙宮原在媽宮渡頭，該渡頭為媽宮上陸唯一渡口，光緒十三年因興建城垣遮蔽，渡頭移遷至附近之小南門外，其後於大南門外築一官商碼頭，凡文武官員均由此碼頭登岸。水仙宮亦遷建馬公市復興里中山路六巷今址。現宮內古物有三：一為「水陸鴻昭」匾，為道光五年（1825）古物，立者不詳；一為「絣幪台廈」匾，應為大正十二年（民國十二年，1923）季冬月（十二月）立，「台廈郊眾舖戶同敬獻」，不曉何人無知，將大正年號挖掉，僅餘「○○拾貳年季冬月吉旦」；另一為「台廈郊實業會館」匾，仍掛在正門楣前。

第七節　知名郊舖與市肆

清代臺灣商業，初期均以市集為中心之簡單貿易，生產者與消費者在市集上直接以物換物，或以貨幣交易。其後行郊興起，於島內各港埠組織諸郊，經營貨物批發輸出入。

---

26 胡建偉，前引書，卷二〈地理紀・廟祀〉，頁 41–42。按所謂「划水仙」之法，據胡書云「其法在船諸人，各披髮蹲舷，以空手作撥棹勢，假口作鉦鼓聲，如五月競渡狀；即檣傾柁折，亦可破浪穿風，疾飛抵岸」。

27 蔡平立，《澎湖通史》卷十六〈教育文化篇〉第三章「名勝古蹟」、「水仙宮」條，頁 543（民國六十八年七月，臺北，眾文圖書公司出版）。

一般言，其交易之行銷系統，行郊以下可略分為：文市（亦稱門市，即零售商）、辨仲（在各埠頭設店，為行郊與生產者居間之商人）、割店（批發商）、販仔（辨貨往各埠頭推銷零售者）等類。而澎湖臺廈郊則略有不同，臺廈郊為澎湖媽宮街商賈整舡（又稱船頭，即經營船舶，航運各港交易者，在新竹稱「水郊」）販運者所組成，「然郊商仍開舖面」[28]，是知臺廈郊諸商為郊舖兼割店、文市與船戶。但此並非顯示澎湖郊商之資本雄厚，壟斷利權，相反的，正表示了澎地市場有限，腹地狹窄，無需精細分級，反要多角化經營以維持生存。澎湖行郊，文獻所見，率稱「郊舖」、「郊戶」，不稱「郊行」，一則純為南北雜貨同行諸舖戶所組成，再則其組織不大，貿易販運有限，正足以說明該事實。

澎湖臺廈郊自開澎以來，迄今近三百年，期間諸家所修諸方志人物傳中，竟無一列入貨殖傳以詳記之，光復後澎湖縣所修之《澎湖縣志》竟也無一語及之，誠屬莫大遺憾，茲爬梳援引諸文獻典籍，紀可知之郊舖與郊商以顯微闡幽，兼供澎人日後之追索：

按今知之澎郊郊舖仍以前引約章所附名單為最詳細，即光緒二十七年（明治37年）時尚存十七家，計安興、鼎順、長順、裕光、怡發、同成、合發、豐順、振吉、錦成、益成、源茂、順美、通發、源合、豐德、合源等。可異者，其前有「金利順、金長順」二家為光緒二十六年值年爐主，時隔半年，竟無「金利順」舖號，令人百思莫解。又，其中「金長順」為一老店號，至遲嘉慶二十五年（1820）已有，《澎湖廳志》卷二記「無祀壇」：「一在媽宮澳海旁邊，土名西垵仔，廟中周歲燈油，俱協營捐辦。……嘉慶二十五年，

28　同註6。

右營游擊阮朝良同課館連金源、郊戶金長順等捐修。」[29] 再前則為嘉慶二十四年之郊戶德茂號 [30]。

澎郊之興盛時期應是光緒年間，澎湖早期文獻如杜臻《澎湖臺灣紀略》（修於康熙年間）僅提及「黠者或行賈于外，致饒裕」、「泉漳人行賈呂宋，必經其間」而已 [31]；林謙光之《臺灣紀略・附澎湖》（修於康熙年間）亦只紀「今幸大師底定，貿易輻輳，漸成樂土」[32]；周于仁、胡格之《澎湖志略》（修於乾隆年間）記載：「澎湖四面環海，非舟莫濟。商船二十八隻，杉板頭船一百二十八隻，巨者貿易於遠方，小者逐末于近地，利亦溥哉！」[33] 均未有一語一字提及澎郊或舖戶。

至胡建偉之《澎湖紀略》（修於乾隆年間），所紀已詳，惜亦未片語隻字提及「郊戶」、「郊商」，或澎郊於乾隆年間尚未成氣候，不足令守土有司致意採錄。其卷五〈人物記〉載：顏得慶「平時駕三板頭船生理，澎臺水道最為熟悉」，楊彬「平日駕三板頭船生理，熟悉水道」[34]，三板頭船或作杉板頭船，可裝三、四百石至六、七百石穀，為往來南北各港貿易所乘 [35]，但不知顏得慶、楊彬二人是否為郊商？

道光年間蔣鏞所修之《澎湖續編》雖稱澎地歷年既久，今昔改觀，居民日以熙攘，海隅漸以式廓，舟楫紛來，商賈輻輳，其市廛氣象大異於疇昔，似為澎郊之發達期，無奈提及「郊舖」僅於〈地理紀・廟祀〉「無祀祠」確切記

29　林豪，前引書，卷二〈規制・祠廟〉「無圯壇」，頁 63。
30　同註 1。
31　杜臻，《澎湖臺灣紀略》，頁 2-3（臺銀文叢第一〇四種）。
32　林謙光，《臺灣紀略・附澎湖》，頁 65（臺銀文叢第一四種）。
33　同註 5。
34　胡建偉，前引書，卷五〈人物紀・材武〉，頁 102-104。
35　見王必昌，《重修臺灣縣志》，卷四〈賦役志・離餉〉，頁 121（臺銀文叢第一一三種）。

載「嘉慶二十五年，右營游擊阮朝良，募同課館連金源，郊舖金長順等捐修」[36]，餘如〈風俗紀・歲時〉云迎春之日「媽宮街鹽館舖戶及各鄉耆民皆備彩旗、閣、鼓吹，先後集會，隨春牛芒神而行」[37]，〈藝文紀〉〈續修西嶼塔廟記〉載樂輸姓名，其中有「臺郡各郊行」[38]，既已載明「郊行」之稱，復吝惜筆墨，於澎湖僅載「澎湖舖戶、商船、尖艔、漁船共捐……」，不稱郊舖誠不曉何意，惟記內云臺郡各郊行及澎湖舖戶諸姓名俱勒石，但不知此碑今存否？姑闕之待他日再補考。其於「勸捐義倉序」中亦稱「勸同媽宮街行店量力輸助」[39]，要之全書中僅一處提及「郊舖金長順」，他則以「行店」、「舖戶」稱之。而〈人物紀〉中僅記陳傳生「駕商舶賈於外」[40]，又不得知彼是否為郊商？

　　光緒年林豪修《澎湖廳志》，志中幾乎隨處見郊戶之記載，惜散漫闕略，不足以言系統，郊舖郊戶採錄前《澎湖續編》之「金長順」，僅多一「德茂號」，餘俱無，郊商則記黃學周、黃應宸二人而已。而黃學周為例貢生，曾捐建義倉、觀音亭，助學文石書院，兼為媽宮市團總，率勇守衛鄉梓，以如此一重要人物，竟無傳記，其輕忽郊商至矣！餘如記李光度「為郊商高家司帳」，劉元成「移居媽宮市，遂家焉，生平精於心計，以居積致富」，林超之父「業杉行」，監生林瓊樹、武庠高衰夫為商賈中人等等[41]，亦是不詳。

　　光復後新修之《澎湖縣志》雜抄諸方志，未曾用心咨訪

36　蔣鏞，《澎湖續編》卷上〈地理紀・廟祀〉「無祀壇」，頁8（臺銀文叢第一一五種）。

37　蔣鏞，前引書，卷上〈風俗紀・歲時〉，頁59。

38　蔣鏞，前引書，卷下〈藝文紀〉所收蔣鏞〈續修西嶼塔廟記〉，頁84–86。

39　蔣鏞，前引書，頁90–92。

40　蔣鏞，前引書，卷上〈人物紀・鄉行〉，頁26。

41　林豪，前引書，卷七〈人物上・鄉行〉，頁250及255。

採錄，了無新見新義，近人蔡平立編纂《澎湖通史》及陳知青之《澎湖史話》亦是，郊商之無聞甚矣！

總之，二百年之澎湖行郊史，所確知之郊舖只有十八家，郊商則黃學周、黃應宸二人，郊商地下有知寧不搁淚一嚎，恨事跡湮沒如此無聞耶！

知名郊舖郊商略如上述，茲續記郊舖營業之市肆。

臺廈郊雖自置商船，整船販運以批發，然郊商仍開舖面，經售五穀、布帛、油酒、香燭、乾果、紙筆及家常應用之物，其他魚肉生菜，以及熟藥、糕餅則不在其內。蓋一為進口貨物販售批發，一是澎地可自行生產加工販賣。郊舖集結於媽宮市中，蓋媽宮港澄淨如湖，小島環抱，賈舶所聚，帆檣雲集，為臺廈商艘出入港口，其地舖舍民居，星羅雲集，煙火千餘家，為澎之市鎮，諸貨悉備。他澳別無碼頭、市鎮及墟場交易之地，間有雜貨小店，或一二間而已，不足成市，故率皆赴媽宮埠頭購覓買售。《澎湖紀略》載媽宮市之市肆有 [42]：

倉前街：酒米舖、鮮果舖、檳榔舖、打石舖。

左營街：鹽館（一所）、酒米舖、雜貨舖、打鐵舖。

大井街：藥材舖、竹器舖、瓦器舖、磁器舖、麥餅舖、酒米舖、油燭舖、打銀舖、故衣舖。

右營直街：綢緞舖、冬夏布舖、海味舖、雜貨舖、藥材舖、醬菜舖、酒米舖、涼暖帽舖、麥餅舖、鞋襪舖、豬肉案、磁瓦器舖、故衣舖、油燭舖。

右營橫街：海味舖、酒米舖、雜貨舖、醬菜舖、綢緞舖、冬夏布疋舖、故衣舖、鞋襪舖、麥舖、涼暖帽舖、藥材舖、鮮果舖、檳榔舖、餅舖、磁瓦器舖、麻苧舖、油燭舖、豬

肉案。

渡頭街（又名水仙宮）：酒米舖、鹹魚舖、瓜菜舖、檳榔舖、小點心舖。

海邊街：當舖一家（乾隆三十二年新開）、杉木行、磚瓦行、石舖、酒米舖、麻苧舖、雜貨舖、瓜菜舖、鮮魚舖、鹹魚舖、檳榔桌。

魚市（在媽宮廟前，係逐日趕赴，並無常住舖舍）：農具、黃麻（零賣）、苧麻（零賣）、鮮魚（各色具齊）、螃蟹（各色不一）、鮮蝦（各色不一）、青菜、瓜果、水藤、竹篾、木料（雜用木料如犁耙等項）、薯莨（染網用）、高粱、豆麥、薯乾、瓦器（雜物具備）、檳榔桌、點心、木柴（乾隆三十一年臺灣漂來，各澳民拾獲甚多。澎湖無木，乃拾獲並破船板之類）、草柴、牛柴（即牛糞，土人捏成餅樣，曬乾出賣，名為牛柴。名字亦新，人家逐日皆熱此）。

《澎湖續編》則記道光年間街市略有減損，而舖戶則照舊，並無增減。其〈地理紀‧街市〉記：

> 媽宮市：倉前街、左營街、大井街、右營直街、右營橫街、渡頭街（又名水仙宮街。以上各舖無增減）、海邊街（乾隆三十二年開文榮號當舖一家，今歇業。行舖、杉木等行，具照舊無增減）、魚市（俱照舊）[43]。

其後咸豐二年（1852）壬子二月初一夜，媽宮街火，延燒店屋無數，大井頭一帶皆燼[44]。光緒十一年（1885）中法戰役，春二月法酋孤拔犯媽宮港，分兵由崎里登岸，法軍入據媽宮澳。而同年二月十四日夜「廣勇、臺州勇大掠

43　蔣鏞，前引書，卷上〈地理紀‧街市〉，頁9。
44　林豪，前引書，卷十一〈舊事‧祥異〉，頁373。

媽宮街，放火延燒店屋殆盡」[45]，經此雙重兵燹，重建城鎮，百堵復興，街市間有更易，《澎湖廳志》志街市如下：

> 倉前街（今改為善後街）、左營街、大井頭街、右營直街、右營橫街、太平街（在祈福巷口）、東門街、小南門街、渡頭街（又名水仙宮街）、海邊街（當舖一家，近已歇業）、魚市（在媽祖宮前，俗稱街仔口）、菜市（在媽祖廟前，係逐日趕赴，無常住舖店）。以上皆在媽宮市。[46]

日治時雖曾依都市計畫造路興街，惟民國三十三年（日昭和19年，1944）十月至次年初，數次遭受美國盟機轟炸，市面屋舍毀損尤多。今之市街乃係光復後重建，惟存中央街、長安街部分之舊市貌，街道甚狹，人煙極稠，人口密度超過全鎮人口密度之二倍[47]。近年該地頗為蕭條冷落，蓋馬公市區中心北移，已無往昔之盛矣！

第八節　商船出入之港灣

臺廈往來船隻，必以澎湖為關津，從西嶼頭入，寄泊嶼內，或媽宮，或八罩，或鎮海（在今白沙嶼），中以媽宮（即馬公）港最擅形勢。

馬公港在澎湖本島、白沙、西嶼三島之間，形成略作 V 字形之澎湖灣，南北長約十二公里，東西寬約八公里，水深十五公尺以上，能容大隊船隻停泊，為一極優良之寄泊地，此為馬公外港。馬公內港位在澎湖灣內之東南側，自馬公半島金龍頭，與風櫃尾半島蛇頭山之間，向內拓展成一較小海灣，東西長約五公里，南北寬約二公里。灣中央有由東端大案突出之測天島，將港分為南北兩部：南部港

45　林豪，前引書，卷十一〈舊事・紀兵〉，頁367。
46　林豪，前引書，卷二〈規制・街市〉，頁82-83。
47　蔡平立，前引書，卷十五第二章「媽宮城」，頁431。

面較大，北部連接馬公市區，闢成商業碼頭；而馬公市區東北隅深陷內地，又形成一灣，俗稱暗澳；暗澳西側（在馬公市區東邊）開馬公第一、第二漁港。誠天設之良港，澳內有澳，灣內套灣[48]。

媽宮港形勢優良如此，又位居清季安平與廈門航線之關津，港內船舶繁盛，故鎮、營、廳、倉、城、街市俱設此，為紳商所萃，賈舶所聚，帆檣雲集，煙火相望。今猶為澎湖首府所在地之主港。

日治初期，日人為控制經濟，一度中止臺閩之貿易，馬公港一時蕭條。清光緒二十三年（日明治30年，1897）臺灣總督府開放馬公港為特別貿易港，准予專對我國大陸貿易，一方面又補助日本郵船會社，及大阪商船會社，開闢定期航線，途經澎湖，同時並設置稅關派出所。於是乎海舶巨輪，交通暢達，馬公一躍為我國大陸與臺灣貿易之中間港兼轉口港，甚且是偷渡走私港，遂又檣桅林立，頓形繁榮，其中合發，協長成、頂成三家商行，業務鼎盛，尤以合發行為業中翹楚。但至民國二十五年（日昭和11年，1936），廢止特別輸出入港後，馬公港對外貿易一落千丈，寄港船隻亦隨之減少[49]。

澎湖為列島組成，島嶼廻環，港澳雜錯，多天然港灣，小舟處處可泊，舟泊處曰澳，澳即港口也。澎湖諸澳，除上述媽宮澳為商哨灣泊之所，茲再記其餘堪供商艘寄泊諸澳。

杜臻《澎湖臺灣紀略》述康熙中葉澎湖可泊諸澳有[50]：

一西嶼頭，可泊兵船四十餘。

---

48 見《澎湖縣志・交通志》第一章第二節「馬公港」，頁6（民國六十一年八月，澎湖縣文獻委員會出版）。
49 同前註前引文第四節，頁20。
50 杜臻，前引書，頁3-4。

一蜏仔澳，可泊南北風船十餘。

一薜上澳，可泊北風船四、五十。

一大城嶼，可泊南風船十餘。

一龍門港（即良文港），可泊北風船十餘。

一安山仔，可泊南風船二十餘。

一東港尾，可泊南北風船二十餘。

按所謂「南北風」者，指風信之方向。清季臺閩民間貿易貨運，以帆船為主要交通工具，海洋泛舟，於大海中無櫓搖棹撥之道理，全藉一帆風順，即所謂「風帆時代」。船在大洋，風潮有順逆，行使有遲速，不得順風，尺寸為艱，故舟行務上依風，南風放洋出海從南，北風揚帆放洋從北，而「臺灣風信，自廈來臺，以西北風為順；自臺抵廈，以東南風為順。但得一面之風，非當頭逆項，皆可轉帆餕駛」[51]。其中「臺灣船隻來澎湖，必得東風方可揚帆出鹿耳門；澎湖船隻往臺，必得西風才可進港」[52]，是鹿耳門進港迎西風忌東風，出港需東風忌西風，而臺灣風信與內地迥異，清晨必有東風，午後必有西風，名曰「發海西」[53]，來去諸舟，乘之以出入。是以順風時，於黎明出鹿耳門放洋，約午後可抵澎湖。而澎湖灣停船之澳有南風、北風之別，泊舟之澳，負山面海，山在南者，可避南風；山在北者，可避北風，故南風宜泊水垵澳，北風宜泊網澳、內塹、外塹等澳，或駕避不及，或誤灣錯澳，則船必撞壞。自澎往廈，悉以黃昏為期，越宿而內地之山隱現目前。反之，倘風帆不得，風信未可行，行程延遲，固是常事，嘗有灣泊澎湖

51 李元春，《臺灣志略》，卷一〈地志〉，頁23（臺銀文叢第一八種）。
52 胡建偉，前引書，卷一〈天文紀・風信〉，頁9。
53 同前註。

至旬以外者[54]。

其後高拱乾《臺灣府志》〈封域志・形勝篇〉記澎湖
諸澳云[55]：

> 一曰雙頭跨澳，中可泊船以避北風。
>
> 一曰圭母灣澳（雞母塢），四面皆山，商舶逃風者
> 便之。
>
> 一曰豬母落水澳，春夏時舟之渡廈者從此，只可寄
> 舶非避風處也。
>
> 一曰洪林罩澳（紅羅），南風發可以泊舶。
>
> 一曰鎮海澳，可泊船十餘艘。
>
> 一曰赤崁澳，南風泊船地。
>
> 一曰竹篙灣澳，南風泊船地也。
>
> 一曰牛心灣澳，廈門商船來臺多入此。
>
> 一曰後灣澳，南風時只可寄泊，不足以避颶風。
>
> 一曰小池角澳，亦僅可寄泊，非甚穩處也。
>
> 一曰楫馬灣澳，北風寄泊之地。
>
> 一曰將軍澳（即八罩網垵澳，南風時可泊船），其
> 澳崖麓臨深，泊舶時擇跳者飛身登岸，植木繫纜。

以上灣泊之諸澳，胡建偉《澎湖紀略》、林豪《澎湖廳
志》及其他有關志書，所記大同小異，茲不贅引。

澎湖諸島港灣除上述外，尚有虎井港在虎井島東山、西
山之間，避南風，可泊大船。桶盤港位桶盤東方，避北風。

54　李元春，前引文，頁 15–16。

55　高拱乾，《臺灣府志》卷一〈形勝・附澎湖澳〉，頁 18–20（臺
　　銀文叢第六五種）。

吉貝港處吉貝島南方，避北風。員貝港於員貝島西南方，避北風。鳥嶼港在鳥嶼島西南方，避北風。東嶼坪港，位東嶼坪島南方，可避南北風。東吉港於東吉島西方，避北風。花嶼港處花嶼島南方，避北風[56]。

要之，上述諸灣澳以媽宮為最佳最穩，《東瀛識略》〈海防篇〉云：

> 大舟至時，若值南風，宜泊八罩、蒔里、將軍澳；北風司令，宜泊西嶼頭內外塹；泊非其所，舟即難保。他澳多暗礁，均不能近，獨媽宮澳山環水深，無論南北風均可泊舟。[57]

胡建偉有詩記媽宮澳，於其形勢、地位、居民均有寫實之描述，詩曰：

> 豈特雄封一馬頭，重洋天塹此咽喉。西援泉廈連犄角，東護臺陽控上游。
>
> 遣戍干城歌肅兔，編氓環堵類居鳩。自維海甸分符重，夙夜難忘馭遠猷。[58]

第九節　行銷貨品與地區

澎湖四面汪洋，素號水鄉，乃海中孤島。論其地，則風多雨少，斥鹵鹹，土性磽瘠，泉源不淪，雨露鮮滋，乏田可耕，種植維艱，地之所產極微，故附島居民，咸置小艇捕魚，以餬其口，澎之人，蓋亦苦矣哉！

澎地磽瘠，不產百物，而生齒日繁，資用日廣，無一物不待濟於市，凡衣食器用，皆購於媽宮市。而媽宮諸貨，又皆藉臺廈商船，源源接濟，所有衣食器用殆皆取資於外

56　同註 48 前引書第二節「港灣與燈塔」，頁 5。
57　丁紹儀，《東瀛識略》卷五〈海防〉，頁 53–54（臺銀文叢第二種）。
58　胡建偉，前引書，卷十二〈藝文紀・詩〉，頁 279。

郡。《澎湖紀略》曰：

> 地不產桑麻，女人無紡織之工，所有棉夏布匹，俱
> 取資于廈門。……其木植瓦料，俱由廈門載運而
> 來。……近日媽宮市有開設瓦料鋪，以資民間採買
> 焉。[59]

復云：「如布匹、綢緞、磁瓦、木植等貨，則取資于漳
泉；米穀、雜糧、油糖、竹藤等貨、則取資于臺郡。」[60]

《澎湖廳志》則記：

> 澎地米粟不生，即家常器物，無一不待濟於臺廈。
> 如布帛、磁、瓦、杉木、紙札等貨，則資於漳泉；糖、
> 米、薪炭則來自臺郡。然而舖家以雜貨銷售甚少，
> 不肯多置，故或商舶不至，則百貨騰貴，日無從購
> 矣。富室大賈，往往擇其日用必需者，積貨居奇，
> 以待長價。而澎地秋冬二季，無日無風。每颱颶經
> 旬，賈船或月餘絕跡，市上存貨無多，亦不患價之
> 不長也。[61]

大體言之，澎湖臺廈郊商所批售貨物，自五穀布帛，以
至油酒、香燭、乾果、紙筆之類，及家常應用物，無物不有；
其他魚肉生菜，以及熟藥、糕餅，不在其內。

輸入貨品如上述，輸出貨品則以油粕、魚乾為主。《澎
湖廳志》卷十〈物產記〉「貨之屬」有：花生、豆粕、魚乾、
鹹魚、魚鮭、蝦乾、蟻米、魚刺、魚子、魚脯、苧等[62]。同
書復云：「惟火油豆粕，則澎湖所產，販往廈門、漳、同
等處。然亦視年歲為盈虛，無一定之數也。」[63]續載：「近

59　胡建偉，前引書，卷七〈風俗紀・習尚〉，頁148。
60　同註42。
61　林豪，前引書，卷九〈風俗・服習〉，頁306-307。
62　林豪，前引書，卷十〈物產・雜產〉，頁347。
63　同註61。

有南澳船販運廣貨來澎，而購載花生仁以去者。」[64]《彰化縣志》又記：「若澎湖船則來載醃鹹海味，往運米油地瓜而已。」[65] 是以周凱詠吟：

> 謀生大半海為田，也把犁鋤只望天。種得高梁兼薯米，七分收穫以豐年。

> 番豆生來勝地瓜，油粕魂魂出油車。糞田內地人爭重，壓載強於載海沙。[66]

按所謂火油豆粕云云，實均為一物之所產，即落生花也。澎地斥鹵不宜稻，僅種雜糧，而地瓜、花生為盛。落花生俗名土豆，又名番豆，可用以榨油；其渣為粕，可糞田；藤可為薪，可飼牛羊供爨；其性重，商舶購以壓載；利益甚廣，澎地遍處皆種。而澎地所出，皆販往內地，連檣運去，無肯留之以自糞其園者，農家終年用度，胥恃有此耳[67]。而花生出息既多，則擘其仁以出售，可省運載之費，其殼亦可為薪；遂有商人黃應宸別出心裁，設為手磨磨之，如磨穀然，工省而速，效用可觀[68]。

再，負販貿易地區除上述外，《澎湖廳志》卷九〈風俗記〉載：「鳳邑之打鼓港、東港諸海口，皆安平轄汛，為澎湖採螺商漁泊船之處。」[69] 惟揆之實際，則貿易地區應不僅限於上述。

蓋澎湖諸島散布臺灣海峽中，「西則控制金廈，為犄角之聲援；東則屏蔽臺灣，居上游之扼要；北而薊遼、江

64　同前註。

65　周璽，《彰化縣志》，卷九〈風俗志・商賈〉，頁290（臺銀文叢第一五六種）。

66　蔣鏞，前引書，卷下〈藝文紀〉所收周凱「澎湖雜詠二十首和陳別駕」，頁139–141。

67　同註6，前引文，頁305。

68　同前註。

69　同前註前引文，頁310。

浙，南瓊州、交趾以至日本、呂宋諸番，莫不四達，在在可通」[70]。在在可通，則懋遷地區應能遍及諸港，按清乾隆末季增開鹿港與淡水八里坌設口，自此澎湖東去臺灣，可北及鹿港、八里坌，西至閩可直達泉州、福州，不再局限於安平、廈門兩口。道光年後，高雄之打狗，臺南之馬沙溝、北門，嘉義之布袋、東石，雲林之海口，新竹之公司寮及基隆等西部港口，陸續開放，闢澎湖向臺灣產地貿易之捷徑。斯時澎島居民，以船工食力者，散處臺灣，「自淡、鹿、笨港、安平、旗後，以迄恆春，不下萬人」[71]，媽宮郊戶或自置商船，或與臺廈人連財合置，往來必寄泊澎湖數日，起載添載而後行，《雲林縣采訪冊》記光緒年間澎湖商船「常由內地載運布匹、洋油、雜貨、花金等項出港（指北港）銷售，轉販米石、芝麻、青糖、白豆出口」[72]。

是知澎地因所處在東南五達之海，東西南北，惟意之所適，在在可通，至清末遠達我國大陸之上海、寧波、溫州、汕頭、廣州、香港，甚至日本之門司、橫濱等地。

日治初期，一度中止商販，旋於明治三十年（光緒 23 年，1897），臺灣總督府允開闢定期航線，其臺灣島西岸航線，自基隆起，經淡水、大垵（即大安）、澎湖、安平、達打狗（高雄）；是年又開放澎湖馬公港，為對大陸貿易之特別輸出入港。明治四十四年（宣統 3 年，1911），臺灣總督府調整航線，增闢打狗至橫濱線，自打狗起，經安平、澎湖、基隆、長崎、門司、宇品、神戶，達橫濱。澎湖航運經此調整，計有三條航線所經，帆林連檣，頓形繁榮，馬公成為我國大陸與臺灣貿易之轉口港，兼為對華南地區貨物之偷渡港。斯時大陸海船恆有數十艘寄泊港內，

70　胡建偉，《澎湖紀略》，卷二〈地理紀・形勝〉，頁 15。

71　林豪，前引書，卷五〈武備・海防〉，頁 167。

72　倪贊元，《雲林縣采訪冊・大槺東堡》，「街市」，頁 47（臺銀文叢第三七種）。

由大陸輸出木材、磁器、桐油、花金、茶粕、漢藥等土產，自臺灣及日本輸往大陸之糖、煤油、火柴等，均彙聚於此，商業大盛。但至昭和十一年（民國 25 年，1936），廢止特別輸出入港後，馬公對外貿易一落千丈，寄港船隻隨之大減[73]。《澎湖縣志》記該時馬公港對大陸沿海地區輸出入貨物種類如下[74]：

一、船籍—廣東省潮州、梅州、汕頭、甲子。

運來之貨物種類—洋麻、竹器、紙張、漢藥。

輸出之貨物種類—糖、煤油、火柴、電石。

二、船籍—福建省之東山、雲霄、漳浦、浯嶼、海滄、集美、獺窟、石碼、廈門、金門、斗美、汕頭、泉州、福州、福安。

運來貨物之種類—磚、磁器、木材、桐油、船具、花金、漢藥、鏡屏、老仙、茶粕、竹器、桶把、月陀。

運出之貨物種類—糖、煤油、火柴、電石。

三、船籍—浙江省之溫州、鎮海。

運來之貨物種類—木材、桐油。

運出之貨物種類—糖、煤油、火柴。

茲將有清一代（不包括日治及民國時期）澎湖臺廈郊營販貿易地區及貨品種類，簡要製表如表 1-2，以醒眉目。

73　同註 49。

74　同前註。

表 1-2　清代澎湖臺郊貿易地區及貨品種類

貿易省區	貿易地點	貿易貨品
福建	廈門、同安、泉州、漳州	輸出：花生仁、油、粃、魚乾 運入：布帛、磁器、瓦料、杉木、紙札
臺灣	臺南（安平）、打鼓港（高雄）、東港、鹿港、北港	輸出：花生仁、油、粃、魚乾 輸入：糖、米、薪炭、雜糧、竹籐
廣東	南澳	輸出：花生仁 輸入：廣貨

第十節　販運之交通工具

　　澎湖諸島散布臺灣海峽中，環海水域遼闊，交通往來，非船莫渡，故論澎湖交通，自古以來海運實居首要。而澎湖臺廈郊以販運臺、澎、廈三地為主，則財貨商販，海上有賴船舶之運輸，陸上則恃人力之挑運、牛車之載運。

　　茲先述商船，略分船制、人員、種類、稽查、駁載等項言之。

　　以船制言：清制商船之大小以樑頭計，以一丈八尺為率，自樑頭一丈七尺六寸至一丈八尺者為大船，樑頭一丈七尺一寸至一丈七尺五寸者為次大船，樑頭一丈六尺至一丈七尺者為大中船，一丈五尺六寸至一丈六尺者為次中船，一丈四尺五寸至一丈五尺五寸者為下中船，其樑頭一丈四尺五寸以下者為小商船[75]。初康熙年間定例，出洋海船，不論商漁，只許使用單桅，樑頭不得超過一丈。至康熙四十二年（1703），商船改許使用雙桅，樑頭不得過一丈八尺，此後民間貿易貨運，以二檣桅式之檣桅帆船為主要交通工

75　見范咸，《重修臺灣府志》，卷二〈規制‧海防〉，頁 90-91（臺銀文叢第一零五種）。

具。及至乾隆年代，以臺灣海峽風浪險惡，為求航行安全起見，需有較大船隻，乃特准使用「橫洋船」及「販艚船」，其樑頭得在二丈以上[76]。迄嘉慶十一年（1806）以商人多私造大船資盜，議定商船樑頭以一丈八尺為率，已造之船既往不咎，新造者不得過一丈八尺。後又仍照舊例[77]。

　　造大船需費數萬金，故商船率皆漳泉富民在大陸所製，而服賈者以販海為利藪，對渡臺廈，一歲往返數次，初則獲利數十倍不等，故有傾產造船置船者，是以《澎湖廳志》云臺廈郊「整舡販運者」、「媽宮郊戶自置船，或與臺廈人連財合置者」[78]。

　　出洋海船人員，編制不一，每艘可多達數十人，據《臺海使槎錄》〈赤嵌筆談・海船〉述：

> 南北通商，每船出海一名，即船主、舵工一名。亞班一名，大繚一名，頭碇一名，司杉板船一名，總舖一名，水手二十餘名或十餘名。通販外國，船主一名，財副一名，司貨物錢財，總捍一名，分理事件。伙長一正、一副，掌船中更漏及駛船針路。亞班、舵工各一正，一副。大繚、二繚各一，管船中繚索。一碇、二碇各一，司碇。一遷，二遷，三遷各一，司桅索。杉板船一正，一副，司杉板頭繚。押工一名，修理船中器物。擇庫一名，清理船艙。香工一名，朝夕焚香楮祀神。總舖一名，司伙食。水手數十餘名。[79]

　　《廈門志》〈風俗篇〉云：造船置貨者，曰財東；領船

76　周凱，《廈門志》，卷五〈船政略・商船〉，頁166（臺銀文叢第九五種）。

77　同前註前引文，頁171。

78　同註6前引文，頁306–307。

79　黃叔璥，《臺海使槎錄》，卷一〈赤嵌筆談・海船〉，頁17（臺銀文叢第四種）。

運貨出洋者，曰出海；司舵者，曰舵工；司桅者，曰斗手，亦曰亞班；司繚者，曰大繚；相呼曰兄弟[80]。此外另有倉口，主帳目；有押儎者，所以監視出海；餘如水手供使令，廚子（即總舖）主三餐等等，分工職掌，人員不一[81]。

　　船舶之種類名稱，名目各異，因時因地，俗稱有別。如廈門船之簡稱廈船，廣東船之稱南澳船，臺南府城人稱糖船為天津船等均是。上述之橫洋船、糖船、販艚船，澎人因其來自西方大陸，兼且揚帆橫過澎湖之北，不稍寄泊，統名之「透西船」[82]。至航行澎湖、臺灣南北各港船隻，俗稱澎仔、杉板頭、龍艚、大觔、小觔、舴艋等等，皆屬體型窄、噸位小，運載量有限。據《澎湖廳志》卷三〈經政・賦役〉載：清代澎湖船隻有四種，乃尖艚、舶艚、觔板、小船等。按徵課水餉銀數額，以尖艚最高，舶（泊）艚及觔板（杉板）繼之，小觔舨及小船最微[83]。惟尖艚、舶艚乃屬貿易運輸船隻，尖艚航行我國大陸閩浙沿海，及臺灣本島，俗稱透西船；舶艚為近島貿易採補，不能橫渡大洋，限赴南北各港販運。然利之所在，甘冒風濤之險，透越私渡，趨險如鶩，《重修臺灣縣志》述：

> 邇來海不揚波，凡仔、三板頭等小船，每由北路笨港、鹿仔港等處，乘南風時徑渡廈門、泉州，自東徂西，橫過澎湖之北，名曰「透西」。例禁甚嚴，趨險者猶如鶩也。[84]

　　商船出洋，須經海防同知稽查舵工水手之年貌、箕斗

80　周凱，前引書，卷十五〈風俗記・俗尚〉，頁 645。

81　陳培桂，《淡水廳志》，卷十一〈風俗考・商賈〉，頁 298–299（臺銀文叢第一七二種）。

82　王必昌，《重修臺灣縣志》，卷二〈山水志・海道〉，頁 61（臺銀文叢第一一三種）。

83　林豪，前引書，卷三〈經政・賦役〉，頁 88–92。

84　同註 82。

（即指紋）、籍貫、旅客之姓名，及貨物種類，此中又有文口、武口之別。所謂文口，是文職海防人員，專司查驗船籍、船員、搭客及載貨等；所謂武口，乃武職之水師汛弁，專於船隻出入時，臨時抽驗。清季澎湖廳通判，銜名係海防糧捕，雖非專設之防廳司，然稽查過往船隻，辦理汛口掛號，亦為其監督海防之重要職司。清時澎湖汛口設於媽宮、西嶼、八罩三地，《澎湖紀略》〈官師記・職事〉敘：

> 康熙四十二年覆准：各處商船經由汛口掛號。澎湖汛口，南風時自四、五、六、七、八等五個月內，飭令書役往八罩汛，協同武汛查辦。北風時自九、十、十一、十二、正、二、三等七個月內，飭令書役往西嶼、內外塹汛，協同武汛查辦。其媽宮澳汛，則無論南北風，周年俱可停泊，亦協同武汛查驗。按月將查驗過船隻，造冊報督憲、藩憲衙門查考，臬憲衙門用循環簿填報。凡查驗臺、廈各處商船，務要人、照相符，並無禁物，始准放行。一有偷渡違犯並形跡可疑，即行拘詢，詳報治罪。但此項商船，亦無一定赴澎掛號之例。透洋直過者居多；偶一風信不順，始到汛暫停。是到澎者，不過百中之一二耳。[85]

　　海舶至港，或因港路迂迴，或因港灣淤淺，或因風信靡定，皆須守泊外港，恃小船輾轉駁載入內港，故海舶必有腳船，名曰杉板船，凡樵汲送碇，渡人上岸皆資之。清時，馬公港雖位居安平、廈門航線關津，港內帆檣雲集，惜港道少經疏濬，登岸須乘三板，《裨海紀遊》云：

> 二十三日，乘三板登岸（三板即腳船也，海舶大，不能近岸，凡欲往來，則乘三板，至欲開行，又拽

85　胡建偉，前引書，卷三〈官師紀・職事〉，頁6。

上大船載之）。岸高不越丈，浮沙沒骭，草木不生。[86]

　　而近港舟人，有以舺仔、杉板、竹筏等販載來往為活，轉駁工價，視貨品種類、路程遠近而議。貨物之上岸（俗稱上水），落岸（俗稱落水）及運載接送，均有挑夫（俗稱苦力）肩挑背負，港口起卸，一挑往返，皆有定價。而郊商往往議定工價腳資，以杜紛爭。《澎湖廳志》〈風俗篇〉記：「水仙宮口路頭為上水之處，小船駁載、工人負載，腳資皆有常數。至於客人隨身物件，則照例給發，並無似他處之橫取強索者。」[87]

　　故周凱有詩云：「況今春和百物昌，臺廈賈舶來連檣。……海口可以肩筐箱，各力爾力忙爾忙。」貨物之上落岸有賴挑夫，而陸路之雇運轉載則恃牛車矣！臺澎載貨率用牛車，蓋因其地不產馬，內地馬又難於渡海，況舊式道路本極狹窄，故市中挽用百物，及民間男婦遠適者，俱用牛車。澎湖牛車形制，據《澎湖縣志‧物產志》云：「澎湖牛車概係二輪大陸型，車手、車箱、車輪用木材製造，車軸用鐵鑄成，車輪鐵箍，使用鍛鐵。兩隻車手極長，貫一車首尾，車手前端為曲木制車擔，車箱四周各有木板一片，左右者名車邊板，前後者名車閘，有暗槽可摘除、安裝，左右車邊板外面各裝直立車樁二，高出上沿約五寸許，如車內載運容積較大之物件時，另於左右車邊板上，各加車邊閘木板一塊，套在車樁上增高車箱內之容量。車輪心頭用整塊圓木製成，周圍插車軌（輻）十六隻，連接車輪框合成一圓輪，外裹以鐵箍圈。牛車除作農產收穫、糞土堆肥搬運外，尚為鄉間乘坐代步，及貨物運輸主要工具。」[88]

86　郁永河，《裨海紀遊》卷上，二月二十三日條，頁6（臺銀文叢第四四種）。

87　林豪，前引書，卷九〈風俗‧服習〉，頁305。

88　見《澎湖縣志‧物產志》，第二章第四節「牛車」，頁22（澎湖縣文獻委員會，民國六十一年七月出版）。

第十一節　澎郊衰微之原因

　　澎湖臺廈郊或草創於康雍年間，歷乾、嘉、道、咸，至同光年間達於鼎盛。然而無論其究竟如何鼎盛，視臺島之行郊，直有如大巫視小巫，究其因實扼於澎地之自然環境，臺廈郊之不振在此，其衰微亦種因於此，茲試析而論之：

一、腹地狹隘

　　臺澎皆海中島嶼，乃臺號土腴，俗傳「臺灣錢淹腳目」，而澎則貧薄，何歟？蓋澎地面積狹小，腹地不廣，於是乎市場太少，消費有限。按澎湖群島由大小六十四個島嶼組成，總面積合計不過一百二十六點八六四二平方公里。中以澎湖本島最大，面積六十四點二三八八平方公里，占全縣總面積二分之一強；其餘有人島超過一方公里者十，不足者十；合計二十一有人島面積一二五點三三八八平方公里。《澎湖廳志》敘：「澎湖各嶼，惟大山嶼及北山各社，人煙頗密。此外隔海嶼上有民居者，以西嶼八罩為大；他若虎井、桶盤……以及東西吉、東西嶼坪已耳。其他或沙汕浮出，或海中片石，無平地可耕，無港路可泊，有時漁舟掛網，蹤跡偶至耳，初不得謂之嶼也。」[89] 地窄如此，遂產生兩種現象：其一，因生齒日繁，而土田不加廣，為糊口謀生，不得不移居臺島，《澎湖廳志》稱：「若澎民之赴臺謀生者，年以千百計，豈皆不肖者歟？地狹民稠，田不足耕，穀不給于養，不得不尋親覓友，以圖糊口，其情固可憫矣！」[90]。其二，紳商萃集媽宮，他澳因無碼頭、市鎮或墟場交易之所，率皆遠赴媽宮埠頭購覓買售。腹地缺乏，市場過少，又復集中馬公一地，商業發展之局限自可想見，澎郊之不振，此為最根本原因。

89　林豪，前引書，卷一〈封域・島嶼〉附考，頁 30。
90　林豪，前引書，卷十一〈舊事・叢談〉，頁 386。

二、土瘠民貧

澎湖腹地褊小，胃納有限，於商業則全恃出口貿易，其出口以油粕、魚乾為主，所產極微。彼經濟之發展深受土地資源及地理環境影響，何況澎湖群島由於雨少風強，四面平坦，無高山以攔之，颱颶搏射，表土甚薄，不堪種植；更因鹹雨之害，有損作物，僅能種植旱作作物，而以地瓜、花生為盛，地瓜供一家終歲之食，農家終年用度，胥恃售賣花生。

海濱斥鹵，泉源不淪，雨露鮮滋，致土性磽瘠，農產缺乏。幸因四面環海，漁業頗盛，居民以漁以佃，兼營農漁二業。而雖云澎人以海潮為田，以魚蛤為命，但風信靡常，颱颶經旬，勢不能出洋討海。《澎湖廳志》云：

> 海濱漁利，必風平浪靜，始能下網。而澎湖狂風，往往兼旬不息，則所稱以海為田者，亦強為之詞，非真如耕者之按候可獲也。夫澎湖斥鹵，處處可曬鹽，而民間皆食官鹽，每斤十餘文，或以七斤十斤為一百斤，所獲之魚，每不足抵買鹽之價。此外別無利可取，民安往而不貧乎？[91]

磽确之地，不產五穀，漁獲不時，無利可取，富者鮮蓋藏之具，貧者無隔宿之糧，閭閻貧困至此，民眾購買力之薄弱，商場之蕭條自可想見，欲求累積資本，提振商業，戞戞乎其難矣！

三、海道險峻

郊商販運，贏利頗豐，然重洋遠涉，非熟諳沙線、礁石、深洋、急水，一犯險失事，片板無存，風險實大。澎湖群島，周環布列，水口礁線，犬牙交錯，隱伏水中，非熟悉夷險

91　同前註。

者不敢輕進，洋船過此，每視為畏途，試舉其要者言之：東有東西吉諸嶼之險，南有八罩船路礁之險，西有吼門之險，北有吉貝與藏沙之險，《澎湖廳志》云：

> 媽宮港居中控制，形勢包藏，為群島之主。……其西由西嶼稍北為吼門，波濤湍激兩旁。……師公礁附近吼門，有石潛伏水底，舟不敢犯。……此西方之險也。其東則東西二吉最為險隘，中有鋤頭增門，水勢洄薄，流觸海底礁石，作旋螺形。舟行誤入其險，倘遇颶風，瞬息衝破；若無風可駛，勢必為流所牽，至東吉下，謂之入溜，能入而不能出矣。由臺入澎者，必過陰嶼……陰嶼內有沈礁，防之宜謹。其南則虎井頭之上霤，海濱礁石嶒崚，怒濤相觸。極南為八罩之船路礁，亦名布袋嶼，水路僅容一舟，稍一差失，萬無全理。此皆東南之險也。其北則吉貝嶼之北礁，亦名北境，藏沙一條，微分三片……颶風一作，風沙相激，怒濤狂飛，鹹雨因而橫灑，倘誤入其中，百無一全者矣。又東北有中墩之雁晴嶼門，橫崎海口，港道甚狹，此皆北方之險也。[92]

澎湖群島，港道紆迴，沙淺礁多，其險要已如此。而臺洋之涉，風信靡常，駭浪驚濤，茫無畔岸，或巨風陡起，風濤噴薄，捍怒激鬥，舵折桅欹。而澎湖風信與內地他海迥異，周歲獨春夏風信稍平，然有風之日，十居五六，一交秋分，直至冬杪，則無日無風，匝月不息。北風盛發時，狂颶非常，沸海覆舟，往來船隻，屢有遭風擊破[93]。

風信不常，商船遭風，船艅覆沒，貨物傾耗，偏又有沿海鄉愚，撈搶遭風船物，習慣成性，視為故常，郊商受累

---

92 林豪，前引書，卷一〈封域‧形勢〉，頁13。
93 林豪，前引書，卷一〈封域‧風潮〉，頁36-37。

甚劇[94]。

　　沙汕紆迴，颶颱不測，而海道峻險，又有「八卦水」、「紅水溝」、「黑水溝」諸險，流勢湍急，船隻每易失事，《澎湖廳志》引周凱之言：「富陽周芸皋曰：澎湖島嶼迴環，水勢獨高，四面皆低，潮水四流，順逆各異，名八卦水。又云澎湖之北，不可行舟，漁人亦罕至，謂之鐵板關，最稱險要。」[95]

　　《裨海紀遊》有云：「二十一日……乘微風出大旦門……夜半渡紅水溝。二十二日，平旦渡黑水溝。臺灣海道，惟黑水溝最險，自北流南，不知源出何所，海水正碧，溝水獨黑如墨，勢又稍窳，故謂之溝。廣約百里，湍流迅駛，時覺腥穢襲人。又有紅黑間道蛇及兩頭蛇，繞船游泳，舟師以楮鏹投之，屏息惴惴，懼或順流而南，不知所之耳。紅水溝不甚險，人頗泄視之，然二溝俱在大洋中，風濤鼓蕩，而與綠水終古不淆，理亦難明。」[96]

　　《續修臺灣縣志》則載澎湖之東尚有一黑水溝：「黑水溝有二；其在澎湖之西者，廣可八十餘里，為澎廈分界處，水黑如墨名曰大洋。其在澎湖之東者，廣亦八十餘里，則為臺澎分界處，名曰小洋。小洋水比大洋更黑，其深無底。大洋風靜時，尚可寄碇；小洋則不可寄碇，其險過於大洋。此前輩諸書紀載所未及辨也。」[97]

　　按臺灣海峽海流，有兩系統：一為赤道暖流，又名黑潮，經菲律賓群島東北海面北上，過巴士海峽西北入臺灣海峽；另一為發源於我國渤海之寒流，沿東南海南下，至澎湖附近海域，兩流會合造成一獨特潮汐景觀。漲潮時南方海面

94　林豪，前引書，卷九〈風俗・風尚〉，頁327。
95　同註89前引文，頁35。
96　郁永河，前引文，頁5–6。
97　謝金鑾，《續修臺灣縣志》，卷一〈地志・海道〉，頁30（臺銀文叢第一四〇種）。

潮勢北上，北方海面潮水南進，退潮時依來路退返，其勢如萬馬奔騰，一瀉千里，洶湧澎湃，瞬息萬狀。其於澎湖各島周環暗礁地區，則潮流急速激蕩迴旋，水波四流，因有八卦水之稱[98]。

四、偷渡走私

澎湖雖為臺廈要隘，但臺廈往來船隻，若非澎郊之船，透洋直過者居多，非十分風信不順，不肯灣泊，偶一寄碇百無一二。此等商船，取巧規避，或夾帶私貨，或偷渡違犯。如雍正年間，廈門有商船往來澎島，與臺灣小船偷運私鹽米穀，名曰「短擺」；復有官弁以提標哨船，往來貿易，號為自備哨，出入海口，不由查驗[99]。似此偷渡走私，既可避配載官穀班兵，復可規避海關釐金，獲利倍於商船，影響所及，商船獲利日減，郊商日就凋危，《澎湖廳志》記：

> 近有南澳船販運廣貨來澎，而購載花生仁以去者。查商船由廈出口時，例規甚重，又有海關釐金諸費；而南澳船無之。所辦貨物，率多賤售，于花生則厚價收買；而生理中大局一變，郊商生計亦遜于前矣。[100]

五、乙酉兵燹

光緒九年（1883），中法為越南之爭，爆發戰爭，閩海成為主戰場，臺灣戒嚴，清廷分調劉璈、劉銘傳守台南北。十年六月法將孤拔率艦攻基隆，劉銘傳親臨指揮，大敗之。七月法軍二度侵犯基隆、滬尾，亦大敗而逃。九月，法軍改採封鎖政策，於五日宣布封鎖臺灣海口，範圍北自蘇澳，南至鵝鑾鼻，凡三百三十海哩，禁止船艦出入，臺

98　同註48前引書第一章第一節，頁3。
99　林豪，前引書，卷十一〈舊事・軼事〉，頁382。
100　同註6前引文，頁307。

灣海峽為之封鎖，以致一切運輸貿易都告停頓，富紳多舉家逃走。法艦巡弋，撞遇商船，肆行轟擊，屠戮焚擄，慘酷萬分。此後商船日絕，臺灣之接濟阻斷，音信難通，互市停息，百物昂貴。

十一年二月，孤拔犯媽宮港，分兵由嵵里登岸，十三日午前六時，媽宮炮臺、協署、街道、營房，一律轟燬，居民北逃頂山，十四日夜「廣勇臺州勇大掠媽宮街，放火延燒店屋殆盡」[101]，法軍入據媽宮澳。此次兵燹，媽宮街上房屋，或遭炮打，或被火焚，多歸靡爛，澎湖臺廈郊之「公帳、建家屋契字等簿，一切于乙酉遭兵燹，盡皆遺失」[102]，損失慘重。

六、連年災荒

澎湖列島幅員狹小，地無河渠水利，農耕靠天，如遇旱魃為虐，則大地遍赤。又常年多風，冬春之際，季風強烈；夏秋之交，颱颶成患。茲將有清一代（起自康熙二十二年領有臺澎，迄於光緒二十一年割臺澎予日），澎湖災荒整理列表如表 1-3，以供參考。

表 1-3　清領時期澎湖災荒情況

編號	清朝年代	西元	災荒情況
1	康熙 46 年	一七〇七	荒歉無收，冬大饑，詔蠲本年粟米。
2	康熙 56 年	一七一七	冬，澎湖廳饑，詔蠲本年錢糧十分之三。
3	康熙 60 年	一七二一	大風成災，天為之赤，民居倒坍甚多，官、哨、商、漁船隻，多為破碎，兵民溺死者無算。

101　同註 45。
102　同註 2。

4	雍正 9 年	一七三一	大風雨，衙署倒塌。
5	乾隆 2 年	一七三七	五月及九月，大風。
6	乾隆 5 年	一七四〇	閏六月，大風，刮壞各汛兵房。
7	乾隆 7 年	一七四二	臺灣令周鍾瑄運米賑澎湖（災由不詳）。
8	乾隆 10 年	一七四五	秋八月，大風雨，衙署科房倒塌。
9	乾隆 19 年	一七五四	颱風，乏食貧民，酌備口糧。
10	乾隆 22 年	一七五七	冬十二月大風，哨船赴臺運米，遭風飄沒，淹歿戍兵二十二名。
11	乾隆 23 年	一七五八	正月澎湖大風，在大嶼洋面，擊碎赴臺運米哨船。
12	乾隆 30 年	一七六五	九月二十三日，颱風陡發，擊碎通洋船隻，西嶼內外塹商船覆沒三十餘，商民淹斃一百二十餘人。
13	乾隆 31 年	一七六六	秋八月，大風覆溺多船。
14	乾隆 51 年	一七八六	夏，小米未熟，饑，通判呂憼憛設法平糶。是年復大風，澎湖把總蔡、貓霧捒巡檢陳，遭覆舟淹沒。
15	乾隆 55 年	一七九〇	六月大風雨，水暴溢，廬舍多陷，壞廟宇民居無算。風挾火行，岸上小舟及車輪，被風吹至五里外。
16	乾隆 59 年	一七九四	秋饑，晚季不熟。
17	乾隆 60 年	一七九五	猶饑，通判蔣曾年施粥半月。
18	嘉慶 2 年	一七九七	八月，風災。
19	嘉慶 11 年	一八〇六	晚季不熟。
20	嘉慶 16 年	一八一一	八、九月大風，下鹹雨為災。
21	嘉慶 18 年	一八一三	七月二十夜大風，海水驟漲，壞民廬舍，沈覆海船無算。
22	嘉慶 20 年	一八一五	小米未熟，八月大風，下鹹雨，又被風災，冬大饑。
23	道光 11 年	一八三一	夏旱，八九月大風，下鹹雨，冬大饑。
24	道光 12 年	一八三二	三月猶饑。八月大風，海水大漲，覆舟溺人無數。

25	道光 20 年	一八四〇	大風，吉貝嶼洋船擊碎。
26	道光 24 年	一八四四	饑，下數年皆饑。
27	道光 30 年	一八五〇	雜穀失收，民大饑饉。
28	咸豐元年	一八五一	三月大風霾，鹹雨成災。
29	咸豐 2 年	一八五二	二月初一，媽宮街火，延燒店屋無數，大井頭一帶皆燼。夏有蟲，六、七月颱風，下鹹雨。
30	咸豐 5 年	一八五五	夏久旱，米價騰貴。
31	咸豐 6 年	一八五六	大疫，死者數千人，大城北、宅腳嶼尤甚。
32	咸豐 7 年	一八五七	大疫未止，五穀價長。時內地大荒，米價驟漲，故澎湖亦困。
33	咸豐 9 年	一八五九	夏大風，海面覆船無數。
34	咸豐 10 年	一八六〇	夏大旱，八月颱風鹹雨為災，民房傾圮，海船擊碎甚多。
35	咸豐 11 年	一八六二	大饑，八罩嶼為甚。
36	同治 5 年	一八六六	夏大旱，秋颱風，下鹹雨三次，民大饑。冬復大風碎船。
37	同治 7 年	一八六八	秋七月，林投、圭壁二澳大疫。
38	同治 8 年	一八六九	饑饉。
39	同治 9 年	一八七〇	春旱，十月下鹹雨。
40	同治 10 年	一八七一	春夏饑。八月颱風大作，港口船隻皆碎。
41	同治 11 年	一八七二	夏旱且蝗，八月暴風鹹雨為災，民饑困尤甚。
42	同治 12 年	一八七三	春不雨，旱且饑。是冬，民得異疾，久始暫瘥，俗謂平安病。
43	同治 13 年	一八七四	九月大風，覆沒船隻。
44	光緒 2 年	一八七六	四月，洋面颶風大作，覆舟無數。
45	光緒 3 年	一八七七	夏大風，下鹹雨。
46	光緒 4 年	一八七八	春暴風，吉貝嶼小船不能往來，以書繫於桶內，隨流報饑困狀。

47	光緒 5 年	一八七九	夏不雨，六月始雨，七月又雨，民氣稍蘇。
48	光緒 7 年	一八八一	夏不雨，旱季梁黍失收。七月颱颶交作，下鹹雨三次，遍野如洗，狂風連作，風通處，樹木為焦，洵非常災變。
49	光緒 8 年	一八八二	夏不雨，六月始雨。
50	光緒 10 年	一八八四	夏六月大疫。是年法夷犯澎湖。
51	光緒 11 年	一八八五	四月大疫，耕牛多死。
52	光緒 13 年	一八八七	夏六月，颱風大作，英國汽船遭難，人多溺死。
53	光緒 18 年	一八九二	六月大風雨三日，平地水深三尺，壞衙署、房屋、商船、五穀無數，八月颱風，下鹹雨。是年地瓜薄收，花生十存二三，十月復颶風，沈英國輪船，溺死者一百三十餘名。十一月，天大寒。
54	光緒 19 年	一八九三	鹹雨成災，大饑。
55	光緒 20 年	一八九四	春二月福建總督譚、臺灣巡撫邵，派人、船到澎賑恤（災由不詳）。

說明：

一、本表起自康熙二十二年，迄於光緒二十年，其前後則不計。

二、本表據《澎湖廳志》及《臺灣省通志》，與其他相關志書彙成，茲不一一註明出處。

據表 1-3 統計分析，可推知：

1. 自康熙二十二年（1683）至光緒二十年（1894）二百一十二年間，共有災荒五十五次，平均計算，每隔三點八年即有一次，災變率可謂極高。

2. 康熙年間三次及雍正間乙次，年久事湮並不可靠，姑不計算。以下所列乾隆六十年間，計有災荒十三次，平均四點六年一次；嘉慶二十五年間，共有災變五次，平均五年一次；道光三十年間，荒亂有五

次，平均六年一次；咸豐十一年間，災亂計有八次，平均一點四年一次；同治十三年間，災變共有八次，平均一點六年一次；光緒二十年間，共有災荒十二次，平均一點七年一次。

可見澎湖災荒以咸、同、光三朝最為嚴重，其中因史籍闕略，或採訪未周，而不見記載者，尚不知凡幾也；且所謂「下數年皆饑」、「大疫未止」等等尚未計算在內。可知澎湖災荒殆無年不有，連年災荒，風、雨、饑、荒、刀、兵、水、火，災亂不已，澎民生於斯固苦極矣！災荒如此，求賑恤之不已，生計艱難，澎民之購買力薄弱可想得知。衣食不足，民困彌甚，欲求臺廈郊之興利發皇，是則富強無術，緣木求魚矣！

七、乙未割臺

乙未割臺是臺澎行郊沒落並終告消滅之一大關鍵。我拓臺先民於前清時代遷臺澎奠居者，從事墾殖較少，多屬營商，少作長久定居之計，尤多內地殷戶之人，出資遣夥來臺經商。故光緒乙未割臺，日人侵占臺澎，幾乎所有大陸來臺之郊商，紛紛歸籍，逗留者，僅少數小郊商，進退維谷，心存觀望，商業一時陷於停頓。加以日軍侵臺遭受民軍全力抵抗，兵燹所及，十室九空，於此兵慌馬亂中，百行罷市，各郊商業均因戰亂，不得不停頓。

日人竊據臺澎之後，日益加強經濟控制，欲使臺灣成為日貨傾銷之尾閭，與產業原料之供應地，自然不願臺澎郊行再與大陸通商，遂嚴格規定：臺灣各處商船只准本島運載，不得擅往大陸，大陸船來臺限於三大口出入，例禁森嚴[103]。而自昔郊商販運區域幾全在大陸沿海口岸，經此限

103　蔡振豐，《苑裡志》，下卷〈風俗考・商賈〉，頁 83（臺銀文叢第四八種）。

制，無口吞吐，貿易航運一斷，焉能生存。行郊雖日趨式微，而日人猶懼郊行在民間之潛存勢力，時時注意監視，對於「行郊」，或常加取締，或迫其解散，或迫其改組，於是澎湖臺廈郊改為「臺廈郊實業會」，重訂約章，對外行文改稱「商會」，而郊商亦僅只剩十七家矣！

八、組織簡陋

以上所言，皆行郊沒落之外部因素，而其致命之打擊在於其內在因素——組織過於簡陋，不足以發揮組織功能，進而發展組織，終趨向老化僵硬。

就組織形態言，郊戶多為同籍同宗之人，藉財力與神權統治同業，是以行郊兼具有業緣性、地緣性、宗教性與血緣性，可稱為一商業公會、同鄉會、神明會、宗親會之綜合體，易言之具有神權主義（宗教）、鄉黨主義（同鄉）、操縱市場（同業）之特色。然而其組織體制僅有一二爐主，少數職員負責，而爐主統閣郊事務，職權繁重，責任艱鉅，非幹練之才，焉能達成組織目標與任務。再則澎郊雖有郊規之約，若郊員不認真遵守，陽奉陰違，弊竇叢生，行郊亦僅能罰金或除名了事，久之必使組織散亂癱瘓。似此，行郊組織實有下列數項缺憾：（1）層級化程度不大，不足以應付龐大事務，進而發展組織。（2）權力並無強制性，易造成眾人爭執違規。（3）政策決定，表面上由全體郊員討論，實則易走上寡頭型態，致使決策權集中少數人之手 [104]。組織結構如此簡陋，如此不健全，勢必不能隨政治、社會、經濟環境之變遷而改變適應，澎郊之終趨衰微沒落，乃是必然結果。

---

[104] 有關行郊組織結構之優缺點，詳見拙文〈臺灣行郊結構之探討〉，《臺灣史蹟源流研究會七十三年會友年會論文選集》，頁 127–162。

九、其他原因

　　以上所述率犖犖大端，餘尚有一二微因，茲並為一談。

　　吾國社會向有士農工商之別，歷來朝廷，視商賈不事生產，爭逐末利，剝削農民，影響習尚，故意屈之，一向採重農抑商之策。如澎湖一地，諸方志莫不讚許澎人民淳俗厚，儉嗇習勞，所謂「臺之民華，澎之民質，臺之民氣浮而動，澎之民情樸而靜」[105]、「俗儉勤人椎魯，熙熙恬恬風近古。……漁者恆漁農者農，饑食渴飲安井伍，更無雀鼠訟鬮張，公庭清晏如召杜。論文時亦聚諸生，詩書善氣溢眉宇。……割雞慣笑子遊刀，家絃戶誦並中土」[106]等等均是。對於澎湖臺廈郊營商貿遷一事，竟歸罪使風氣日趨於奢華，斥之為「一十三澳民頗惇，澆漓只有媽宮市」[107]，惟有「媽宮市上頗不馴，言龐事雜多遊民。草竊無聊兼牙儈，鰥兵蜂聚重為鄰。赫赫炎炎盡烈火，厝薪不徙勢必焚。溱洧有藺野有蔓，鶉奔狐走鳥獸群」[108]云云。按澎地磽瘠，不產百物，凡諸衣食器用悉取資外郡，無一物不待濟於市，通商惠工乃守土者之事。不思勤民恤商，加惠商人，曲予優待，招致其來，以給居民之用，反誣其變風移俗，奢華澆漓。殊不知民未知義，由於教化未孚，而教化未孚，由於生計不足，是民困彌甚，則民俗彌偷，所謂倉廩實而知禮義，衣食不足，奚暇治禮義哉？

　　惟不可諱言，郊商之販運贏利，重商崇利，固可促使經濟繁榮，社會發達，其末流亦足以腐化社會風氣。而郊商博利既易且鉅，不免講求享受，生活往往流於靡爛，不免僅知爭利奪富，出之以種種不法手腕，造成行郊內部之不

105　林豪，前引書，卷九〈風俗・風俗記總論〉，頁 328。

106　胡建偉，前引文，卷十二〈藝文紀〉所收胡建偉〈澎湖歌〉，頁 277。

107　同前註前引文，胡建偉〈到湖湖境〉，頁 275。

108　同註 106。

和，如臺廈郊約章中所云：混淆帳目、侵占款項、故意生理倒壞詐欺貨財、翻覆反價較取多寡、陰謀奪客僭越相爭、私卸行仲由街走兌……等等皆是。又如《澎湖廳志》載「至售花生仁，或以水滲之，使斤兩加重，而不顧買者受病」亦是 [109]。凡此踵事奢華、重利盤剝、劣貨欺人、巧詐貨財，結果影響商譽，打擊生理，澎郊之不衰歇者幾稀哉！

第十二節　澎郊對地方之貢獻

臺澎行郊實為臺灣史上一特殊之商業團體，其所具有之功能已含括政治、經濟、社會、文化、宗教等多元功能，舉凡地方上之徭役、公益、慈善、宗教、教育等事業，幾無一不由彼等宣導、創建、襄助或重振。行郊之團體，不僅促進了臺灣商務之發展，安定移民社會之秩序，更於社會建設提供了巨大之推動力量。[110]

澎郊或成立於康熙末造，盛於同光年間，期間對澎湖之地方公益與社會建設，莫不踴躍參與支援，茲分述於後：

一、教育事項

自古興賢育才，教學為先，學也者，講修典訓，依仁遊藝，以期明人倫，達時務，是風俗之醇，人才之盛，有賴學庠化陶之。有清一代之文教設施，有儒學、義學、社學、民學與書院等，澎湖地瘠民樸，未立學宮，僅各村社設有蒙塾，係民間自延蒙師以教童蒙。至於義學，向來未設，光緒三年，劉家驄於媽宮、文澳，各設義學一所，未幾劉去，而義學亦罷。

澎湖之有書院，始自乾隆三十一年（1766）通判胡建

109　同註100。

110　詳見拙著〈臺灣行郊之組織功能及貢獻〉，《臺北文獻》直字第七十一期，頁55~112，民國七十四年三月出版。

偉之創建文石書院，其後歷年既久，廢弛倒壞，屢有疊修擴建，凡此在在均有郊商紳豪之參與，或倡謀捐建，或慷慨釀捐，或董理經管。如其始創，胡建偉云「澎賢夙稱好義，衿耆士庶，與夫客寓斯土者，其各踴躍樂捐，以勸斯舉……凡歲中脩脯之需，膏火之費，均有賴焉」。[111] 五十五年夏，壞於風災，知府楊廷理諭通判王慶奎鳩資修葺。嘉慶四年（1799），通判韓蜚聲捐廉重修，改建魁星樓。二十年，通判彭謙增建以祀文昌。道光七年（1827），通判蔣鏞與各士子巡閱院宇，見椽瓦檩桷多損壞，魁星樓剝蝕更甚，遂商請協鎮孫得發等各捐廉倡修，「闔澎士庶亦欣然樂輸」。[112] 同治十二年（1873），動工重修登瀛樓（即魁星樓），此役倡首者鄭桂樵（步蟾），勤其事「則高袞夫（其華）武庠，林荊山（瓊樹）太學也」，此二人「從未列談經之席，身不登問字之車，獨能勤茲義舉，有功斯文，士林中所不可多得，況得之商賈中乎」[113]，是知高、林二人為商賈之輩。光緒元年（1875），以後進文昌祠規模稍狹，議決拓廣，「時連年秋收豐稔，士民踴躍樂捐，有郊戶職貢黃學周，首捐三百兩，為翻新蓋後殿之費。于是協鎮吳奇勳……及郊戶殷戶，各捐重貲」。[114]

可知文石書院自乾隆三十二年（1767）落成，以迄光緒二十一年（1895）澎湖陷日為止，其間一百二十八年書院之重修改建，郊商無不樂捐襄助。至於書院之賓興膏火、祭祀束脩之經費由來，向由學租與捐款支付，其來源素出自地方鄉紳郊商之捐助，而膏火盈餘之賃放生息亦委由郊

111　胡建偉，前引書，卷十二〈藝文紀・捐創澎湖書院序〉，頁260。

112　蔣鏞，前引書，〈文事紀・書院〉，頁二二。亦見同書〈藝文紀・續修文石書院記〉，頁87。

113　林豪，前引書，卷十三〈藝文中・登瀛樓落成記〉，頁446-447。

114　林豪，前引書，卷四〈文事・書院〉，頁111。

商辦理，惟澎地如何，志無明文，不得稽考，僅知其經費盈餘，款項現錢「分借各紳商」以求利息而已[115]，既是「紳商」，則其中有郊商之可能性不小。

　　書院既設，文風士習，蒸蒸日上，雖窮鄉僻壤，農服先疇，深受儒學之感化，村氓婦孺亦知敬惜字紙，鳩貲合雇數人，月赴各鄉，拾取字紙，積貯書院中，每歲送之清流，沿為成例。同治十一年（1872），紳士許樹基、蔡玉成、林瓊樹等，議於送字紙時，士子衣冠，齊集書院，以鼓吹儀仗，奉製字倉聖牌位，迎至媽宮，送畢乃返駕書院。各澳輪年董理，於是「四標弁丁及郊戶商民，亦各備鼓吹，共襄勝舉焉」。[116]

二、宗教事項

　　清代之臺澎，移民艱辛渡海前來，因臺澎荒蕪初啟，天災疫害頻仍，加之官府力量薄弱，兵燹屢屢，民間互助之風特盛，常有結社組織，以共同信仰之神明為中心而結合之，因之神明會極為普遍，促成寺廟之興建發達。而臺澎廟宇不僅是民間信仰中心，同時也成為聚落自治及行會自治之中心，我拓澎先民實擅於運用寺廟推動地方建設，興辦慈善事業，進而教化百姓，平定變亂，維持社會治安，促進社會繁榮，故知臺澎寺廟具有自衛、自治、涉外、社交、教化、娛樂等多元社會功能，與地方之發展息息相關。

　　行郊既是由同一行業之商賈組合，奉一神明，設幫會，訂規約，以時集議；內以聯絡同業，外以交接別途，自需有一集會辦事處，此辦事處有設於爐主自宅，亦多設於寺廟，以充聯誼自治集會之所，故本省各地寺廟之創建修葺，郊商無不踴躍捐輸。澎郊之參與澎湖地方寺廟修建，文獻

115　同前註前引文，頁112。
116　同註6前引文，頁204。

可徵者，有水仙宮、觀音亭、真武廟、無祀壇、節孝祠、武廟等，其中水仙宮為澎郊之會所，已於前述，茲請從他廟記起：

節孝祠：在天后宮西室，道光十八年（1838）署通判魏彥儀設內祀。咸豐間，有奸民改為捐輸局，祠內碑記聯匾，皆被毀棄，幸有生員方景雲等，仗義力爭，逐出奸民，景雲歿後，祠中廢墜如故。光緒五年（1879），「媽宮澳商民黃學周、黃鶴年籌貲重修」。[117]

無祀壇：一在西嶼內外塹，適中道左；一在媽宮澳西海邊，土名西垵仔。媽宮澳之無祀祠，建於康熙二十三年（1684），乾隆十五年（1750）增修廓大，二十九年暨四十六年曾公捐重修。至嘉慶二十五年（1820），「右營游擊阮朝良，募同課館連金源、郊舖金長順等捐修」。[118]

觀音廟（亭）：廟在媽宮澳，康熙三十五年（1696）游擊薛奎創建。其後乾隆二十九年（1764）、四十六年、嘉慶十年（1805）均曾重修，光緒元年（1875），「例貢生黃學周等鳩捐重建」[119]。

關帝廟（武廟）：原在媽宮澳西偏，乾隆三十一年（1766），胡建偉會協營諸人捐俸增修，後雖經四方商賈屢屢捐輸修葺，終於坵廢改建兵房。光緒元年（1875），協鎮吳奇勳擇地另建，而「商之官紳暨軍民商賈，罔不稱善，於是發簿勸助，皆踴躍樂輸，計集貲千有餘金。……命千總吳宗泮、外委張豪霖、武生高其華踵其役」。[120]

真武廟：廟在媽宮澳，祀北極真武上帝，建於何年未詳。乾隆五十六年（1791）、嘉慶二十三年（1818）曾修葺，

117　林豪，前引書，卷二〈規制‧祠廟〉，頁59。
118　同註36。
119　林豪，前引書，卷二〈規制‧叢祠〉，頁66。
120　同註前引文〈新建武廟碑〉，頁446。

至光緒元年「董事高其華等修建」。[121]

　　餘如城隍廟「乾隆五十五年風災，殿宇損壞，前廳蔣曾年捐俸及商民修理。……嘉慶三年，前廳韓蜚聲續勸商賈重修」[122]，乙酉兵燹，廟毀於兵，於是重建，「商之諸紳，以閤澎十三澳公捐錢二千貫有奇」[123]。龍神祠之建「閤轄士耆商庶，隨緣樂輸，共襄斯舉」。[124]他如天后宮、大王廟、西嶼義祠，雖云書無明文，而所祀諸神職司安瀾，郊商行賈往來海上，焉能不特加尊崇，隨緣捐輸，以襄其成，乃扼於文獻不足徵，姑略之。

三、保安事項

　　郊為商業公會，以謀求自身之商業利益為主。惟至後來，行郊勢力漸趨龐大，不僅掌握商權，且幾成為一變相下級行政機構，所掌事務，上需應接官諭，下要和諧商情。以接下諸事言，如賑恤、修築、捐輸、調處諸商糾紛；以事上言，有奉諭防海、平匪、派義民、捐軍需，及地方官責成之諸公事。是以行郊多有組織保甲以防奸細，訓練義民以衛鄉梓，設冬防夜警以緝盜賊等，如《澎湖廳志》記「于媽宮市設一保長，于水仙宮設文口以稽查船隻」。[125]按保甲制度為民間自衛員警之組織，臺灣雖自雍正十一年（1733）施行，然皆委諸地方自理，由當地士紳主持，其組織原則以十戶為牌立牌頭，十牌為甲立甲長，十甲為保立保長，惟保甲之編成，因時制宜，因地損益。保長之責有編查戶口、稽查匪類、緝拏人犯、催徵錢糧諸項，由於容易招怨，人多畏避承充。至道光末年，廢弛已極，僅成具文，除必

121　同註前引文，頁 67。
122　同註 36 前引文，頁 4。
123　同註 113 前引文〈重修城隍廟碑記〉，頁 448。
124　蔣鏞，前引文〈建修龍神祠記〉，頁 86。
125　林豪，前引書，卷三〈經政・戶口〉，頁 86。

要之冬防一事，幾失諸有名無實。

　　臺灣團練之制度與保甲制度，相表裏而相呼應，地方壯丁團練，組織為隊，除對土匪警戒，冬防出勤外，凡遇兵亂，則執戈從軍，陷陣衝鋒；無事則緝捕巡防，或散歸隴畝，嘉咸之際，臺灣多次叛亂，多藉團練戡平，其力甚大。同治二年（1863）有海賊登澎湖岸，焚劫嵵澳，賴有鄉民蔡耀坤設法拒守，於是同治四年，丁曰健檄澎湖廳舉辦團廳，設保安局，《澎湖廳志》詳載：

> （同治）四年春，臺澎道丁曰健檄澎湖廳舉辦團練，設保安局，令貢生郭朝熙，生員郭頭勳，郊戶黃學周為媽宮市團總，率練勇四百五十二名防守港口。[126]

　　同治十三年，日人興兵犯臺，沈葆楨辦理臺灣海防，巡閱澎湖，檄通判劉邦憲再興舊制，舉辦團練，《澎湖廳志》續云：

> （同治）十三年夏，日本國與臺灣生番滋事，臺澎戒嚴。欽差大臣沈葆楨渡臺視師，閱澎湖海口……檄通判劉邦憲舉辦團練。……分飭十三澳紳衿就各社，設為分局，挨抽壯丁，造冊過點，共二千餘名。無事各安生業，有警合力守禦，就地勸捐，以作經費，媽宮紳士黃步梯、郭朝熙等，捐募三甲，壯勇二百名，備置號甲送點；郊戶黃學周等，亦募勇七十名，在媽宮市設局訓練。[127]

　　可知澎地郊商平日聲息相通，聯守望相助之規，以緝盜安良，保衛鄉土，補官廳之不足；有事則不惜傾家紓難，或召募練勇，或捐助餉糈，或出資備器，以戡平匪亂，抵抗外患。

126　林豪，前引書，卷十一〈舊事・紀兵〉，頁 363–364。
127　同前註。

四、公益事項

澎湖居臺、廈之間，四面環海，島嶼紛排，沙淺礁多，波濤洶湧，每年冬春，北風盛發，狂飇排空，地最危險，險冠諸海。而西嶼一處，尤為重要，凡臺廈往來船隻，皆以此嶼為標準，凡遇風信靡常，則官、商船舶莫不就西嶼以為依息，故設有文武查船汛口。然當宵昏冥晦之時，風濤震盪，急欲得西嶼而安之，轉或別有所觸，屢致船隻損壞，蓋因四望茫然，一無標準故也，是以燈塔之設，有其亟需，俾一望無際之餘，知所定向，以作迷津之指南。

考西嶼燈塔之置，始於西嶼義祠之建。乾隆乙酉（30年，1765）秋九月二十三日，颱風陡發，浪同山湧，擊碎通洋船隻，數不勝指，而灣泊於澎湖西嶼內外塹被難者，不下三十餘船，淹斃人口至一百二十餘人之多，誠歷年少見之奇災異厄。翌年，通判胡建偉與左營游府林雲、右營游府戴福捐俸創建，立祠以祀，俾孤魂得所依歸[128]。

迨乾隆四十二年（1777），傾圮頹廢，「廣不過仞，高不越尋常，殊不足繫遙瞻而遠矚」，[129] 郡守蔣元樞、通判謝維祺捐俸倡修，就西嶼古塔基址擴建，計周五丈，高七級（級凡七尺），頂層四圍，鑲嵌玻璃，內點長明燈，召募妥僧住持，兼司燈火，每夜點亮，以利舟行。此役經始於四十三年冬，落成於四十四年夏，建置經費之由來，除諸有司之捐俸，另傳諭臺郡船戶及廈門郊行共同釀金湊捐；日用香燭燈油之費，則「今就往來挽泊西嶼與進媽宮者，各行公議每船捐錢一百文，其杉板船隻每船捐錢五十文，交給常住」。[130] 是知建置之費，日用之錢，率多臺、廈郊行資助。

128　同註 111 前引文〈創建西嶼義祠記〉，頁 261。
129　同註 112 前引文〈建修西嶼塔院落成碑記〉，頁 82。
130　同前註。

嗣因屢遭風災，年久廢弛，照管乏人，以致塔前廟宇傾圮，玻璃損壞，燈塔有名無實，興廢不時。道光三年（1823）通判蔣鏞會同水師提憲陳元戎籌款重修，原寄望「每年照舊西嶼寄碇商船，每船每次捐錢一百文，尖艚船每次捐錢五十文」[131]，以資供給，不料商船日漸稀少，經費不敷一歲之用，遂設簿勸捐，經郊戶商船踴躍輸捐，於塔邊典買園地，付住持耕種收租，藉資補助；另典當市店一所，契字簿據，交天后宮董事輪管，收租生息，買備燈油，按月支付。樂輸捐戶，〈續修西嶼塔廟記〉載有：「一、臺郡各郊行共捐番銀二百元（原注：姓名俱勒名）。一、澎湖舖戶、商船、尖艚、漁船共捐番銀二百四十元（原注：姓名俱勒石）。」[132]「臺郡各郊行」即指臺灣府（臺南）各郊行，所謂「澎湖舖戶」依常理推測應是澎湖郊舖無誤。

據此，知臺灣燈塔之濫觴—西嶼燈塔之始建與修葺，臺、澎、廈三地郊行之出力特多也！

五、慈善事項

澎郊之慈善事項可略分為救恤、助葬、賑荒三類。茲先言救恤：

清人奄有臺澎，於社會行政無專設機構，當時所謂恤政，惟依清律，由縣廳地方有司督行之，其機構則有養濟院、普濟堂、棲流所、留養院及育嬰堂等。至若機構之創立經費及維持費用，如屬公立，則多以船舶、鴉片煙稅資助，不足，或假以募捐。其私立者，多出自地方紳商之樂捐，官府亦每予補助。綜觀本省清代之救恤機構，多為官紳郊商釀資合營，實為本省之特色。澎郊之救恤義行，頗見舊志記載，雖屬斷簡殘篇，尚可略知梗概，茲雜採舊志，

131　同前註前引文〈續修西嶼塔廟記〉，頁85。
132　同前註。

列述於下。《澎湖廳志》卷二〈規制・恤政〉記:

> 媽宮街金興順,郊戶德茂號等,鳩貲買過蔡天來店
> 屋一間,為失水難民棲身之所,址在媽宮口左畔……
> 現經修理堅固,床灶齊備,門首大書「失水難民寓
> 處」六字,逐年輪交大媽宮金興順頭家執掌。嘉慶
> 二十四年(1819),經于前廳陞寶任內稟官存案。[133]

此即澎湖棲流所,連橫《臺灣通史》言:

> 澎湖棲流所:在媽宮。嘉慶二十四年,郊戶德茂號
> 等捐款置屋,以為難民棲宿,稟官存案。[134]

且於郊規中明定救助失水難民,其恤助患難之美德有如
此者。

澎湖地瘠民貧,頻有溺女之風。光緒三年(1877),
通判劉家謀,始有育嬰堂之倡議,惜未幾解任,竟不果行。
嗣於光緒六年,通判李郁堦再倡興建,乃向紳商募貲創設,
改築馬公街邵公祠為堂舍,以「監生林瓊樹董其事」,[135]後
歸廳辦理。其店業、借戶歲收租息三十二萬四千文,每月
又於鹽課撥銀五十兩,以充經費。約收女嬰三十餘名,每
名月給八百文,並分恤養濟院窮民,每名月給三百文。

養濟院即普濟堂,收容孤寡廢疾貧民,通有清一代,臺
省僅臺南、鳳山、澎湖三地有之。澎湖普濟堂於道光六年
(1826),通判蔣鏞籌建,先捐四百元交媽祖宮董事輪年
生息。九年,澎湖紳商續輸捐,計「闔澎士民共捐二百一十
元,交課館連金源生息」[136],以理度之,當有澎湖郊商之贊
助。

133 同註1。
134 連橫,《臺灣通史》,卷二十一〈鄉治志・臺灣善堂表〉,頁
    440(臺灣省文獻委員會,民國六十五年五月出版)。
135 同註1。
136 同註1。又見蔣鏞,前引書〈藝文紀・普濟堂序〉,頁90。

再述助葬：

本島孤懸海外，昔為蠻夷之居，至清初尚為新闢。我先民離鄉背井，來臺澎拓墾，一遇災異兵燹、蠻煙瘴雨，流亡孤客，旅死甚多，其停棺之所、葬身之地，及運柩回籍之籌謀，在在多成問題。況乾嘉以降，本省開闢日廣，流寓益多，問題更形嚴重，故救濟措施，不容忽焉。清代之助葬善事，有供給土地於貧民埋葬，或合葬無主枯骨，或寄托旅櫬，或協助埋葬等，略別之，亦不外乎義塚、殯舍、萬善同歸三類。

義塚由官建置者有之，紳民買獻者有之，任人埋葬，不收地價。澎湖義塚凡七：一在媽宮澳東北，一在尖山鄉，一在林投垵，一在西嶼，一在瓦硐港，一在網垵澳，又一在北山後寮灣，凡海中漂屍，率拾葬於此。《澎湖廳志》卷二〈規制·祠廟〉之「無祀壇」條云：

> 一在媽宮澳海旁邊，土名西垵仔。廟中周歲燈油，俱協營捐辦。祠左有一大墳，即埋瘞枯骨之處。建於康熙二十三年（1684），高不過尋，寬不及弓。乾隆十五年（1750），前廳何器與協鎮邱有章等，公捐增修廓大。……嘉慶二十五年（1820），右營游擊阮朝良同課館連金源，郊戶金長順等捐修。（下略）[137]

萬善同歸或稱萬全同歸，蓋為掇拾枯骨叢葬之所。《澎湖廳志》卷二〈規制·恤政〉又記：

> 媽宮澳西城之東北以至五里亭一帶，廢塚纍纍，舊有萬善同歸大墓二所，一為前協鎮招成萬建，一為晉江職員曾捷光建，皆在觀音亭邊。光緒四年（1878），同安諸生黃廷甲招各郊戶捐修，又在石

137　同註29。

厝東西畔修建男女室各一。[138]

　　其在石厝左近者有四墓，曰安樂壇、曰東塔壇、曰西負新舊墓、曰東塔後舊大墓。在觀音亭北者，曰萬善墓。又於石厝西，拾取遺骸，築成大墓四所，編為福祿壽全四號。續於西城土地廟東畔，築成大墓二所，編為富貴兩號。其零星荒墳之暴露者，皆重加修築，一在尖山鄉，一在林投。[139] 凡此皆有澎湖郊戶之贊助捐修。

　　末敘賑荒：

　　災荒救濟，清代統稱為荒政。本省於清代，水利未善，災荒頻見，重以醫藥不昌，疾癘流行，戰禍屢頻，饑饉連歲，是以本省清代之救荒事業，視為要政。災荒救濟，非食糧不可，而其儲藏，非倉廒不為功，清代本省之倉廒，有常平倉、義倉、社倉、番社倉四者，平日藏穀以待荒歲。而儲藏軍米之武倉，亦每借資取以為濟。

　　澎湖一地，有常平倉（即文倉）、武倉、社倉、義倉。文武倉俱為官營官儲，以待正供，以濟軍食，茲不述，請從義倉敘起。

　　義倉者，當年歲凶荒之際，貧民告糴無由，由開義倉之穀給民糴。故義倉實具有調節物價、救恤貧民、賑濟災荒三大作用。義倉初由官營，故又名監倉，迨嘉慶時，改為民營，仍由官方監督，實半官營之性質也。義倉之錢穀，率由官府勸捐粟穀而成，無異對各富紳之攤派，若有違勸弗捐，則有不可之勢。

　　澎湖廳義倉，係於道光十一年（1831），通判蔣鏞倡設，在地紳商踴躍樂輸，中曾「勸同媽宮街行店量力輸助」[140]。

138　同註1。
139　同前註。
140　蔣鏞，前引書，〈藝文紀・勸捐義倉序〉，頁91。

其法發給支單，分各澳總理承領，至年底結數報官，總理五年一換，由紳董舉充，以杜私弊。不料奉行不善，徇隱不報，諸總理未按年赴署結算母利，換具收管，而期過五年，各董事鄉甲亦未另舉接充，久之竟成虛額。故林豪曾議擇德性良好而又家道殷實之公正紳商，主持其事。至於湊捐平糶之本銀，則擇「郊戶之殷實可靠者二三家」經管，[141]量收其一分或五六釐之利息，以冀奉行得人，推行盡利。下迄光緒十九年（1893），鹹雨為災，澎湖歲饉，始再舉義倉，除官方倡捐外，並勸諭本地紳富襄贊，計得銀二千餘兩，以為社倉資本，其中「郊戶黃學周勸諭三郊，合捐一百六十三兩零」[142]，至是而澎湖義倉始成。

澎湖社倉起於雍正九年（1731），通判王仁倡捐，至乾隆十六年止（1751），文武各官及紳民共捐社倉穀二百五十九石。是年八月，臺灣知府陳關以澎湖係屬臺邑，應將社穀撥歸臺邑，通判何器奉令將存穀移去澎營，抵作撥臺之額，其後續將餘穀改作溢捐穀石，歸入常平官倉存貯，終致社倉顆粒無存，顢頇之官，不恤生民有如此者[143]！

除義倉、社倉外，賑災助貧，糶濟民食，澎湖之臺廈郊商亦不落人後，惜舊志記載，頗缺略不詳。如澎湖於道光十一年（1831）夏旱，秋大風，下鹹雨，冬大饉，通判蔣鏞籌捐義倉錢，先濟貧民。十二年春猶饉，興泉永道周凱，至澎賑恤，「時以臺府遠不濟急，暫借行戶錢米散給」[144]，並作詩乙首，吟記此事：「連日開倉日未中，紛紛戶口散來公。……貸金不愁園吏粟，回帆齊拜水仙宮」[145]，又

141　林豪前引書，卷二〈規制・倉庾〉「義倉」，頁73。
142　同前註。並見同書卷十三〈藝文中・澎湖重設義倉記〉，頁449。
143　同註141前引文「社倉」，頁71。
144　蔣鏞，前引文，〈藝文紀〉周凱〈留別八首和徐幼眉大令見贈韻〉詩，頁143。
145　同前註。

如咸豐元年大風霾，下鹹雨，民食維艱，除官府恤濟外，另有「臺郡商林春瀾、石時榮、蔡芳泰、黃瑞卿等，共捐銀一千六百四十餘兩。本地殷戶吳鏞、黃朝基等，共捐銀一千七百三十九兩」[146]。而泉州郊商黃瑞卿亦奉官諭倡捐賑輸數百金（轉引自陳支平〈清代泉州黃氏郊商與鄉族特徵〉一文，未刊稿）。同治五年夏大旱、秋颱風，下鹹雨三次，民大饑，在地紳商捐湊賑濟，並由「紳商黃步梯、鄭少蟾、林瓊樹、黃應宸、黃學周等，辦理賑務，多方籌辦，墊錢五百餘千文」[147]。光緒四年春暴風，吉貝嶼等對外交通斷絕，官紳籌資賑恤，「囑士紳黃步梯、林瓊樹等，查外嶼貧民，及島中極貧之家，分別散給」[148]等等。是知澎郊平日之救恤貧困、賑濟災荒、死喪相助之義行美德矣！

第十三節　結語

　　澎湖行郊稱臺廈郊，簡稱澎郊，公號不詳，其創立或可溯至康熙末造，確知者嘉慶年間已有，同光年間最稱繁盛。惜澎島散布臺灣海峽，面積狹小，地瘠民貧，農產不豐，居民大多以海為田，捕魚為生，腹地既如此狹窄，胃納有限，市場復集中馬公一地，工商無從發展。兼之海道峻險；船隻每易失事；颶颱鹹雨，連年災荒；有司不恤，不招商賈；既有偷渡走私之競爭，復有兵燹劫焚之亂事；而其組織簡陋，層級有限，部門不分，內部不和，屢有違法亂紀之弊，澎郊之衰歇之不振，實扼於天時地利之自然地理環境，與夫人和之內在原因。而乙未割臺澎，尤為一大打擊，日治後被迫改組「臺廈郊實業會」，其間雖因馬公港之一度開放為特別輸出入港，而告復興，惟旋起旋廢，經廢止後，遂一落千丈。光復後，民國三十五年，就澎湖臺廈郊實業

146　同註 44 前引文。
147　同前註，頁 374。
148　同前註，頁 376。

會，改組為澎湖縣商會，以圖謀工商業之發展，增進工商業之公共福利，以至於今，但已非清時臺廈郊之原貌。

臺廈郊之會所為水仙宮，奉祀媽祖及水仙尊王，郊舖與市集均聚結於馬公市，蓋馬公為一優良港口，乃臺廈商船出入所聚，為紳商官署萃集之所。澎郊組織採爐主制，以按鬮或擲筊選出，逐年二名，輪流辦理商務，其下則應有若干職員協助。經費則賴抽分、捐款、會費、公店租息，及罰金之收入，並訂有郊規約束眾郊友。知名郊商人物，確知者有黃學周、黃應宸兩人，另高其華暨林瓊樹二人亦頗有可能；而知名之郊舖則有德茂、金長順、金利順、金興順、安興、鼎順、裕記、怡發、同成、合發、豐順、振吉、錦成、益成、源茂、順美、通發、源合、豐德、合源，另協長成、頂成亦有可能是郊舖。其貿易地區，以廈門、臺南為主，故稱臺廈郊，而旁及福建之同安、泉州、漳州；臺灣之高雄、東港、鹿港、北港，廣東之南澳，凡港路可通，爭相貿易。其輸出以花生之油粕，及魚乾類為主，輸入則以布帛、磁瓦、米糖、雜糧、杉木、紙札、薪炭等為多，故臺廈郊舖所賣貨物，自五穀布帛，以至油酒、香燭、乾菜、紙筆之類，及家常應用器物，無物不有。史籍有缺，二百年之澎湖臺廈郊史，所能考知者僅此，無能周全遍知，抉微發覆，乃莫大遺憾！

澎湖四面汪洋，孤懸海中，論其地，則風多雨少，斥鹵塩鹹，土性磽瘠，泉源不淪，雨露鮮滋，乏田可耕，種植維艱，惟藉雜糧，以資民食。地之所產甚微，故素乏殷實之戶，富者鮮蓋藏之具，貧者無隔宿之糧，民困至此，故論者曰：「閩海四島，金門、廈門、海壇、澎湖，舊有富貴貧賤之分。謂廈門富，金門貴，而澎湖獨以貧稱也」[149]，澎民生於斯固苦極矣。而一遇旱魃為虐，風雨為災，官府屢行賑恤，固

149　同註91。

有加無已，而澎湖臺廈郊商亦盡其力襄助，舉凡如捐義倉、置義塚、賑災荒、育棄嬰、收難民，恤孤窮等，莫不踴躍捐輸，趨善慕義。餘如書院之協修、寺廟之興建、燈塔之創置、鄉土之保衛、治安之維持，亦共襄義舉，無不參與。可知郊商平日鄉里聚居，必為之盡心力，相扶相持，於促進地方安定、社會建設，實具相當貢獻。

要之，澎湖係一海島，漁業產量固有剩餘，而食糧生產及其他日用物品之製造，則極感缺乏，無法構成一自給自足之經濟區域，故商業交易，貿遷有無，至感需要，乃有臺廈郊之興起。無如其地瘠薄，季風強烈，鹹雨不時，不適農耕，環境惡劣如此，影響所及，居民購買力弱，稅課收入有限，稅收不裕，一切施政常受限制，難以建設地方，雖人口逐年增加，反成負擔，故工商之增進之繁榮，概屬有限，臺廈郊之不能茁壯繁盛，之終於沒落衰歇，種因在此。惟其如此，故舊志記載，既鮮且略，史闕有間，碑殘碣斷，僅曉一二，考知有限，欲求擘績補苴，豐碩細緻，則有待他日新史料之發現矣！

第二章　全臺首座燈塔：西嶼燈塔的史蹟研究

西嶼燈塔

文化資產局網站基本資料介紹			
文化資產類別	古蹟		
級別	國定古蹟	種類	燈塔
公告日期	1987/4/17	公告文號	內政部臺（76）內民字第484806號
評定基準	具歷史、文化、藝術價值	法令依據	文化資產保存法
指定／登錄理由	具有保存價值		
所屬主管機關	文化部		
地址或位置	澎湖縣西嶼鄉外垵村 35 鄰 195 號		
主管機關	名　　稱：文化部 聯絡單位：文化資產局 聯絡電話：04-22177672 聯絡地址：臺中市南區復興路三段 362 號		
管理人／使用人	關係　　　　名稱 管理人　　　交通部航港局		

所有權屬	關係　　　　公私有　名稱 建築所有人　公有　　中華民國
歷史沿革	漁翁島燈塔也稱為西嶼燈塔，燈塔位於西嶼鄉外垵村西側屹仔尾岬角處，此地西側海域即為澎湖六大急流中的「西流」（一礁、二吼、三西流、四鵝豆頭、五潭門、六東吉）。自古即為往來台廈船舶航道的標識點。清乾隆43年（1778）台灣府知府蔣元樞和澎湖糧防捕廳通判謝維祺，為使由廈門而東來之船隻，以西嶼為航海標識，特於此地創建西嶼燈塔，這也是台、澎地區首建的燈塔。由現存的「創建西嶼燈塔碑記」碑文：「澎湖居臺、廈之間，而西嶼尤為衝要。蓋當風信靡常，則官商船舶莫不就西嶼以為依息也。」可知構建西嶼燈塔於此地的重要性。西嶼燈塔初創時構造，據碑文記載：酌就嶼際古塔基地，廣其下座凡五丈，礱石為浮圖七級，級凡七尺，惟樸固，期永久。其頂設長明之燈……」同時於燈塔側建有塔廟，內祀天后媽祖。並由塔廟住持每天於昏夜之際，至塔頂點燃燈火。 西嶼燈塔因長年屢遭風災，澎湖廳通判蔣鏞於清道光3年（1823）與澎湖水師提憲陳元戎籌款修建西嶼燈塔。但因塔頂油燈所產生的光力較薄弱，無法達到國際各國燈塔應有的光力標準，英、美、日、法等國即向清政府要求構建新式燈塔。清同治12年（1873），由福建海關總稅務司派人至西嶼，購置構建新式燈塔用地，並重新興建燈塔和附屬設施。清同治13年（1874）由海關總稅務司聘請英國工程師（韓得森 DAVID M. HENDERSON）規劃設計仿西式燈塔形制構造，將西嶼燈塔改建為圓形鑄鐵造塔身，塔身外觀漆成白色，入口處上方三角形的門楣上，書有凸製的英文題字（DAVID M. HENDERSON 1874），於清光緒元年（1875）7月11日動工興建，同年11月竣工。於11月18日開始常駐點燈，並聘有外

藉專人駐守燈塔，今燈塔圍牆西側海岬邊，尚存有當時看守燈塔英國籍人員女兒的墳墓。並豎有一座十字型墓碑上刻「Nelly O' Driscoll」。燈塔竣工並點燈後，同時正式命名為「漁翁島燈塔」。新建後的漁翁島燈塔，塔高 11 公尺，燈高 67.7 公尺。燈塔西南側同時設有三門霧炮，以備起霧時發出砲聲警示往來航行船隻。

日治時期除沿用清領時期燈塔設備運作外，另設置一座百葉窗型氣象觀測器。同時於明治 30 年（1897）以駐澎湖島日軍有線電話設備，佈設媽宮與漁翁島燈塔間之海底電話線，這也是台澎地區有線電話之濫觴。二次世界大戰末期，昭和 20 年（1945）7 月 5 日至 8 月 7 日，遭受美軍轟炸機襲擊，所幸受損輕微，燈塔仍能照常點燈運作。民國 55 年（1966）漁翁島燈塔改裝設四等旋轉透鏡電燈，光力為 18 萬支燭光，光程 25.1 海浬。民國 70 年（1981）再增設「電霧號」二座，以提高往來船舶於低能見度航行的安全。

資料來源：
https://nchdb.boch.gov.tw/assets/advanceSearch/
monument/19870417000003

第一節　小引

　　中國早期的燈塔，多擇於塔形的浮圖頂端置點油燈以照明航運，因此有稱浮圖或塔燈之謂。據載，中國已知最古老的燃燈石塔係位於山西省太原市童子寺之燃燈塔，初建於北齊天寶七年（556），塔身由石壘作，高四‧一二公尺（約一丈四尺），束腰須彌座，高度為塔高之半，塔內中空三面開門，塔頂無蓋以排燃燈之煙火。浙江杭州南部錢塘江邊月輪山上之六和塔（又稱六合塔），興建於北宋開寶三年（970），塔高九層，塔頂置燈以為夜航船隻的航標。其餘尚有海鹽資聖寺塔，「層層用四方燈點照，東海

行舟者皆望此以為標的焉」，「浮土寺有塔，燃燈至燒不滅，江海道途之人，望以為號」等等。塔的形制作法以磚、石層層堆疊而成，塔內中空置梯而上，形多六角或八角，多樓閣式，或密檐式塔的作法。如西嶼燈塔於乾隆年間興建時，即為石築高七級之浮圖，形八角重檐，頂設照明。

此外，也有作為軍事觀察的「料敵塔」，如北宋定縣開元寺之磚塔，即因位於宋遼邊境可瞭望華北平原而具軍事觀察的功能。清初臺灣普設的望樓亦具相同的眺望用途，惟其作法略不同塔制。嘉慶元年（1796），由滬尾船戶港邊建造望高樓，每夜點燈為船隻進出的指標，此為望樓燈塔具有導航之功能者。[1]

綜觀中國古代設燈塔並不必然位於海邊，其主要目的乃為或登高眺覽、或高點觀測、或行路地標、或航海標燈之用；歷經燃燈塔、燈樓、料敵塔、望高樓、浮圖等形式演進，而於十九世紀末才引進西式燈塔。在臺灣清代早期，仍採傳統的望高樓及浮圖作為航海標記，光緒元年（1875）改建的西嶼燈塔是全臺第一座近代西式燈塔，茲文之作，其目的在探此一全臺首座燈塔興修始末，以詳其究竟。

第二節　海難頻傳——西嶼燈塔設立的背景

臺灣與大陸之間，重洋阻隔，自古以來，閩臺交通全賴水路，澎湖群島位在臺灣海峽的樞紐地帶，清中葉以前，臺灣對外交通，端賴臺、廈一線，船隻往來，必以澎湖為關津。澎湖除居閩臺間衝要地帶外，也是東洋航路上重要中途站。古來日本、福建人民欲往呂宋，澎湖是必經之路。新航路大開後，歐洲列強相繼東來貿易、殖民，南洋之外

1　本小引主要據北京科學出版社主編，《中國古代建築技術史》第六章第五節〈高層磚結構—磚塔〉（博遠出版社；民國 82 年 5 月再版），頁 322 改寫而成。

取安全的逐島航法，即沿中國南海岸北上，至南澳、廈門間，再改向東航行，橫渡澎湖之後，轉向東北方繞臺灣北行，因此臺灣海峽舟楫輻輳，澎湖成為東亞航線的重要據點。也因此澎湖附近洋面海難頻傳，吾師黃典權（衡五）教授曾就《明清史料戊編》第七本中有關閩海沉船事件加以統計，發現從雍正七年（1729）至道光十八年（1838）間，有八十六艘戰哨，及與公事有關之商船沉沒，歸納出二點結論：（一）從沉船的月令看來，每個月都有船隻遭風事件，而以陰曆六、七月兩月最多；（二）船隻沉沒的處所，大多數都在澎湖列島不遠的外洋，所以此處是海舶的危險地帶。[2]

清中葉後，我國因戰敗，被迫開放港口，洋船來華日多，於是洋船在澎湖海面失事，時有所聞。據楊麗祝、劉靜貞在〈清代澎湖海難事件之探討〉一文中統計，從康熙年間至光緒年間，在澎湖附近失事的外國船隻（含琉球等藩屬國）及本國購置的新式汽船有廿七件，占所有失事案件的百分之廿七弱。若以咸豐十年開港後計算，則高達百分之七十三弱，可知即使進步之外國新式汽船，也是失事頻頻。[3]

第三節　海難原因的探討

澎湖既然為閩臺、東亞航線要衝，往來船隻夥眾，海難頻傳的原因很多，本節姑略去人為因素，僅就其地理環境及自然因素探討，茲分從洋流、季風與地形三項分析探究之：

2　詳見黃衡五，〈臺灣海峽沉船事件之紀錄〉，《臺南文化》第五卷第二期，（臺南市文獻委員會，民國 45 年 7 月出版）頁 78-85。

3　見楊麗祝、劉靜貞，〈清代澎湖海難事件之探討〉，《澎湖開拓史學術研討會實錄》，頁 283-295 的「澎湖船難表」。此處有關統計分析，是筆者就該表資料再加以運用，分析統計。

一、洋流

　　自廈門達臺灣，航程約七百餘華里，清代素以澎湖為界，俗稱廈門至澎湖為「大洋」，澎湖至鹿耳門為「小洋」，所以由閩至臺號稱「重洋」，復以臺海潮流為南北方向；臺廈往來必須橫流而渡，故又號稱「橫洋」[4]。而澎湖附近洋面，向有「紅水」、「黑溝」、「八卦水」之險，流勢湍急，船隻每易失事。郁永河《裨海紀遊》云：

> 二十一日……乘微風出大旦門……夜半渡紅水溝。二十二日，平旦渡黑水溝。臺灣海道，惟黑水溝最險，自北流南，不知源出何所，海水正碧，溝水濁黑如墨，勢又稍窊，故謂之溝。廣約百里，湍流迅駛，時覺腥穢襲人。又有紅黑間道蛇及兩頭蛇，繞船游泳，舟師以楮鏹投之，屏息惴惴，懼或順流而南，不知所之耳。紅水溝不甚險，人頗泄視之，然二溝俱在大洋中，風濤鼓盪，而與綠水終古不淆，理亦難明。[5]

　　謝金鑾《續修臺灣縣志》則載澎湖之東，尚有一黑水溝：「黑水溝有二：其在澎湖之西者，廣可八十餘里，為澎廈分界處，水黑如墨，名曰大洋。其在澎湖之東者，廣亦八十餘里，則為臺澎分界處，名曰小洋。小洋水比大洋更黑，其深無底。大洋風靜時，尚可寄椗；小洋則不可寄椗，其險過於大洋。此前輩諸書紀載所未及辨也。」[6]

　　八卦水所在，據林豪《澎湖廳志》引周凱之言：「富陽周皋曰：澎湖島嶼迴環，水勢獨高，四面皆低，湖水四流，順逆各異，名八卦水。又云澎湖之北，不可行舟，漁人亦

4　孫元衡，《赤崁集》，臺銀文叢第十種，頁 5-6。
5　郁永河，《裨海紀遊》卷上，臺銀文叢第四四種，頁 5-6。
6　謝金鑾，《續修臺灣縣志》，卷一〈地志‧海道〉，臺銀文叢第一四○種，頁 30。

罕至，謂之鐵板關，最稱險要。」[7]

　　按臺灣海峽水流有兩道系統：一為赤道暖流，又名黑潮，經菲律賓群島東北海面北上，過巴士海峽西北注入臺灣海峽，另一為發源於我國渤海之寒流，沿東南海南下，至澎湖附近海域，兩流會合，造成一獨特潮汐景觀。漲潮時南方海面潮勢北上，北方海面潮水南進，退潮時依來路退返，其勢如萬馬奔騰，一瀉千里，洶湧澎湃，瞬息萬狀。所以於澎湖各島周環暗礁地區，則潮流急速，激盪迴施，水波四流，因有八卦之水之稱。[8]

二、季風

　　古來方志常記載澎湖風信與內地他海不同，一年之中獨春夏風信稍平，而有風之日，十居五六，一交秋分，直至冬杪，則無日無風，匝月不息。北風盛發時，狂颶非常，沸海覆舟，往來船隻，屢有遭風擊破的可怕現象。[9]造成這種現象的原因，大體有二：

　　（一）深受大陸高壓及東北信風左右。

　　（二）澎湖位於東亞季風標準區域內，當冬季東北季風通過管狀地形的臺灣海峽時，位於管口的澎佳嶼，與位於管中的澎湖群島，因氣流方向與臺灣海峽軸向平行，造成風洞效應，風速極強。[10]

　　澎湖年平均風速每秒六公尺二，但自十月起至翌年三月的東北季風時期，風速急驟增加，十二月平均風速竟達

7　林豪，《澎湖廳志》，卷一〈封域‧島嶼附考〉，臺銀文叢第一六四種，頁35。
8　見《澎湖縣誌‧交通志》，第一章第一節。（澎湖縣文獻委員會，民國61年8月出版，頁3。）
9　林豪，前引書，卷一〈封域‧風潮〉，頁36–37。
10　李紹章編修，《澎湖縣志》上冊。（澎湖縣政府，民國49年出版，頁41。）

八公尺八,幾乎每日都在暴風中。澎湖全年暴風日數約一百三十八天,季風期中的暴風日即占一百一十天,極端最大風速可達二十五公尺五,相當於中度颱風,船隻遇之,鮮有不翻覆者。[11]

澎湖全年東北風與北風肆虐長達六個月,造成澎湖群島風濤洶湧,船隻每易失事。此外,每年夏季的颱風也是船隻遇難的原因之一。從六月到十月,澎湖經常有颱颶,海舶遭逢,或遭風擊碎,或飄沒不知所終。茲舉一例以明船舶遭颶的險狀。道光十五年(1835)十月,澎湖廩生蔡廷蘭晉省鄉試不售,自廈返臺順道經澎湖探視老母,途中遇颶,據事後在〈滄溟紀險〉中云:「初,舟人稱西北有黑雲數片,俄而東南四布,馳驟若奔馬,轉瞬間狂飆迅發,海水沸騰,舟傾側欲覆。……風烈甚,柁曳水下全膠固,十餘人擁推之不少動。乃下篷,棄所載貨物,冀船輕得走。天明,四顧迷茫,白浪如山,孤舟出沒波濤間。……移時,媽祖旗飄動,風轉東北,叫嘯怒號,訇哮澎湃,飛沫漫空,淋淋作雨下,濕人頂踵,毛骨生寒……忽然一聲巨浪,撼船頭如崩崖墜石,舟沒入水,半瞬始起,檻蓋木板皆浮,水傾盆瀉艙底矣!余淹仆……俯伏告天乞命,舟人悉嗷啕大慟……」。[12]

該舟四、五日後漂至安南(今越南)獲救。從該文之敘述,其經歷之險狀,正足以說明海舶遭遇颱颶,百不存一,俏有僥倖,漂流不知所之。

三、地形

澎湖群島大小共有六十四島散布於長約六十餘公里,東西寬約四十餘公里的海面,大小島嶼,岩礁羅布,富天然

11　澎湖縣政府編印,《澎湖》貳,民國70年出版,頁38。
12　蔡廷蘭,《海南雜著》,臺銀文叢第四二種,頁2。

港灣，舟船若固，澳灣可泊。但水口礁線，犬牙交錯，隱伏水中，對出入船隻形成威脅，非熟諳沙線、礁石、深洋、急水者不敢輕進，洋船過此，每視為畏途。舉其險要者，東有東西吉諸嶼之險，南有八罩船路礁之險，西有吼門之險，北有吉貝嶼藏沙之險，林豪《澎湖廳志》記：「媽宮港居中控制，形勢包藏，為群島之主。……其西由西嶼稍北為吼門，波濤湍激兩旁。……師公礁近吼門，有石潛伏水底，舟不敢犯。……此西方之險也。其東則東西二吉最為險隘，中有鋤頭增門，水勢迴薄，流觸海底礁石，作旋螺形。舟行誤入其險，俏遇颶風，瞬息衝破；若無風可駛，勢必為流所牽，至東吉下，謂之入溜，能入而不能出矣。由臺入澎者，必過陰嶼，……陰嶼內有沈礁，防之宜謹。其南則虎井頭之上霾，海濱礁石嶒崚，怒濤相觸。極南為八罩之船路礁，亦名布袋嶼，水路僅容一舟，稍一差失，萬無全理。此皆東南之險也。其北則吉貝嶼之北礁，亦名北境，藏沙一條，微分三片，……颶風一作，風沙相激，怒濤狂飛，鹹雨因而橫灑，倘誤入其中，百無一全者矣。又東北有中墩之雁晴嶼門，橫崎海口，港道甚狹，此皆北方之險也。」[13]

澎湖群島，港道紆迴，沙淺礁多，船隻每易在此遭風、觸礁，海難事件頻傳。而船艘寄泊諸嶼，尚要考慮南北風向。按所謂南北風者，指風信的方向。清季閩臺間交通以帆船為主，海洋泛舟，於大海中無櫓搖棹撥之道理，全藉一帆風順，船在大洋之中，不得順風，尺寸為艱，故舟行務上依風向，而「臺灣風信，自廈來臺，以西北風為順；自臺抵廈，以東南風為順」[14]，其中「臺灣船隻來澎湖，必得東風方可揚帆出鹿耳門；澎湖船隻往臺，必得西風纔可

---

13 林豪，前引書，卷一〈封域‧形勢〉，頁13。
14 李元春，《臺灣志略》，卷一〈地志〉，臺銀文業第一八種，頁23。

進港」。[15] 是以順風時，於黎明出鹿耳門放洋，約午後可抵澎湖。而澎湖泊船之灣澳有南風、北風之別，泊舟之澳，負山面海，山在南者，可避南風；山在北者，可避北風。故南風宜泊水垵澳、大城嶼、安山仔、紅羅澳、赤崁澳、後灣澳、八罩、網垵澳等，北風宜泊網澳、內塹、外塹、蒔上、龍門港（即良文港）等澳。或駕避不及，或誤灣錯澳，則船必壞，是又一險。[16]

第四節　海難的善後處理

海難發生後，清廷如何善後？茲分從消極的救濟撫卹與積極的改善安全防護措施兩方面探討。

康熙廿三年（1684）八月，清廷由禮部行文藩屬國家，希望鄰國如遇中國遭風危難船隻，能給予適時援助，予以收養和解送。[17] 反之，凡是洋船在中國遭風或觸礁漂到澎湖附近或臺灣近海洋面，予以救助撫卹，再轉送回國，以示懷柔遠人態度。例如雍正年間，有琉球難民在澎湖獲救，除安插館驛外，並日給米一升，鹽菜銀六釐，後附搭進貢船送歸琉球，且自登舟日始，給行糧一個月。[18] 及至乾隆二年（1737），清高宗在處理琉球國船隻飄風事件時，親下旨諭，於遭風人船「加意撫卹，動用存公銀兩，賞給衣糧，修葺舟楫，並將貨物查還，還歸本國，以示朕懷柔遠人之至意，將此永著為例。」[19] 自此，處置外國漂風遇難船民，乃有成規可依，但有關救助費用，因係地方官庫支給，視

15　胡建偉，《澎湖紀略》卷一〈天文紀風信〉，臺銀文叢第一〇九種，頁9。
16　李元春，前引文，頁15–16。
17　《琉球歷代寶案》，第一集卷七，臺灣大學影印久米村天后宮傳抄本。
18　《琉球歷代寶案》，第二集卷十四。
19　《大清高宗純皇帝實錄》，卷五十二，乾隆二年閏九月庚午條。（華文出版社，臺北，民國53年出版。）

各地有所不同，有時還有額外加賞。

　　清廷固然撫卹外國遭難船民，對於本國官兵因公差委，致遭難失事者，也有恩卹。康熙五十三年（1714）清聖祖特頒諭旨，令地方大吏，恩卹福建臺灣、廣東碣石在海洋遭風傷損官兵，並令嗣後通行。雍正六年（1728），清世宗下諭，進一步分別官弁、兵丁恩卹之別，凡遭風受困者，照軍功加恩；不幸身故者，照陣亡之例優卹。其後有若干修正，至乾隆九年（1744），定例「沿海弁兵因公差委，遭風溺水，幸獲生全者，官照軍功加一級，兵照軍功頭等傷例賞給。又定例：軍功頭等傷給銀三十兩。」[20]

　　清廷雖然對沿海遭難船隻人民，不分中外均有撫卹，但實際上，遭難船隻漂至臺澎，常遭該地居民撈搶遭風船物，視為生財之道。對於這種行為，乾隆五十三年（1788）為嚴加懲儆，以強盜例治罪，斬決梟示。[21]雖然如此，收效不大。如道光年間的興泉永兵備道周凱（字仲禮，學者稱藝皋先生，浙江富陽人），曾賦詩指責澎湖虎井、八罩一帶居民，乘危搶奪出事商船：「側聞瀕海民，見海舶失事，拯物不拯人，乘危搶奪肆，呼號暝不援，轉因以為利」，甚至譏笑漁民不識貨，暴殄天物，其「客有言漁民撈拾賈舶貨物不知貴重者，感成二首」記：「不識珍奇古有之，焚琴煮鶴實堪悲。燕窩菜煮加藍木，不熟如何食薯絲。洋印花綢為腳纏，嘉文草蓆當帆吹。世間暴殄知多少，莫笑漁人事倒施」[22]鴉片戰爭之後，外國洋船來華日多，若遭風難，一樣被沿海居民強加撈搶，因此中外訂約，明訂必須加以救助保護，但因執行不力，迭招各國抗議，屢屢形成國際糾紛，甚至戰爭。為此，清廷除一方面加強海防外，

20　《臺案彙錄戊集》，第一冊，卷一，臺銀文叢第一七九種，頁1、
　　4、15。
21　《清代外交史料》，嘉慶朝，第三冊，頁 30–31，故宮博物院輯。
22　林豪，前引書，卷十四〈藝文下〉，頁 498–499。

同時也在光緒二年（1876）中福建巡撫丁日昌奏准頒布救護遭風船隻章程五條：[23]

　　一、定地段以專責成也。查沿海島嶼星羅、犬牙交錯，非明定界址，則必致彼此推諉，茲責成沿海廳縣，會同營汛，定明所轄界限，每十里為一段，飭就近公正紳耆，保舉地甲一人，甚島嶼則保舉耆老、頭目一名，列名冊報，以專責成。凡遇中外船隻漂撞礁淺，遇一切危險，本船日則高掛白旂，夜則接懸兩燈，以示求救。在地居民、漁戶人等，見有此等旗燈、即時首報地甲頭目，一面飛報文武汛官，一面酌量夫船數目，集派救助，其文武汛官聞報後，亦即督率兵役，親往看驗救護，不得稍有違誤，其往來報信之人，一切費用，均由失事船主給還。惟官役不得勒索使費。

　　一、明賞罰以免推諉也。查沿海文武汛官，如有救護船貨至一萬兩以上，中外人等救至十名以上者，一經該管上司查明、申報及領事照會關道有案，藩司立即註冊。記功三次以上者，文武汛官詳情酌記外獎，五功以上者，分別詳請題陞，以示優獎。地甲頭目亦分別上次勞績，隨時賞給頂戴匾額，以昭激勵。倘文武汛官，不肯認真辦理，照例參懲。地甲頭目若有救援不力，甚至有希冀分肥者，則分別輕重嚴究。至於望見船隻危險，首先報知地甲頭目及文武汛官者，以初報之人為首功，由失事船主給予花紅，大船多至三十兩，中船以十兩為度。

　　一、定章程以免混亂也。凡遇險船隻，其力尚可自存，船主並不願他人上船者，則救援之人，自不得混行上船。倘船主須人援救，或係應先救船，或係應先救貨，或係應先救人，均聽船主指揮，不得自行動手。救起之貨物應寄

23　林豪，前引書，卷五〈武備海防〉「附錄規條則」，頁162-164。

頓何處，亦由船主作主。其有擅行搬取、或私自藏匿者，經船主及地甲頭目指明，查有確據者，即行由官追究治罪。倘有人出首確鑿者，亦賞以應賞之款，誣捏者不准，並行反坐。

一、定酬勞以資鼓勵也。凡救起之貨，須候文武汛官驗報。如係外國之存貨，則並報明附近領事官，會同查核，將貨估價，按照出力多寡難易，抽撥充賞，多至三分之一，以賞救援之人。若有貨無人，則須稟明就近地方官及領事官，秉公將貨酌賞。倘無貨有人，則須將人救護，無論中國外國之人，均先行給以衣食，就近送交地方官、領事官，妥給船隻，分別資送回籍。倘係外國人，無領事可交者，即報明通商局，資給盤川，傳令自行回國。其小船出力救護，倘本人無力可以酬謝者，即就近稟報地方官，小船每救人一名，賞給洋銀十元，就近由地方官先行核給，按月彙報通商局發還，虛捏者嚴究。至遇風濤洶湧，人力難施，或在大洋，為救援所不及者，均宜各安天命，不得任意株連。

一、廣曉諭以資勸戒也。凡海濱愚民，皆緣不知救船之有賞，不救船之有罰，是以坐視不救，或致乘機搶奪。此後所有沿海文武各官，均宜將以上之告示條規，分別札行各汛，嚴加告誡，並將告示條規，書寫木牌，遍處懸掛，使一切漁戶愚人，皆知遇險之船，救護為有功，不救護為有罪。庶人人有救船之念在其胸中，不敢視為無足重輕之舉矣！

同年七月，澎湖通判唐世永即依章程所訂，將奉到告示，照抄多張，按鄉實貼。並於每鄉內選舉地甲一人，各嶼保舉頭目一名，專司救護。然而「沿海鄉愚，撈搶遭風財物，習慣成性，視為故常。疊經出示嚴禁，三令五申，

但積習已久，難免仍蹈故轍」[24]，因此在未能有效抑止下，光緒十一年（1885）在澎湖新設巡檢一員，駐於八罩網垵澳[25]，下配弓兵十八人，遇有遭風商船擱淺，鄉民搶劫者，即隨時救護彈壓。

就以上官方的撫卹辦法而言，尚稱優渥週到。至於一般民間船隻失事者，則恐無此幸運，有賴民間自行救濟。在澎湖，則多賴民間商會臺廈郊之救卹，如設棲流所，供失水難民棲宿，連橫《臺灣通史》記：

> 澎湖棲流所：在媽宮。嘉慶二十四年，郊戶德茂號
> 等捐款置屋，以為難民棲宿，稟官存案。[26]

《澎湖廳志》則有進一步的說明：「媽宮街金興順，郊戶德茂號等，鳩資買過蔡天來店屋一間，為失水難民棲身之所，址在媽宮口左畔，……現經修理堅固，床灶齊備，門首大書『失水難民寓處』六字，逐年輪交大媽宮金興順頭家執掌。嘉慶二十四年，經於前廳陞寶任內稟官存案。」[27]

且於臺廈郊約章中明定「凡有失水難民無費，代為救助些費」，其恤助患難之美德有如此者。[28]而不幸在海中喪生的無主漂屍，則有義塚可供掩埋。澎湖義塚有七：一在媽宮澳東北，一在尖山鄉，一在林投垵，一在西嶼，一在瓦硐港埔，一在網垵澳，又一在北山後寮灣，凡海中漂屍，

---

24 林豪，前引書，卷五〈武備〉，頁82。
25 林豪，前引書，卷六〈職官〉，頁88。按澎湖北端之吉貝島，南端之八罩島，其島民每於海難船舶漂來時，見海舶失事，拯物不拯人，乘危搶奪肆取，於海難船員呼號瞑視不援，故特於八罩網設巡檢彈壓救護。
26 連橫，《臺灣通史》，卷二一〈鄉治志〉，頁440。（臺灣省文獻委員會，民國65年5月出版。）
27 林豪，前引書，卷二〈規制・卹政〉，頁76。
28 詳見卓克華，〈清代澎湖臺廈郊考〉，《臺灣文獻》三七卷第二期，頁23-29，民國75年6月出版。

率拾葬於此。[29]

　　不過，事後的救護撫卹終究是消極性的作法，極作法則應是如何改進航海安全，減少海難的發生，其中西嶼燈塔的創設，不僅是一傑出高明的設想。更是全臺灣燈塔的濫觴。

第五節　西嶼燈塔的創設與修建

　　澎湖居臺、廈之間，四面環海，島嶼紛排，沙淺礁多，波濤洶湧，每年冬春，北風盛發，狂颮排空，險冠諸海。而西嶼一處，尤為衝要，凡臺廈往來船隻，皆以此嶼為標準，凡遇風信靡常，則官、商船舶莫不就西嶼以為依歸，往來澎湖，必從西嶼頭入，寄泊嶼內，或是媽宮，或是八罩，或是鎮海（今白沙嶼），所以設有文武汛口稽察船隻。然而每當宵昏冥晦之時，船隻急欲得西嶼而安息。不小心轉向別觸，屢致船隻損壞。蓋因四望茫然，一無標準，是以燈塔之設有其亟需，俾一望無際之餘，知所定向，以作迷津之指南。而燈塔之選擇設在西嶼，也有其地理之考慮，西嶼即今之漁翁島，橫在澎湖本島西方，距馬公最近處約四海浬。島形略如長靴，南部內垵、外垵似靴底，前後有山，海拔五二公尺，臺廈航船，均視此為指標。北端橫礁、合界頭似靴口，附近山墩標高三四公尺。全島地勢高峻，海岸岩石壁立，又有竹篙灣，大菓葉灣、牛心灣、內垵灣、外垵灣、緝馬灣、小池角灣、大池角灣等眾多優良港灣。而他島諸山，皆不甚高，故西嶼高阜突起平陸，目標顯著，於高阜建立燈塔，夜間一點明星，照耀遠近，足為海舶之標準。

　　考西嶼燈塔之置，始於西嶼義祠之建。乾隆三十年

29　同註 25 前引文，頁 46–47。

（1765）秋九月二十三日，颶風陡發，浪同山湧，擊碎通洋船隻，數不勝指，而灣泊於澎湖西嶼內外亟被難者，不下三十餘船，淹斃人口至一百二十餘人之多，是歷年少見的奇災異厄。翌年春，澎湖通判胡建偉，與左營遊擊林雲、右營遊擊戴福，捐俸創建，立祠以祀，俾孤魂得所依歸。[30]

迨乾隆四十二年（1777），日久傾圮頹廢，「廣不過仞丈，高不越尋常，殊不足以係遙瞻而遠矚」，臺灣知府蔣元樞，澎湖通判謝維祺捐俸倡修，就西嶼古塔基址擴建（今漁翁島西端、扶仔尾外垵林山頂），計周五丈，高七級（一級凡七尺），頂增四圍，鑲製玻璃，內點長明燈，塔上夜燃點燈火，「東照鷺門（即廈門），西光鯤島（即臺灣），南達銅山，東粵」，作為臺廈間船舶航行之目標，此為臺灣沿海導航標誌的嚆矢，也是唯一有詳確記載可證明臺灣首始設立的燈塔。此外並建供奉天后之塔廟及公館一所，為往來官商憩息之地。[31]

---

30 胡建偉，前引書，卷十二〈藝文紀·創建西嶼義祠記〉，頁261。

31 林豪《澎湖廳志稿》，卷一四〈藝文錄〉所收蔣元樞〈創建西嶼塔燈碑記〉，頁1130。三〇。（抄本，成文出版社，民國72年2月出版。）按蔣元樞《重修臺郡各建築圖說》之〈捐建澎湖西嶼浮圖圖說〉（國立中央圖書館編印，據館藏清乾隆四十三年臺灣知府蔣元樞進呈彩繪紙本影印，民國72年6月初版），頁五七，則記為高五級，但此文為興建前所撰，故篇尾有「業已擇日興工剋期完竣」之語，可能是筆誤，且據該書頁56所圖繪之〈新建西嶼浮圖〉，顯見為七級（頂尖也算在內），文、圖彼此已見牴牾矛盾，且遍查相關諸志書，均寫明為「七級」，無一提及「五級」，孤證不立，故筆者取「七級」之說，不採「五級」之說，茲將相關資料轉錄於後，以供高明指正：
（一）捐建澎湖西嶼浮圖圖說　蔣元樞
查澎湖居臺廈之間，四面環海，島嶼紛排，波濤洶湧，地最危險，為往來臺廈船隻所必經，嶼一處尤為衝要，凡遇風信靡常，則官商船舶莫不就西嶼以為依息，然當宵昏冥晦之時，風濤震蕩，急欲得西嶼而安之，轉或別有所觸，屢致船隻損壞者，蓋因四望茫然，一無標準故也。元樞抵臺後，查悉情形急圖所以利行舟之法，當經札商澎湖廳，囑就西嶼古塔基址，廣其下座，計週五丈，用

此役始於乾隆四十三年冬，落成於四十四年夏，督視工程為晉江監生楊慶餘，石工為蔣寶、梁長。建置經費之由來，除臺灣知府蔣元樞，澎湖通鄰謝維祺、臺灣海防同知鄔維肅等官宦捐俸首倡外，另傳諭臺灣郊行船戶及廈門郊行共同釀金湊捐，蓋因「念鹿耳門口，歲集商船，不下數百計，而於澎之西嶼，非其所止泊，即其所經行也，酌以每船勸捐番鏹二元」，而海防同知鄔維肅「亦先約計歲內到口船數，預墊番鏹若干」，方得鳩工構材，如期舉事。

石築為浮圖，共高五級，級凡丈許，級頂設長明之燈，西照鷺門，東光鯤島，南達銅山東粵，俾一望無際之餘，知所定向。又于浮圖之前建天后宮，另設旁屋數椽，召募妥僧住持兼司燈火，使風雨晦明，永遠普照，所需工費，元樞倡捐，其餘不足之數，經來往商漁各船踴躍捐湊，業已擇日興工，剋期完竣，自此船隻往來收泊，知所憑準，所益實多矣。

（二）創建西嶼燈塔碑紀　蔣元樞

澎湖居臺廈之間，而西嶼尤為衝要。蓋當風信靡常，則官商船舶莫不就西嶼以為依息也。然而宵昏冥晦之時，風濤震蕩，急欲得西嶼而安之，轉或別有所觸者。此無他，無以為之準也。余自奉命守臺以來，凡遇由澎至止者，鮮不以西嶼為斤斤，心用惻然。欲為樹之標準，俾往來收泊者利焉。卒以澎湖之未有同志也，弗果行。歲丁酉介堂謝公，分駐澎湖，勤民恤商，賢聲四達。初至，即謀改置城隍神祠。知所利民則其所留意也。爰札而商之，囑於西嶼籌所以便往來者。今其復書，酌就嶼際古塔基地，廣其下座凡五丈、疊石為浮圖七級、級凡七尺惟樸固期永遠。其頂設長明之燈，東照鷺門，西光鯤島，南達銅山東粵，庶於一望無際之餘，知所定向，更闢地構宮，供天后之神，而並以居司燈火者，所計固甚周也。第其工程頗浩，為費匪輕。欲釀金澎湖，而土瘠民貧，力弗能舉。余復以興修郡邑，各工接踵多費，未免獨擎。因念鹿耳門口、歲集商船，不以數百計，而於澎湖之西嶼非其所止泊，即其所經行也。酌以每船勸捐番鏹二元，不費之力，以成不朽之惠。迺謀之海防鄔公，公亦欣然題捐，樂為之助。並念要工不容久待，而善果貴在速成。既與別駕謝公先捐清俸，一面鳩工構材，並諏吉。孟冬動土興建。而海防鄔公亦先約計歲內到口船數，預墊番鏹若干，一併賷赴工所，俾得如期舉事。然而是役也，所費之□，不止□□，又在居斯土者，推濟人之隱，以宏利物之仁，則早一日蕆工，則早一日造福，而拔苦海以登彼岸。不獨余與□介堂公之願，亦以為澎之人廣遺澤於無窮也。大清乾隆四十三年歲次戊戌清和月記。（碑內闕四字）

建置好的西嶼燈塔，不方便交給當地居民職掌，於是囑咐城隍廟僧人分司其事，兼司燈火，每夜點燃，以利舟行。至於日常香燭燈油之費用，則由坐汛官兵、往來船隻抽捐，〈建修西嶼塔院落成碑記〉詳述：「西嶼為澎湖西口，向無公館，坐汛者賃住民房，月出租錢一千文。今既建有公館，上憲寅僚可以為守風停足之所，而坐汛者即將此項租錢，按月交給常住塔廟住持。公館租錢一十二千文，不敷所費，今就往來挽泊西嶼與進媽宮者，各行公議，每船捐錢一百文，其舢板船隻每船捐錢五十文，交給常住。」[32]

　　是知建置之費，日用之錢，率多臺、廈郊行船戶資助。而此次建置後之西嶼燈塔功效如何呢？乾嘉年間臺南詩人章甫曾有二詩予以詠物紀勝，其一為〈西嶼落霞〉詩云：「夕照銜山影漸無，丹霞斜渡入澎湖；相隨鶖鳥飛沙際，忽斷虹橋落海隅。五色文章天上降，九光錦繡水中鋪。晚來風

32　林豪，前引書，〈藝文錄〉，謝維祺，〈建修西嶼塔院落成碑記〉頁 1133。茲將碑文轉錄於後，與前述「七級」、「五級」之說作一比較。
（三）建修西嶼燈塔落成碑記　謝維祺
臺灣補東南之缺，而澎湖為之樞。澎湖當臺廈之交，而西嶼為之障。廈居乾而臺在巽，自廈而東者，則左西嶼而轉以抵臺，自臺而西者，則右西嶼而轉以廈。官民商船之往來，稍遇飛廉之乖迕，群望西嶼以為依歸焉。予于丁酉秋，蒞澎之始。閒嘗一陟西嶼之巔，則見故壘□成邱者，廣不過仞，高不越尋常，殊不足係遙瞻而遠矚。心擬捐資，建一浮圖於崇山，以作迷津之指南，兼以壯地方之形勢。顧填海雖不寸誠，而移山必須眾手。方當躊躇揣量之際。而郡伯公蔣公先得同然之心，札以底事來商，樂首捐清俸以為之倡。遂邀同治中鄔公，傳諭臺行船戶，復荷上憲寅僚，隨緣釀金，以成其美。厥工維浩，厥資綦繁。予既力捐番鑼三百元，又酌之廈門□□守張公，亦援臺例，同仁一視，以共集厥事。經始於戊戌孟冬，落成於己亥季夏。高廣適宜，為級者七。宮其前，奉天后之神。廠其頂，懸長明之燈。所有常住日用之資，與夫敬神香燭、燈油之費，則詻眾而出諸同欲焉。夫浮圖始西域教、余聞佛以濟人為德，則夫仗佛力而藉麻，拔渡苦海、誕登彼岸、不特往來官商之志，當亦斯人大共之福也已。大清乾隆四十四年歲次己亥秋七月吉旦撰。（碑內闕三字）（另按，以下「附捐資銜名」略）。

送輕帆過，雲裡行舟古畫圖。」又一詩〈西嶼燈〉描述：「黑夜東洋裡，紅燈西嶼頭；搖風圍塔定，照水共波流。一島浮光現，千航認影收；安瀾紀功德，長荷使君庥。」詩題下原註：「嶼在澎島，三十六嶼之一。琴川蔣太守造塔設燈，捐俸置資，俾舟人夜渡，認燈收澳，至今賴之」[33]。是可知在嘉慶年間的確發揮了作用。嗣因屢遭風災，年久廢弛，又復所任非人，缺乏照管，以致塔前廟宇傾圮，玻璃損壞，燈塔有名無實，興廢不時。道光三年（1823）春，通判蔣鏞會同水師副將陳化成籌款重修廟宇，塔燈復興，商艘稱便，且延募該地有家室妥實之人住持，復司燈火，並議定每五年大修乙次。至於經費由來，「每年照舊西嶼寄椗商船，每船每次捐錢壹百文，尖艕船每次捐錢五十文，以資住持供給」。不料嗣後商船稀少，所有前議公館租錢十二千文，及媽宮商船漁船捐費俱無所出，不敷住持一歲之用。而且每月塔燈需油數十斤，全年需油百斤，亦無經費。為圖久遠，決定於附近買地，付耕收租，藉資補助；並預籌一筆款項，買油存貯，按月給住持領用，若有累積盈餘，作為日後修補塔宇、玻璃之用。於是交給總理鮑國珍，各董事課館錦豐、協利、瑞源、利成、和興、德茂、順吉等號出面，設簿勸捐，計得番銀四百四十元。於是得以在塔邊典買園地三處，交住持住守管耕；另胎當市店一所，契字簿及餘錢，交給媽祖宮董事十家輪管，收租生息，買備燈油，按月支付。並且所有每年出入數項，另列印簿二本，一存衙署，一發董事輪管備查。[34]

33 章甫，《半崧集簡編》五言律〈西嶼燈〉（頁 15），七言律〈臺郡八景〉之「西嶼落霞」（頁 37）。臺銀文叢第二〇一種。

34 林豪，前引書，〈藝文錄〉，蔣鏞，〈續修西嶼塔廟記〉，頁 1143。按此碑文諸方志收錄內容，與實際碑文有極大出入，茲據燈塔現存碑文改寫。（原碑文有些字跡漫漶磨滅，本文另參照和三年十月出版之臺灣總督府交通局遞信部之「遞信志」、「航路標識編」所收錄該碑文內容，頁 5-9）。另，疑該碑應有兩座，才會有如此出入現象，一為〈西嶼塔燈碑記〉，一為〈續修西嶼

塔燈碑記〉。茲將兩碑文併錄於後，以供參考：

（一）西嶼燈塔碑記

西嶼塔燈始於乾隆四十三年

前郡伯蔣公元樞暨前廳謝公維祺釀金建造，募僧住司燈火，為臺廈商艘往來之標識，亦本地商漁船出入之依瞻。工程堅固，厥功甚鉅，舊碑刻內已詳言之。嗣因屢遭風災，塔前廟宇傾圮，照管乏人，以致玻璃損，壞塔燈興廢不時，有名無實。道光三年春，商請前陞協鎮現署水師提憲。

陳元成籌款，即就原基重修。廟宇中供天上聖母神位，募該地有家室妥實之人住持，復司燈火，每年照舊西嶼寄椗商船每隻捐錢一百文，尖艚漁船每隻捐錢五十文，以資住持供給。近來商船稀少，尚不敷用，擬於附近購地數坵，付耕收租，藉資補助。每月需油數十斤，年共需油數百斤，自應預籌生息，買油存貯，按月給住持領用，始有贏餘，積為日後修補塔宇之用，以圖久遠。經各董事、課館錦豐、協利、瑞源、利成、和興、德茂、順吉、鮑國珍等設簿勸捐。眾心踴躍，先後共集鑑四百四十元，交媽宮董事等輪年生息，妥為經理，從此慧燈常明，安瀾穩渡，亦好善者之所樂為也。所有捐輸姓名勒諸石碑以誌不朽云。

計開

臺郡三郊蘇萬利金永順、李勝興同捐佛銀乙百元、廈郊金長順佛銀六十元、臺群綢緞郊同捐佛銀乙十六元、煙郊佛銀十二元、金薄郊同興號、聯合號、其益號、利鴻號其祥號榮源號建昌號恆瑞號怡源號金振興同捐佛銀二十元、杉郊舖同捐佛銀十六元、報單館金益成金鹿豐金和榮金聯順同捐佛銀二十元、浦南郊德馨號松茂號恆振號順興號文遠號益合號茂商號共捐佛銀十四元、普泰號林登雲同捐佛銀八元、澎湖課館連金源捐佛銀乙十元、館戶瑞源號各捐佛銀六元遠源號同發號利發號和興號豐隆號錦豐號各捐佛銀四元、源順號崶成號瑞美號協利號隆美號合順號新順吉瑞豐號吉成號新榮美各捐佛銀二元、恆利號合豐號源盛號德茂號隆美號振成號金茂昌振興號仁德號大合號協成號協美號隆盛號新同順源成號保和號崑利號成發號漳美號恆德號允吉號豐成號遠勝號同合號各捐佛銀乙元、大有號捐佛銀乙元、半瑞興號捐佛銀乙元、廈門商船嚴順鄭得利金聚和林捷泰各捐佛銀六元、許進益金合成各捐佛銀五元、金進吉黃發興金如意黃永茂金大興二全興金復勝金合順金成輝新進成金進發金萬合陳積寶金三合鄭榮發王家瑞陳德春許義興許振金許順發蔡隆興各捐佛銀乙元、漁船張合德金崇順金成義陳萬金方長春王福順郭順興蔡長振金聯順金活源吳合源吳有才頻長良林發興吳合春蔡德源金恆發金福春王錫金許大順金恆順蔡果洪突陳富許敬金春鄭辨各捐佛銀乙元。

總共捐佛銀伍百元

福建澎湖水師協鎮府孫得發

得佛銀五百元，利用這筆錢，於道光八年（一八二八）季冬重修廟宇，塔高七級，並在該燈七層八角形花崗石塔內安裝樓梯，上裝三尺高之三段玻璃製燈籠，東北面遮蔽起來，燈籠頂架樑，其下吊一尺八寸的八號鉛絲，下端裝直徑約一尺的金屬環，縶置鐵鍋，內盛花生油，以五分粗一尺長棉紗芯點火。所需維持費用，除上述募集銀錢的生息外，仍維持入港船舶徵收五十文、一百文以支應。

經此次長遠計劃安排，燈塔維持良好，並發揮應有效用。例如烏竹芳（道光十年十月署任澎湖通判，十一年三月卸事）有詩〈咏西嶼古塔〉紀：「雲遮西嶼勢崢嶸，塔影刺天一點橫。大海回環奩鏡啟，孤峰峭立翠屏生。飛霞繞

候補州牧借補澎湖通守蔣鏞立
大清道光八年歲次戊子季冬月　穀旦
董事課館　協利　利成　德茂
　　　　錦豐　瑞源　和興　順吉
勸捐總理　鮑國珍　同立

（二）續修西嶼塔廟記　　澎湖廳　蔣鏞（黃梅人）
西嶼塔燈始於乾隆四十三年，前郡伯蔣公元樞暨前廳謝維祺釀金建造，募僧住司燈火，為臺、廈商艘往來之標準，亦本地商漁船出入之瞻依；工程堅固，厥功甚鉅，舊碑刻內已詳言之。嗣因屢遭風災，塔前廟宇傾圮，照管乏人，以致玻璃損壞，塔燈興廢不時，有名無實。道光三年春，鏞商請前陞協鎮、現任水師提憲陳元戎籌款，即就原基重修廟宇，中供天上聖母神位；募該地有家室妥實之人住持，復司燈火，每年照舊西嶼穵桷商船每船每次捐錢一百文，尖艕船每次捐錢五十文，以資住持供給。近來商船稀少，所有前議公館租錢十二千文及媽宮商船、漁船捐費僅無所出，不敷住持一歲之用，且每月塔燈需油數十觔，全年需油數百觔，亦無經費。各董事課館錦豐等設簿勸捐，眾心踴躍，先後共集番鏹四百四十元，交媽祖宮董事十家輪流生息，妥為經理；並於西嶼就近契買園地三處，付住持耕種收租，藉資補助。每歲買油存貯，按月給住持領用；如有盈餘，積為將來修理塔廟及補購玻璃之用，以圖久遠。從此慧燈常明，安瀾穩渡，亦好善者之所樂為也。
茲將樂輸姓名備泐諸石，以誌不朽。所有每年出入數項，另列印簿二本，一存署、一發董事輪管備查。（按：以下「附捐資銀數及園地畝」略）

頂流光赤，寶剎映空落照明。商賈往來占利涉，凌宵燈火指迷程。」[35]又如道光十三年（1833），澎湖大饑，興泉永兵備道周凱，奉檄至澎湖勘災散賑，曾賦詩紀「西嶼塔燈」：「撐空一塔夜燈青，西嶼峰頭照杳冥。欲使賈帆歸森森，不同漁火散星星。水中百怪驚光燄，島上三更認影形。幾費經營懷小謝，（原註：澎湖廳謝維祺建。）莫教風雨任飄零。（原註：陳提督化成為副將時，與通判蔣鏞重修。）」[36]不過，以花生油點燈，終究不符時代所需；加以臺灣開埠以後，因通商條款中有「通商各口分設浮樁、號船、塔表、望樓，由領事官與地方官會同酌視建造」之約定，同治十年（1871），英國駐臺領事建議，以澎湖乃天津、上海、福州各口洋船往來必經要津，屢有板船擱淺破壞，擬在該嶼建兩高塔，上掛明燈，以為船隻指南，經朝廷批准。[37]

於是同治十二年（1873）八月，福州洋稅關吉稅司決定建造烏坵嶼、北椗，與西嶼三處燈樓。十三年二月，派委員陳錫會同文武官員到現場履勘，覆議拆卸原有西嶼塔廟，並於界外添建房屋，以資樓止。另就近買下許心等人土地，當即丈量新燈塔界址，以英尺為準，立定前後長貳百尺，左右寬壹百五十四尺。由監工人員韓達紳[38]在四周立閩海關界石。其餘界地，仍准許心等人耕種，立契卷以為存證。此次所籌建即現存指定為古蹟之西嶼燈塔。

光緒元年（1875）七月，旗後幫辦稅司紀點理，與洋

35 蔣鏞，《澎湖續編》卷下〈藝文紀〉，烏竹芳，〈咏西嶼古塔〉，頁117。（臺銀文叢第一一五種）

36 林豪，前引書，卷十五〈藝文下〉，周凱，〈西嶼燈塔〉，頁1275。

37 《臺灣省通誌》卷二〈外事篇〉第二章第四節，頁82，臺灣省文獻委員會，民國60年出版。

38 韓達紳，即DAVID HANDERSON，於1869年進中國海關，任工程師，1871年升任總工程師，1898年退休，前後任職廿九年。此據財政部，關稅總局工務組高樹奇組長提供之資料，謹此致謝。

人必司理，加里司由凌風關搭乘輪船，運載器俱到澎湖重建新式燈塔，塔身為圓形鐵造，距水面十五丈八尺（約五十公尺）裝四等旋轉透鏡燈，點用二芯煤油燈，燭光五百支燭，每三十秒連閃白光二次，可照十五海浬。另建有宿舍，派人駐守。林豪《澎湖廳志稿》詳記此役：「七月十一日動工，於舊塔之左，起造新塔，用長方鐵片鑲嵌成圍，層層加高。其舊塔及方屋毀拆，改建洋樓格式，十一月，臺灣稅務司照會，稱西嶼所建燈塔，已派人於此，十八日到地常住點燈，以利昏夜舟行，希即保護照料。」[39]

光緒元年西嶼燈塔改建為西式燈塔，並進一步展開氣象觀測。我國氣象觀測，最初是光緒九年（1883）由香港氣象臺首任臺長杜貝克（Sir W. Doberck），計畫擴張氣象事業，分發氣象觀測儀器於沿海各海關及燈塔，進行觀測後，再逐月將紀錄報送香港，光緒十一年（1885），基隆、淡水、安平、高雄、四海關，及漁翁島（西嶼）南岬（今鵝鑾鼻）等地的燈塔內，附設有氣象觀測站，按時觀測，並逐月向香港氣象臺及上海法人經營的徐家滙氣象臺作氣象報告，如是十有餘年。當時觀測人員只是兼任，缺乏訓練，儀器簡陋，除鵝鑾鼻測站設有舊式自記風速儀器及康培爾日照計等較好儀器外，其餘各觀測站之設備均較差，故氣象觀測記錄之可靠性令人懷疑。不過，迄一八九五年之十年間，有關臺灣的氣象觀測記錄出現於香港氣象臺的刊物僅二、三件，其中漁翁島的資料最完整，亦可見燈塔管理人員之盡職。[40]

光緒廿一年（1895），甲午戰敗，臺灣割日，因烽火四起，一時氣象觀測全廢，觀測儀器泰半為之失散。俟平定後，只淡水、安平兩海關，及漁翁島燈塔保存了少數儀

39　林豪，《澎湖廳志稿》卷七〈西嶼燈塔〉，頁 531–532。

40　劉昭民，〈日據時代臺灣氣象史〉，收入氏著《臺灣先民看臺灣》，頁 62–63，臺原出版社，1992 年出版。

器與記錄而已，同年九月香港天文臺透過英國駐日大使，向日本政府要求，繼續過去之慣例，向香港天文臺供應氣象報告。是年十一月廿七日起，日人使用清廷留下的氣象儀器觀測後，經由海底電纜，由淡水海關每日向香港天文臺拍發兩次氣象報告，而澎湖漁翁島燈塔因無通信設備，乃照舊每月向香港天文臺發送氣象月表一次。翌年，臺灣總督府在臺北設立臺北測候所，是為臺灣全島之氣象中樞機關。同年，又於臺中、臺南、恆春、澎湖等四地設立測候所，每日作六次氣象觀測，臨時颱風警報、氣象觀測日報、年報外，並作地方性之天氣預報。[41]

因此，西嶼燈塔的修建，與氣象觀測仍延續下去，此後日人陸續在澎湖新建北島燈塔、東吉燈塔、查母嶼燈塔、浮塭燈塔、花嶼燈塔、七美燈塔。大正四年（民國4年，1915），西嶼燈塔改用電石氣閃光燈，每五秒閃白光一次（明三秒，暗二秒），光力約一千七百支燭光，屬第四等明暗白光燈，光照二十一海浬（約三十七公里），燈塔修改成現存白色圓形樣子，置有看守。昭和十三年（民國27年，1938），改用煤油白熱燈，光力達五萬二千支燭光，每隔二至八秒間二閃光。二次大戰時，一度遭到美機轟炸，輕微受損，光復後迅即修復。民國55年（1966），改裝四等旋轉透鏡電燈，光力增至八十萬支燭光，能見度長達二〇五海浬。民國77年增設電霧號霧笛二座。[42]

第六節　燈塔的管理

西式燈塔的建造，源自中英鴉片戰爭後，簽定南京條約開放五口通商，於通商條約第三十二款中記載「通商各口

41　同前註。

42　《臺灣之燈塔》收「漁翁島燈塔」，頁26。（財政部海關總稅務司署，民國78年10月再版）

分設浮樁、號船、塔表、望樓，由領事官與地方官會同酌視建造」，以維護外籍船隻進出港道之安全考量。咸豐八年（1858）簽天津條約臺灣開埠，及至同治二年已有滬尾（淡水），雞籠（基隆）、臺灣府（安平、臺南）及打狗（高雄）等處。六年（1867）六月，駐滬英國副領事額勒格里陳情於雞籠海口設置塔表或浮樁等以為洋船出入指認，九月經水師參將會勘後議定於港口兩岸建置兩幢高四丈五尺（約十三‧五公尺）白塔及港內設備浮表或竹樁[43]。七年（1868），清海關總稅務司署設立海務科專責籌辦各港口岸之設燈業務。十年三月，英國領事以澎湖居天津、上海、福州各口洋船來往必經要津，擬於島上建高塔掛明燈為船隻指南。十二年八月，福州洋稅關吉稅司決定建造烏坵嶼、北椗及西嶼三處燈塔，十三年派員履勘，於光緒元年（1875）七月載運器俱到澎湖重建，十一月澎湖西嶼燈塔之新塔即已正式建成。

　　燈塔建立後，隨即面臨管理之問題。自清廷於同治初年成立海關總稅司，原以征榷關稅為專職，嗣後英人赫德（Sir Robert Hart）以建設中國海江航行標誌、管理港口、指泊、引水及疏濬事宜自任，遂毅然請總理衙門核准施行。惟航行標誌事務浩繁，非特設機關，不足以專事責成。遂於同治七年（1868）三月成立海務科，置稅務司一人主持該科事務，時職稱為「海務稅務司」，直隸於總稅務司，所有港口理船及航行設施等事宜，悉歸辦理。

　　海務科稅務司以下，設燈塔正副工程師各一人，港口工程師一人，首任燈塔正工程師正是韓德善君（或譯韓達紳，David M. Henderson）。當時中國海岸劃分為南、北、中三段。北在煙臺、中在上海、南設福州，每段各派巡工司一人，

43　唐贊袞，《臺陽見聞錄》卷上〈洋務〉「白塔」，頁41。（臺銀文叢第三〇種）

隸屬於海務科稅務司，巡工司之下設港務長，須秉承各口稅務司之命，監督各口燈塔管理工作，並辦理港口警察及引水事宜。

同治十年（1871），復將海務科稅務司一職裁撤，所掌職務，由各港稅務司與總工程師及各段巡工司分別擔任之。光緒七年（1881），海務科另立巡工股，負責管理燈塔及職員工作分配等事務。

海務科中外職員均有。光緒六年有洋籍職員六十九人，華籍職員二百六十八人，其中洋籍四十七人與華籍一百人則為燈塔管理員。光緒二十六年，洋籍職員增至九十六人，華籍亦達四百六十三人，其中燈塔管理，洋籍占六十二人，華籍二百零七人。直迄民國二年（1913），洋籍職員增至一百四十三人，華籍二千一百零四人，其中洋籍四十一人，華籍六百二十三人，悉屬燈塔管理人員。此外尚有海關巡緝船艇駕駛及水手等若干人員。[44]

光緒元年西嶼燈塔改建為西式燈塔，其管理如何？僅知臺灣稅務司「已派人於此，（十一月）十八日到地常住點燈，以利昏夜舟行」[45]，詳情如何已不可得知，不過倒有一旁涉之相關史料可供參考，光緒廿年，中日爆發甲午戰爭，日本派聯合艦司令官伊東祐亨率軍南下，攻打澎湖。廿一年二月正式點燃戰火，於進攻澎湖西嶼砲臺，時有一弁目閩人陳連陞，不願大砲落於日人之手，將存留砲位一一拆卸，予以掩埋，另把銃器彈藥等，紛紛投棄海中。關於此役詳末，陳衍總纂之《臺灣通紀》有詳細記載，文中有一段提及：「偕伺塔燈西人拆之，凡砲械之有關緊要者，悉毀埋之，偕西人至廈門，西人言於稅務司，稅務司又言於水師提督

44　詳見中華民國財政部，海關總稅務司署，民國 21 年編印《中國沿海燈塔誌》第一章。

45　同註 39。

黃少春云」[46]，所謂「伺塔燈西人」即指西嶼燈塔之管理員，則該燈塔管理員應是洋籍職員，至少於光緒廿一年左右是派洋籍職員管理。

光緒廿一年（日明治廿八年，1895），臺灣割讓於日本後，為建設臺灣與日本之海底電線及航路標識，於同年六月，以敕令第九十號公布「臨時臺灣燈標建設部官制」，明定燈塔由陸軍部職掌。翌年三月卅一日，復以敕令第九十六號公布「臺灣總督府燈臺所官制」，臺灣燈塔轉移總督府掌管，嗣後於明治卅五年改隸通信局，昭和元年（民國十五年，1926年）復改屬交通部之遞信部管理。

光復初期，已建設完竣的燈塔有二十四座，惜多在二次世界大戰遭盟軍飛機損毀，當時則由臺灣省行政長官公署交通處航務管理局接收。俟民國卅五年（1946）5月，沿襲清制，移交給海關總稅務司署之海務處掌理。海務處成立於清同治七年，當時名稱為「海務科」，隸屬總稅務司之下，全銜為「海務科稅務司」，而以稅務司一人掌理，所掌有建設與管理航路標識等事項。來臺後，改為現制海務處，設巡工司一人，綜理處務。另設副巡工司二人，襄助巡工司處理處內一切事務，下設四組，掌理組內業務，其組織如下：（1）海務組，掌理各燈塔及船艇等事務；（2）工務組，負責各燈塔等項之維修工作；（3）無線電監視組，負責與各燈塔之聯絡電訊工作；（4）事務組，負責處內事務及各燈塔之補給工作。[47]

46　陳衍，《臺灣通紀》卷四，頁245。臺銀文叢第一二〇種。
47　詳見中華民國財政部、海關總稅務司署，民國78年印行之《臺灣之燈塔》。

第七節　燈塔的現況

　　燈塔的設立，其位置之選擇，以鄰近海岸及重要航道為佳，然臺灣沿岸地形起伏多變，燈塔的高度常配合地形及周圍環境之變化而決定。而且臺灣早期燈塔多以磚石構造為主，因受限於材料之特性，不宜建築過高，或因如此，設立燈塔地點多為崖邊、山頂等地勢較高，視野較遼闊處，以提昇燈高，增遠光程範圍。

　　臺灣最早的石造燈塔為清乾隆四十四年（1779）所建造之西嶼古塔，其造型為中國傳統之浮屠形制，在八角形的平面上疊石為七層重檐。光緒元年（1875）重建為西式圓形之鑄鐵造塔，並正式改稱為「漁翁島燈塔」。（見附圖）

　　漁翁島燈塔位於澎湖離島西嶼鄉外垵高地上，自創建迄今已越二百年，由馬公市沿澎三號縣道經跨海大橋至西臺古堡後，再轉澎六號道路，行至末端，即見燈塔矗立於平野之中。塔區出入口前兩側土地，現為空軍雷達站基地，塔區出入皆由國軍崗哨進行檢查管制。其東側有一樓高約二十臺尺之雷達觀測站，及數棟駐防部隊之營區房舍，其外則為廣大遼闊之草原區。塔區西側及北側為陡峭之崖地，崖高距海平面標高約五十公尺。另於西側院牆外，立有一方西元 1880 年（光緒六年）之洋人墓碑，上刻名為 Nelly O' Dtiscoll，此碑之由來未見史料記載，想是當年燈塔洋籍管理員之女兒或太太，崖端附近並有廢棄之機槍堡二處，為昔年國軍部隊所建。

　　塔區周圍係以峇崅石所堆砌高約二臺尺之圍牆，牆面塗飾白色油漆，年代頗為久遠。入口造型簡單，僅為兩支牆柱及雙開之木柵門扇。塔區範圍現況為同治十一年間即已丈量之界址，塔區平面近似長方形，東西長約五十公尺，南北長約六十公尺，面積約○‧三公頃。整個塔區平面配

置現況，除了燈塔外，在其北側建有房舍一棟及地下蓄水池，並派員駐守管理，其次為分布在燈塔東南及西北側的四棟宿舍、電機室及倉庫等，其中當年廟宇位置、規模已無法得知，而且有關若干古碑及霧砲之正確位置也無法確定。

漁翁島燈塔的建築，自清光緒元年重建迄今一百多年，其間並無重大修繕，因此燈塔建築大致仍保持當年重建時的形貌。該燈塔底徑為寬七尺五寸之圓形平面，支立銑鐵板及砌磚以為牆身，塔內以螺旋鐵梯通至塔頂，塔頂外以玻璃帷幕遮蔽風雨，外緣設有平臺以供維修。由於使用性質單純，在空間安排上極為簡潔，地面層為入口及樓梯間，上層則為燈塔機具空間及戶外維修空間，整個塔狀為圓椎形建築。較引人注目的是入門處，在三角形的門楣上落有「DAVID M. HANDERSON 1874」的字樣。

位於塔北側的宿舍是於光緒元年燈塔重建時，同時興建完成，宿舍面積約八十平方公尺，建築造型近似仿西洋古典式之石造建築。外擴身由石材疊砌，以白色油漆粉刷塗飾。由於近海風大，房舍窗戶皆有二層處理，外層為外推式木製百葉窗扇，內層則為內開式玻璃窗扇，以達採光、防風及隔音效果。另，西側有一房舍作倉儲用，為避免室內潮濕而特別在四周臺基設有七處通氣口，並嵌有直櫺鑄鐵欄杆裝飾。

光緒元年在宿舍北側同時建造一座深約七尺之地下蓄水池，以提供用水，蓄水池上方有一花崗石蓋板，板上開設兩個汲水孔。近年亦於塔區大門入口右側增建一地下蓄水池，目前塔區用水皆由此二處蓄水使用，不過，在清代水源或是承接雨水而來，現則已有自來水供需。塔區內還有大、中、小三尊霧砲，其間大、中兩尊霧砲為英國製前膛鑄鐵砲，小型砲則為德國製後膛山砲，為防鏽蝕，砲身皆

塗有柏油，砲座下方為甬道，為昔年存放砲彈所在。該霧砲早已不使用，民國七十年遂設有二座霧笛，以取代霧砲之功能，當落霧能見度不及一百公尺時，即鳴放之，音量高達三百赫茲，與音可達三里，音率每三秒停二七秒為一週期。[48]

第八節　小結

　　本省居東西洋交通要衝，往昔船舶由廈赴安平，過澎湖，遙望荷人王城老榕樹為航程目標，漸近漸現。至清代巡道官署內，立有燈竿，高約三丈餘，每夜燃燈照遠以為目標。其後商務大盛，北至天津、牛莊，南至暹羅、呂宋，往來船隻，皆以澎湖為門戶。惟澎湖諸島錯立海中，島澳叢雜，潮流迅急，暗礁淺沙，處處險惡，加以每年冬春，季風盛發，波濤洶湧，於地形，於季風，於潮流均不利航海，澎湖近海自古便是海難屢生的有名險地。海難發生，事後清廷雖有種種撫卹措設，終究不如事前防範來得積極，是以燈塔之設置有其必要。而燈塔之選擇設在西嶼（漁翁島），自有其地理之考慮。西嶼位在澎湖本島西方，島形略如長靴，全島地勢高峻，前後有山，反之，他島諸山，皆不甚高，故西嶼突起平陸，目標顯著，足為海舶之標準。

　　西嶼燈塔之置，始於乾隆卅一年（1766），澎湖通判胡建偉等人捐俸創建西嶼義祠。此後傾圮頹廢，乾隆四十三年（1778），由臺灣知府蔣元樞、澎湖通判謝維祺等人，聯同臺行船戶及廈門郊行共相醵金湊捐修建，就原基址擴建，於四十四年夏落成。計周五丈，高七級，頂層四周，鑲製玻璃，內置花生油長明燈，交由城隍廟僧人住持，兼

48　有關該燈塔之現況，除筆者實地查勘外，另參考《澎湖西嶼燈塔之研究與修護計畫》第三章〈西嶼燈塔的建築現況〉，頁36-50。（漢光建築師事務所，民國81年10月出版）按：該書之歷史撰稿部分為筆者所寫，本文即是據該文予以增補修訂而成。

司燈火，每夜點亮，以利舟行。至於日常香燭燈油之費，則由寄泊澎湖船舶徵收一百文或五十文。乾嘉年間果然發揮作用，如臺邑詩人章甫曾有詩〈西嶼燈〉，予以詠歌之。嗣因屢遭風災，年久廢弛，照管乏人，以致塔前廟宇傾圮，玻璃損壞，燈塔有名無實。道光三年（1823），經由通判蔣鏞會同水師副將陳化成等人籌款重修。不料商船日漸稀少，徵收經費不敷一歲之用，為圖長遠，道光八年（1828），遂設簿勸捐，經郊行船戶踴躍輸捐，於塔邊典買園地，付住持耕種收租，藉資補助，另典當市店一所，收租生息，買備燈油，按月支付，而契字簿據，則交由天后宮諸董事輸管。並於該年季冬重修廟宇，塔內設樓梯，裝三尺高之三段玻璃製燈籠。

同治十年（1871），英國駐臺領事以澎湖乃天津、上海、福州各口洋船往來要津，為策航海安全起見，照會我國在澎湖增建新式燈塔，經朝廷照准，於是同治十三年，福州海關派人履勘西嶼燈塔，決定拆掉重建。翌年即光緒元年（1875）七月十一日動工，十一月完成，新建成西式燈塔，塔身為圓形鐵造，裝四等旋轉透鏡燈，點用二芯煤燈，並建有宿舍，派有洋籍職員駐守。光緒十一年（1885）並在西嶼燈塔觀測氣象，將所得資料，逐月彙送香港氣象臺及上海徐家滙氣象臺，如是十餘年。

臺澎割日後，日人陸續在澎湖新建北島燈塔、東吉燈塔、查母嶼燈塔、浮塭燈塔、花嶼燈塔、七美燈塔。西嶼燈塔也在大正四年（1915）改用電石氣閃光燈，燈塔也修建成白色圓形模樣，日昭和十三年（1938）改用煤油白熱燈，光力達五萬二千支燭光。二次大戰時，遭受轟炸，略微受損，光復後隨即修復，並於民國 55 年（1966），改裝四等旋轉透鏡電燈，光力增至八十萬支燭光，可照二〇五海浬長，民國 70 年增設電霧號霧笛二座直至今日。

漁翁島燈塔自創建迄今已越二百餘年，追溯其歷史不但
是臺海中首座之燈塔建築，其存在亦說明澎湖海上交通的
頻繁，以及擔負有貿易功能及導航功能的角色，自有其重
要意義。就建築價值而言，原始創建的燈塔雖不復存在，
但由文獻中仍可瞭解出清中葉前燈塔的形制與作法，而光
緒年間之重建，亦象徵著在燈塔建築史上的新里程碑，因
此，有鑑於漁翁島燈塔在歷史與建築上的重要價值。內政
部於民國七十六年 4 月 17 日公布，明定澎湖縣漁翁島燈塔
為臺閩地區第二級古蹟，以示其重要意義。

西嶼燈塔塔身斷面圖

第三章 澎湖媽宮城隍廟：一座官廟的變遷史

媽宮城隍廟

文化資產局網站基本資料介紹			
文化資產類別	古蹟		
級別	縣（市）定古蹟	種類	寺廟
公告日期	1987/11/10	公告文號	臺內民字第539780號
評定基準	具歷史、文化、藝術價值	法令依據	《古蹟指定及廢止審查辦法》第2條第1項第1款
指定／登錄理由	具有保存價值		
所屬主管機關	澎湖縣政府		
地址或位置	澎湖縣馬公市重慶里光明路8鄰20號		
主管機關	名　　　稱：澎湖縣政府文化局 聯絡單位：文化資產科 聯絡電話：06-9261141#134 聯絡地址：澎湖縣馬公市中華路230號		
管理人／使用人	關係　　　　　名稱 管理人　　　　財團法人澎湖馬公城隍廟		

所有權屬	關係　　　公私有　　名稱 土地所有人　私有　　財 0000000000
歷史沿革	古籍《易經》有謂「城復于隍」之說，「城」指城池，「隍」為繞城無水之河溝。城隍原為城池守護神，後來演變為地方守護神。明初始於縣稱「顯佑伯」，凡守土官入境，必先祭城隍而後履任。及至清代，朝廷尤尊崇城隍。目前澎湖有文澳及媽宮二座城隍廟，在台灣地區來說是很特殊的。媽宮城隍廟為閤澎公廟，尤以每年農曆 7 月普渡時需由城隍廟開始，其餘各地接續著舉行，所以有俗諺云：「城隍廟放，觀音亭收」之說。 乾隆 44（1779）年，澎湖海防糧捕通判謝維祺因位於廳署旁的文澳城隍廟規模狹隘，非敬神之道，乃率監生郭志達新建城隍廟於媽宮今址，有碑記尚存。 此後乾隆 55（1790）年通判蔣曾年、嘉慶 3（1798）年通判韓蜚聲、嘉慶 22（1817）年通判潘觀光、道光 4（1824）年通判蔣鏞及道光 24（1844）年左營遊擊蘇斐然等均曾修建。 光緒 11（1885）年清法戰爭波及澎湖。2 月法軍犯澎，城隍廟傳出神明顯靈庇佑澎湖人民、兵勇之神蹟，事後城隍廟與天后宮獲皇帝賜匾尊崇，更加封城隍為「靈應侯」，格同府城城隍。光緒 12（1886）年通判程邦基率民重建，今存有碑記記錄此事。 光緒 15（1889）年清廷將澎湖廳署移至媽宮城（今馬公市），媽宮城隍廟轉成為正式的官衙所在的城隍廟。城隍廟立址於媽宮總鎮署東畔塵肆之中，香火鼎盛，除了做為官方祭祀廟宇之外，亦收教化民心之功效。 日治時期以昭和 8（1933）年之改建規模最大，不僅抬高屋架堂皇廟構，內外雕繪亦頗可觀。 民國 71（1982）年因神殿年久失修，損壞嚴重，有翻修正殿屋頂及重做彩繪油漆等。

| | 民國 88（1999）年再次修護，工程完竣即今日所見廟貌。 |

資料來源：
https://nchdb.boch.gov.tw/assets/advanceSearch/
monument/19871110000001

第一節　一地兩座城隍廟

　　澎湖城隍廟有二，皆在馬公市，一在暗澳（即文澳，今西文里），一在重慶里光明路，澎湖一地有兩所官設城隍廟，是頗為奇怪之事。按，城隍之祀，由來已久，古者，山川坊庸，皆有祀焉，典秩漸隆，旨在報功。而中國祭祀城隍之禮，自古已有，《禮記》載天子大蜡八，其中水庸居七，庸是城，水是隍，也即是說天子有感於城池之堅固保護居民而祭之，城隍一變為城池守護神。至唐代，祭祀城隍成日常習俗，吾人可從今存唐人文集中，散見祭城隍文以為佐證。比至宋代，城隍祠遍及天下，朝廷昭重其祀。迨至明初，明太祖敕封京師城隍為帝號，各府城隍為「威靈公」，各州為「綏靖侯」，各縣為「顯佑伯」；二十年，改建城隍廟如官署，設座判事如官吏狀，列入祀典。

　　及至清代，朝廷尤尊崇城隍，各省、府、廳、縣必建有城隍廟，列入祀典，凡守土官入境，必先祭城隍而後履任，每月初一、十五兩日，必齋戒進香。是以明清兩代城隍廟之興建發展過程必與官方行政組織發展過程一致，且位在衙署左近。然而澎湖居然有二座城隍廟，其為可怪者一[1]；其二，位在文澳之舊城隍廟，何時建築？志書竟然無考，以一官方所建之祠廟，竟無記載，是可怪者二。

　　澎湖入清版圖，原設巡檢司於暗澳，經四十餘年，至雍正五年（1727 年），撤巡檢另設台灣府海防同知駐澎湖，

---

[1]　澎湖民間俗傳文澳之城隍為「文城隍」，媽宮城隍為「武城隍」，雖不符史實，卻也可想見民間之予以合理化之解釋。

六年又改設為海防糧捕廳，置通判，廳治仍設於暗澳，沿用巡檢舊署為通判衙門。由以上推斷，文澳城隍廟之創建，早則於康熙二十三年（1684年）設巡檢司後，晚則亦應於雍正六年設廳置通判之後，甚至可能上溯至天啟四年（1624年），天啟城牆興築的同時，一併興建，以備守土官履任告祭之用[2]。此為澎湖第一座官設城隍廟之濫觴，創建至今也有兩百多年之久的歷史，其間也經過數次修葺，但改變不大，猶存古貌。今廟中懸有一清光緒帝御匾「功在捍衛」，中為印，篆體，印文是「光緒御筆之寶」，神龕兩側懸有木質對聯一副，其文曰：「為善必昌，為善不昌，祖有餘殃，殃盡必昌。為惡必滅，為惡不滅，祖宗有餘德，德盡必滅」，儆惕世人，含義深遠。

總之，澎湖一地有兩座城隍廟，皆在馬公市，是台灣少見之特例。其中重慶里的城隍廟規模較大，為闔澎信徒所崇拜者，澎民通稱「澎湖城隍廟」。西文里的城隍廟則以歷史悠久取勝，但可嘆香火不盛，僅是附近數里居民所崇拜，俗稱「文澳城隍廟」。

第二節　澎湖城隍廟的創建與興修

澎湖第一座城隍廟建置之後，其後或因「今澎湖城隍廟在廳署之東，規模狹隘，不足以展敬，實限於地也」[3]。另

2　見《文澳城隍廟之研究與修護》（漢光建築師事務所，民國七十六年五月），頁16。關於文澳城隍廟創建之年代，據後文所引光緒十一年（1885年）劉銘傳與楊昌濬奏摺中，澎湖人士稟稱城隍神崇祀二百餘年一語，則上推二百餘年，約是1685年左右，此年是康熙二十四年，而康熙二十三年，澎湖新設巡檢司，則推論文澳城隍廟創建於康熙二十三年，應是一合理之推論。

3　胡建偉，《澎湖紀略》（台銀文叢第一〇九種），卷二〈地理紀〉「廟祀」，頁38。按，不僅城隍廟規模狹隘，不足以展敬，即廳署亦復如此，故胡建偉同書卷二「公署」載：「澎湖廳署，乃巡檢之舊署也。自雍正五年改設廳治，遂將舊署略加式廓，而大局規模並未革故而鼎新焉。嗣是歷任雖有修飾，亦不過因仍故轍而已。

或許媽宮是碼頭渡口所在，為對外交通之樞紐，亦是衝要之區，各武職衙門均設於此，為方便祭典而移建於新址，林豪《澎湖廳志》卷二載[4]：

> ……文澳則退處偏隅，居民稀少，較為僻陋。且文武號同城，官乃相去四、五里而遙，未免暌隔。茲移治媽宮，有數便焉；賈舶所聚，便於稽查也；官倉所在，便於防範也；兵民雜處，便於彈壓也；朔望宣講，文武會商公事，便於往來也……今澎之紳商多萃媽宮，以廳治移此，則腹地之勢常重，官紳之跡常親，耳目切近，下情亦可時達矣！有賢吏出，宣上德、達下情，與父言慈，與子言孝，講學課士，務農通商，使疾苦得以時聞，情偽無由遁飾，眾心有所依附，而政於是乎成。

以上雖是光緒十五年（1889年）移文澳廳署於媽宮城內副將舊公署之理由，亦何嘗不是遷建城隍廟之理由。所以，「歲丁酉（指乾隆四十二年，1777年），介堂謝公分駐澎湖，勤民恤商，賢聲四達。初至，即謀改置城隍神祠，知所利民，則其所留意也。」[5]因此清乾隆四十二年，謝維祺履任澎湖通判，以城隍變理陰陽，擬捐俸改建城隍廟。翌年，台灣府知府蔣元樞捐俸助緣，澎湖人士亦隨喜捐助。海澄縣監生郭志達擔任監視工程及董事，得以成事。是役，興工於乾隆四十三年（1778年）十月，落成於四十四年（1779年）二月，謝氏因勒石紀事，碑仍存，曰〈澎湖改建城隍廟碑記〉，嵌於正殿左壁，文曰[6]：

至乾隆三十一年，余抵任之後，缺者補之，圮者修之……，而體制斯略備焉。」

4　林豪，《澎湖廳志》（台銀文叢第一六四種），卷二〈規制〉「公署」，頁69。

5　林豪，前引書，卷十三〈藝文〉，蔣元樞，〈創建西嶼塔燈碑記〉，頁433。

6　此碑文另據何培夫編，《台灣地區現存碑碣圖說·澎湖縣篇》（國

皇帝建元四十有二年，祺分守澎湖。故有城隍神廟，偏署之東，痺陋湫隘而冒塵。祺抵任之始，心擬捐俸改建而新之。戊戌夏（按即乾隆四十三年，1778年），郡伯蔣公有聞焉，首捐清俸三百圓，以為之助釀金；澎人士各隨其心之願，而力之稱。爰卜吉于媽宮之陽，宇重者三，高基者為奉神之殿，寬其中為整儀之庭，兩寮列舍以居香火之司，門廠（按碑文如此，應是敞字之誤）其前，墻周其外，塗之、墍之、黌之、飛之，制有恢於前飾，毋侈于後。享祀允宜，妥侑畢備。噫嘻！明有禮樂，幽有鬼神，有陽以治明，即有陰以治幽。是人情固鮮克有終，實亦難慮於始。維澎湖自入版圖以來，祇以僻居海島，而於城隍神廟因陋就簡，廢焉不舉，于祀典為缺。祺也忝守斯土，不憚仔肩而經營之，刻日而成之，當亦幽明所共愜已！興事于戊戌十月，落成于己亥（按即乾隆四十四年，1779年）二月。其捐資以集事者，姓名臚具於區以懸諸軒。大清乾隆四十有四年，歲次己亥十月吉旦，通判台灣府澎湖事會稽謝維祺立。督視工程海澄縣監生郭志達。

根據此碑文，知其時城隍廟為三進式建築（宇重者三），有中庭、有兩廂、有圍牆，體制已備，也代表樹立官方的威權與統治的象徵空間。惜捐輸者之匾額佚失；尤可惜者，正殿右壁有一乾隆庚子年（四十五年）桂月（八月）之石碑，整個碑文已風化漫漶，難以辨讀，志書又未曾採錄碑文，無法引用此一資料，徒呼奈何。今所能略知後事者，時西嶼塔院燈火及其前天后宮，是由城隍廟僧分司其事，蔣元樞〈捐建澎湖西嶼浮圖圖說〉載：「又于浮圖之前，建天后宮，另設旁屋數椽，召募妥僧住持兼司燈火，使風

雨晦明，永遠普照」[7]。謝維祺〈建修西嶼塔院落成碑記〉
復載：「澎湖自來無僧，今既建城隍廟，延僧主持，而西
嶼塔院又不可以士民職掌，遂屬僧人分司其事」[8]，惜嗣後
廟宇傾圮，照管乏人，以致玻璃損壞，塔燈興廢不時，有
名無實[9]，亦可見城隍廟僧之失職誤事也，而且屬於道教的
城隍廟，竟然是由佛教僧侶住持管理，可知其時在官方的
宗教管理亦是佛道不分，雜祀一體。

　　澎湖城隍廟於乾隆四十四年二月，經通判謝維祺擇址新
建，而原文澳城隍廟並未因此廢棄。只是「廢焉不舉，于
祀典為缺」。其後在咸豐元年（1851 年），由廳署典吏呂
純孝捐款重修，但仍是規模狹隘，不足以展敬。不料至乾
隆五十五年夏六月初六夜，大風雨，水暴溢，廬舍多陷。
風挾火行竟夜，滿天盡赤。是日，岸上小舟及車輪被風飄
至五里外，壞廟宇民居無算[10]，澎湖媽宮城隍廟遭逢此劫，
廟宇亦損壞，越數年，二易通判，或不予重視，或無力修復，
至五十七年四月蔣曾年接篆，捐俸倡修，並及商民之力，
且添建後殿五間。嘉慶二年（1797 年）八月風災，三年，
通判韓蜚聲續勸商賈重修。二十二年（1817 年）十一月，
通判潘觀光以「黃研」其人之罰項番銀五十二元半生息之
款，召匠修葺[11]。按，清代澎湖有澳社組織，為維持澳社秩
序治安，訂有澳社公約之自治規章，詳訂禁止項目。犯者
除罰銀兩外，尚有板責、罰跪、抬枷、遊街等。罰款輕者
自二錢起，重者至十五、六元，罰款多充作神祠佛廟油香
等費用。上文中所謂「罰項」殆即指此，但不知黃研何許

7　蔣元樞，《重修台郡各建築圖說》（乾隆四十三年彩繪紙本，國立
　　中央圖書館編印，民國七十二年六月初版），頁 57。
8　林豪，前引書，卷十三〈藝文〉，頁 435。
9　同上註，頁 439。
10　林豪，前引書，卷十一〈舊事〉「祥異」，頁 371。
11　林豪，前引書，卷二〈規制〉「祠廟」，頁 56。另參蔣鏞，《澎
　　湖續編》（台銀文叢第一一五種），卷上〈地理紀〉「廟祀」，頁 4。

人也，更不知所犯何事，罰項竟高達五十二元半。

　　道光四年（1824年），中殿前楹塌壞，通判蔣鏞籌款重修。甲辰年（道光二十四年，1844年）十月，左營遊擊蘇斐然、監生張騰賁，捐款重新修建。至光緒十一年（1885年）中法戰爭起，波及澎湖，二月，法夷犯澎，城隍廟神傳出靈異神蹟，林豪《澎湖廳志》卷十一舊事「軼事」詳載其事[12]：

> 光緒十一年二月，法夷犯澎。十三日，媽宮百姓扶老攜幼，北走頂山，皆口呼城隍神保佑。時夷砲沿途雨下，顆顆墜地即止，無一炸裂傷人者，亦足異也。及事平，廳主程公據實請大憲奏明加封，號為靈應侯。御賜「功存捍衛」匾額。程公重新廟宇，為文記之。

　　這之前，澎湖城隍神已屢傳神蹟，如嘉慶年間海寇蔡牽欲圖侵犯媽宮，當時兵民詣廟虔誠禱告，據說：「賊見雲端旌旗蔽空，隱有神人往來，金龜、蛇頭二山，忽然合抱，故爾駭遁，全島賴以敉平」。不但如此，光緒十一年三月，澎湖疫癘流行，死亡相藉，於是老百姓安設神牌，竭誠供奉，不久災氛頓止。繼又雨澤愆期，禾苗將枯槁，也是向城隍神祈禱，隨之普降甘霖，收成有穫。因此代理澎湖通判的程邦基，據當地紳士舉人郭鶚翔、廩生陳維錄等數十人聯名稟稱：為報功崇德，以答神貺，請查例奏請賜頒封號，並賜匾額，而順輿情。劉銘傳乃與閩浙總督楊昌濬據情會摺上奏，奏摺全文如次[13]：

> 奏為澎湖城隍神靈昭著，懇恩加給封號，並請賜頒

12　林豪，前引書，卷十一〈舊事〉「軼事」，頁383。
13　此摺未載《劉壯肅公奏議》，錄自光緒十二年正月二十七日京報宮門抄。轉引自羅剛，《劉公銘傳年譜初稿》（正中書局，民國七十二年七月初版），頁747。

匾額，以答神庥，恭摺仰祈聖鑒事。竊據代理澎湖通判程邦基詳據該處紳士舉人郭鶚翔、廩生陳維錄等數十人聯名稟稱：澎湖城隍神崇祀二百餘年，聲靈丕顯，嘉慶年間海寇蔡牽欲圖撲犯，兵民詣廟虔禱，賊竟避去。詢據沿海漁民，僉云：賊見雲端旌旗蔽空，隱有神人往來，金龜、蛇頭二山，忽然合抱，故爾駭遁，全島賴以救平。本年三月，疫癘流行，死亡相藉，民間各設神牌，竭誠供奉，未幾，災氛頓止。繼以雨澤愆期，禾苗將槁，向神祈禱，隨沛甘霖，雜糧以蘇，收成有穫。兵燹之後，饑饉無憂，凡茲靈應實異尋常，闔島　氓，咸深感戴。查例載廟祀正神，如能禦災捍患，有功德於民者，均准請加封號。他邑城隍，如威靈公、顯佑伯等尊號，胥荷崇封，永昭盛典。城隍自隸車書以來，城隍神歷祀既久，靈爽頻彰，護國庇民，允沐神庥之默佑，報功崇德，宜邀寵命以褒榮，詳請奏懇敕加封號並賜頒匾額，以答神貺，而順輿情等情前來。臣等覆查無異，合無仰懇天恩，准將澎湖城隍神敕加封號，並賜頒匾額，以答神庥，出自鴻慈，謹會同閩浙督臣楊昌濬恭摺具陳，伏乞皇太后、皇上聖鑒，謹奏。

翌年正月二十七日，奉旨加封號為靈應侯，並賜頒「功存捍衛」匾額，此匾今存後殿。按中法之戰，澎湖天后宮之媽祖、觀音亭之觀音菩薩、暨城隍廟之城隍神均有顯靈庇佑澎民兵勇之神蹟，事後天后宮及城隍廟均獲得清帝賜匾尊崇，獨獨觀音亭沒有。法夷亂後，通判程邦基飭紳士黃濟時、蔡玉成、徐癸山等捐資重修，並勒石紀之，今存正殿左壁，碑曰：〈重修城隍廟碑記〉：

乙酉秋（光緒十一年，1885 年），基蒞任籌善後，城隍為祀典正神，四民祈福。廟燬於兵，商之諸紳，

以閣澎十三澳公捐錢二千貫有奇，十月既望興工，重塑像，增前楹，製廟器，餘資建照牆。外市屋一所，取賃充廟費，舉紳輪值。丙戌（按光緒十二年）春落成，具詳奏請封號頒匾額，以答神庥。廟西觀音亭為砲圯，並建之。董事者舉人郭鶚翔，生員黃濟時、徐癸山、蔡玉成、許晉纓、許廷芳。所需工料，各澳捐戶，別榜廟堂，以示不朽，是為記。光緒十二年夏月，署通判事江夏程邦基立。

據此碑文，可知此役動員閣澎十三澳捐銀，重塑像、增前楹、製廟器、建照牆，並有餘資買市屋一所，出租取賃，暨修建觀音亭。參與者率皆地方名紳，並輪流充當董事管理，其中多人志書有傳，凡此種種，說明此役規模頗大。今廟中除程氏所撰碑文外，尚有，光緒十二年春月，程邦基敬立之「你來了」、「悔者遲」二匾，及續任澎湖通判兼理兵戎陳猷於同年仲夏敬立之「全澎保障」匾。另有一「敕封靈應侯」匾，光緒帝御賜之寶「功存捍衛」匾，均為此時期存留文物，足以佐證史事，彌足珍貴。

第三節　日治時期以來的變遷

日治後，無奈日久年湮，經風雨之剝蝕，其棟宇又傾圯矣！澎地人士觸目傷心，感慨係之，於是由鍾紅樟、許合發、謝得、陳溫而、陳彬、吳寶額、張純卿、劉石龍、陳息、黃火壽、郭騰芳、林吉木、顏留、林裕等人發起，向澎湖廳長大竹勇申請改建，幸蒙允准，遂踴躍樂捐，於昭和六年（民國二十年，1931 年）四月興工改築，至八年四月完竣，計費金貳萬貳千餘日圓，今廟中置有城隍廟改建諸董事捐題碑記，文中除上述諸發起人外，尚有下列正副總董、董事諸人：正總董鍾紅樟、副總董許合發、謝得，正董黃格、陳溫而、陳彬、吳寶額、何清安、劉石龍、黃火壽、藍合、

黃文西、江助、林古木、鄭北、顏留、林君黨等十四人，董事許志、張純卿、陳息、公善樓、郭玉純、郭生和、郭應時、張再興、藍木、義發、廖波、高喜、黃朝爵、許良、方勇、合昌、劉德一、陳江成、高軒、薛號、金義德、郭孟裕、黃根棟、洪榜、黃歐貴、黃建甫、盛興、趙大甲、新興記、吳益發、呂會、陳哲、張氏鈞、呂應等等諸人行號，堪稱組織龐大，聲勢驚人。此碑立於昭和辛未（六年）孟夏之月，另有一立於正殿左壁癸酉年（昭和八年）季夏之〈澎湖城隍廟改建碑記〉，敘述此役始末：

澎湖古蹟與歷史

106

蓋聞天地之治化，有陽以治明，必有陰以治幽，故自神道興，時而天下各行省莫不有城隍廟祀，蓋以城隍為燮理陰陽之神，虔而祀之，則可以冀其靖四境而安萬民也。我澎自前清時，司民牧者即營建此廟於文澳廳署之東，雖香火甚盛，而湫隘囂塵，似非敬神之所。迨乾隆戊戌，謝公維祺任澎，乃商於人士，鳩工庀材，卜築於媽宮城內，即今之廳署東畔。由是而殿宇之宏敞，乃大可觀。洎光緒乙酉，經法人之兵燹，其墻宇均被毀拆，後值通判程公邦基來宰是地，復提倡募捐，重葺而新之。奈日久年湮，經風雨之剝蝕，其棟宇又傾圮矣！當地人士觸目傷心，感慨系之，爰是邀集同志，申請廳憲，幸蒙允准，各隨量輸將。喜哉！諸人士踴躍樂捐，共成美舉。遂於昭和六年四月興工改築，仍照舊址，就中擴之充之，較前時之廟貌更為堂皇，迨至八年四月完竣，計費金貳萬貳千餘圓，所有樂捐諸人士另題名勒石，以示不朽，是為記。另在廟後建置西洋式家屋一座二間，為本廟公業，以充油香之費，昭和八年歲次癸酉季夏之月吉旦，改建諸董事立。

廟中今存樂捐之眾街庄諸人士之捐題碑頗多，計有：「諸

善信寄附金」、「德善堂諸善信寄附金」、「誘善堂諸信女寄附金」、「慈善堂暨街庄諸善信寄附金」、「四十二社暨諸善信寄附金」、「西嶼諸善信寄附金」、「馬公宣講社社員寄附金」等七方碑記，人名洋洋灑灑，不一而足，遍及澎地諸社衢，盛況空前。其中馬公宣講社碑中另有「記事」（即「馬公宣講社記事」碑，嵌於正殿右壁），茲引錄於次：

> 竊謂凡謀有可取，事有足錄者，類皆可記。原夫城隍廟為燮理陰陽之處，彰善罰惡之區，地位幽森，堂庭陰鬱。在八、九年前，除香火寥寥以外，足臨是地者頗寡。蓋惑於談怪者之言，曰時見燐燐鬼火，鬼語啾啾。噫！香火之不盛，良有以也。我同人有鑑乎此，謀欲破此惑眾之言，以振興香火。故自乙丑年（按大正十四年，民國十四年，1925年），陳君朝熙受吳先生學波、康先生吟邵之指導，招集同志到此設宣講社，以勸善化惡；繼設誘善堂，次分設德善堂，互相勸化，所得善信男女甚篤。恰逢鍾君紅樟等欲改築此廟，重新廟宇，我宣講社及兩堂諸善信，慫恿樂捐，計鳩集金六千二百餘圓，以為援助建築之費，其事可謂盛矣！嗚乎！木有本，水有源，我等宣講社及兩善堂之振興於此者，首謀幸有陳君，故能得今日香火之盛。而獲巨資以助建築之費者，全賴眾善信協力同心，樂善不疲，方能成此美事也。謂之謀有可取，事有足錄，其誰曰不宜，故記之於此，以誌不忘云爾。歲癸酉昭和八年秋月，宣講社諸同人謹誌。

據此碑可知德善堂、誘善堂、馬公宣講社均是所謂善堂組織。澎湖各廟宇大都有善堂組織，當地的善男信女，競相入堂，俗稱「入善堂」。善堂乃集宗教宣導、社會教育、

社會救助之混合組織，也可以說是文人箕壇與宣講制度的複合體，宗教意味較為淡薄。澎湖善堂之濫觴，源起於清咸豐三年（1853年）六月初三，地方有心人士為禱天消災與匡正人心，召集文人學士成立「普勸社」，以宣講聖諭，勸人為善為宗旨。其後，幾經演變，於光緒十三年（1887年）改為「一新社」，光緒十七年（1891年）借媽宮育嬰堂設壇，先奉慈濟真君，復增祀文衡帝君及三教祖師牌位，於是年三月十五日開堂濟世，額曰「樂善堂」，從此社堂一體，各種善事，俱樂而行之，成為一社會教育與社會救助之宗教團體，對地方的教化及社會的安定，貢獻良多[14]。

例如日治時期，明治三十四年（光緒二十七年，1901年）五月十五日，一新社諸人到城隍廟，祈請澎境主靈應侯（即城隍）為澎民救改鴉片煙毒。城隍乃降壇賜詩，恩准開壇在此行善，並諭示轉求南天文衡聖帝關恩主，乞臨澎救改，已蒙允准。五月二十九日，城隍復降詩諭，公布戒除鴉片條例六則，希眾人遵守，另設置符、沙、甘露水供戒煙者服用，嗣後文衡聖帝亦屢次諭示救改鴉片煙毒之法。一時轟動全澎，各鄉社紛紛抬轎前來求甘露水，取回供民眾飲用，戒除鴉片煙毒，聞靈驗異常，至今故老仍口耳相傳「一新社清水解毒煙」的事蹟[15]。

宣講社及誘善堂、德善堂以城隍廟為善堂，既然振興於此，所以城隍廟此次擴建，善堂諸社員及善信踴躍樂捐，貢獻獨多，廟中到處懸掛了昭和壬申年（七年）、癸酉年（八年）的匾額、柱聯，題名落款盡是些善堂組織，其故安在，可想而知了。

此外，日治時期與城隍廟有關者，尚有二事。其一：

14 黃有興，《澎湖的民間信仰》（台原出版社，民國八十一年一版一刷），第一輯「宗教廟堂」、卷三「善堂」，頁66。
15 同上註。

原於明治三十一年（光緒二十四年，1898年）在媽祖宮日
語傳習所附設之日本學童就讀之高等小學校分班，於明治
三十三年十月獨立，遷至城隍廟隔壁之風神廟，將附近屋
舍及風神廟拆除，新建教室兩棟及宿舍，風神廟神像就近
移城隍廟，後再移媽祖宮（今天后宮）[16]。另一事是：馬公
市歷史最悠久之土地公廟「福德祠」（原稱「善後祠」，
馬公市民俗稱「土地公間仔」，位於馬公第二信用合作社
西鄰福德巷），此祠沿革不詳，據廟中沿革志稱係建於乾
隆五十六年（1791年），但此一年代為扶乩所得，並非確
證，據說神像原奉於城隍廟，後因廟中增祀六司官，土地
公無處容身，乃遷建今址。大正九年（民國九年，1920年）
財神廟（位在今台灣銀行址內）被拆，其神像即迎入廟中
與土地公共祀，其說真假，已難考證，茲抄錄廟中「澎湖
福德祠沿革志」以供參考：

> 且夫城隍與土治皆社稷之神也。陽設有縣令以理政
> 治，陰自有神明以顯闡幽，陰陽同歸一理，其重要
> 所在豈可忽哉，如吾澎福德祠其主神福德正神，原
> 自城隍廟分出者。溯自乾隆四十四年（公元1779年）
> 己亥十月，澎湖通判謝維祺捐俸，率監生郭志達等，
> 在媽宮興建城隍廟，奉祀靈應侯城隍尊神爕理陰陽。
> 配祀有文武判官及四部將，四十六年（公元1781年）
> 辛丑春，因感廟內金身過少，即在東旁增祀註生娘
> 娘，西旁即配祀福德正神以壯瞻觀，至乾隆五十五
> 年（公元1790年）庚戌六月間，因遭劇烈風颱，廟
> 宇損壞，當時新任通判蔣曾年即捐俸，修建擴充前
> 落，添建後殿，並增本澎原有財神廟一間（在現在
> 台灣銀行附近之處），此廟因市區改正而拆去，故

16　蔡平立，《馬公市志》（馬公市公所印行，民國七十三年五月），
　　卷一〈疆域〉第二節「日據時期之馬公市街」，頁108，暨卷
　　十三〈文化人物〉第五節「馬公市區曾存現廢寺廟」，頁830。

將財神爺金身及左右執寶童子共三尊，奉寄在福德祠與福德正神合祀焉。至民國三十六年（1947年）又重修一次，廟前更擴大。憶自始創福德祠迄今已歷一百八十餘年春秋，而神靈顯赫，依然如昔，經常香線不斷，是全縣老幼人民所崇拜最靈應之神祠，誠不謬也。

總之，經過此次改建，而成今存現狀，規模寬敞宏大，廟分三落，前落為大門，二、三兩落為神殿，與東西廂房，形成四合院形式。廟後則為西洋式家屋一座兩間，出租予人。大殿正中奉祀城隍爺，東西兩室分祀註生娘娘與臨水夫人。東廂房則祀有註錄司、陰陽司、褒善司；西廂祀有註壽司、速報司、罰惡司。前後東西兩室分祠謝、范二將軍。迨民國六十八年因後殿漏水，予以翻修，迄至今日，無多大改變。

第四節　結語

光復之初，民國三十四年十一月十五日成立接管澎湖之委員會，翌日（十六日）開始全面接收事宜，並舉行全體慶祝「勝利光復」大遊行，時在馬公城隍廟前演戲十餘天，盛況空前[17]。由此事即可見城隍廟自清代起迄今一直受到官民共同奉祀，虔誠信仰之一例。

城隍廟的香火算是澎湖地區數一數二的，除了廟址坐落於鬧市之中，為交通要津之原因外，主要是城隍爺的職掌和人禍福有關，城隍之信仰，由原來城池壕溝之建築物，轉而為保城之神，再一變為保境之地方神；而其神功職能也由保固城池，一變為祈雨求晴，招福禳災，再變成假神道求治之地方司法神，終成為護國佑民之神祇。故民間俗

17　蔡平立，前引書，卷三〈開闢〉第五章「光復後之開拓」，頁244。

信城隍掌管陰陽二界，陽界人間之善惡由其登錄審判，歸陰之後因功過而受賞罰，有時某些人作惡多端太損陰騭，即使在世，城隍也會加以懲罰，至於陰間冤鬼來到陽世討償，也須經其批准，是以城隍廟中懸有「當日肆無忌，滅理壞倫，君何幹去？今朝悔已遲，披枷帶鎖，爾自惹來」、「世事何須空計較，神天自有大乘除」、「善報惡報遲報速報，終須有報；天知地知爾知我知，何謂無知」、「奸貪似鬼，當貴驕人，到廟爾應破膽；眾善奉行，諸惡莫作，入門予以傾心」等等，令人有凜然悚慄善惡分明之感。而馬公市內素傳靈顯的廟有城隍廟、觀音亭、土地公間仔、陰陽堂……等等，故城隍廟中每日消災補運者極多，冀圖透過求禱、禳解後，城隍能赦其冤業，避免陰鬼之糾纏，化解災難。也因為城隍掌管鬼界，澎湖每年七月普渡，一向慣例是「城隍廟放，觀音亭收」，即七月普渡由城隍廟在七月三日領頭揭開序幕，在其普渡之前，不但馬公市，甚至全澎湖各廟，沒有任何一廟會先行舉行普渡。最後則由奉祀觀音大士之觀音亭結束普渡，故有此俗諺[18]。

城隍爺的崇信也可從每年陰曆五月六日其神誕時做醮繞境的盛況看出。每年寺廟為祝賀神誕，按例支公帳，延請道士做醮九日（天公三日，主神三日，眾神三日）。但實際上每年的醮事長達一月，因為信徒酬神還願寄附之私醮太多，累旬越月欲罷不能，每年此時廟中也會附帶收到大批捐獻的白米及善款，以作為濟助孤貧之用[19]。

澎湖馬公城隍廟創建於乾隆四十四年（1779 年），迄今已近二百三十年之久，其間數度重建，也頗有可以資談

---

18 余光弘，《媽宮的寺廟》（中央研究院民族學研究所，民國七十七年十月出版），第六章〈廟宇的創建興衰與整合〉，頁152-154。

19 有關城隍廟繞境慶典過程，請參考黃有興，前引書，「重慶里城隍廟城隍爺的繞境」，頁 176-179。

之事誼，茲將上文所述，予以簡化成大事表（表3-1），一則清眉目，一則省繁文，並做本文之結束。

表3－1 澎湖媽宮城隍廟大事記

年代	大事記要
約康熙二十三年（1684）	創文澳城隍廟。
康熙四十四年（1779）	1.因文澳城隍廟規模狹隘，卑陋囂塵，加以媽宮地位日趨重要，遂改建於新址。興工於乾隆四十三年十月，落成於四十四年二月，廟為三進式，有中庭，有廂房，有圍牆，留有二碑記。是役捐獻者有台灣府知府蔣元樞，澎湖通判謝維祺，監工者海澄縣監生郭志達。 2.西嶼燈塔同年夏建成，謝維祺囑咐城隍廟僧人分司其事，兼司燈火，後年久廢弛。
康熙五十五年（1790）	夏六月初六，大風雨，水暴溢，廬舍多陷，城隍廟多損壞。
康熙五十七年（1792）	澎湖通判蔣曾年及當地居民踴躍捐輸修葺，並建後殿五間。
嘉慶三年（1798）	嘉慶二年八月風災受損，三年澎湖通判韓蜚聲勸商賈重修。
嘉慶二十二年（1817）	澎湖通判潘觀光以黃研罰項的番銀五十二元半之生息款，召匠修葺。
道光四年（1824）	中殿前楹塌壞，通判蔣鏞籌款重修。
道光二十四年（1844）	左營遊擊蘇斐然，監生張騰賡，捐款重新修建。
光緒十一年（1885）	中法戰役，法人犯澎，二月十三日，媽宮百姓走避法人攻擊，時砲彈如雨，百姓口呼城隍神保佑，砲彈墜地未炸裂，百姓安然。三月，疫癘流行，百姓各設神位安奉，災氛頓止。繼又祈雨，隨沛甘霖，收成有穫，民困始蘇。通判程邦基上稟。劉銘傳與楊昌濬奏請朝廷加封賜匾，翌年奉旨加封，號為「靈應侯」，御賜「功存捍衛」匾。

光緒十二年 （1886）	廟燬砲火，通判程邦基飭紳士黃濟時、蔡玉成、徐癸山、許晉纓、許廷芳捐資重修，及閤澎十三澳百姓公捐，翌年春落成，重塑像，增前楹，製廟器，建照牆。餘資買市屋一所，出租取賃充廟費，另修建觀音亭。有碑記，及「你來了」、「悔者遲」、「全澎保障」、「敕封靈應侯」、「功存捍衛」諸古匾。
明治三十三年 （光緒二十六 年，1900）	拆除城隍廟旁風神廟，改建為日人就讀之高等小學校，風神廟神像，就近移城隍廟內，續移天后宮後樓，再移大殿。
明治三十四年 （光緒二十七 年，1901）	五月，一新社諸人設壇城隍廟，祈請城隍降壇顯靈，為澎民救改鴉片煙毒，後降壇諭示，公布戒除鴉片條例六則，另設置符、沙、甘露水供戒煙者服用，一時轟動全澎，各鄉社紛紛前來求甘露水，取回飲用，留下一段傳奇故事。
大正初年	此地傳聞鬼怪之說，致使城隍廟香火寥寥，堂庭陰鬱，足臨是地者頗寡。
大正十四年 （民國十四年， 1925）	陳朝熙召集同人到城隍廟設宣講堂，以勸善化惡，繼設誘善堂，次分設德善堂，互相勸化，香火復盛。
昭和六年－八年 （民國二十－ 二十二年， 1931－1933）	因日久年湮，風雨剝蝕，棟宇傾圮，經鍾紅樟、許合發等諸人發起，得至澎四十二社及宣講社、德善堂、誘善堂、慈善堂諸善信踴躍樂捐，遂於昭和六年四月興工改築，八年四月完竣，費金二萬二千餘日元，另在廟後建置西洋式家屋一座二間，充為本廟公業。
民國三十四年 （1945）	慶祝台灣光復，十一月在城隍廟前演戲十餘日，盛況空前。
民國六十八年 （1979）	因漏水，翻修後殿。
民國七十五年 （1986）	媽祖宮、城隍廟及觀音亭，原由三甲輪管，於是年陰曆正月初六，三甲在城隍廟做例行年度集會，於交接時，有人提出三甲固定各自管理一廟，經眾人同意，並擲筊得神明獲准，自此年起，由東甲負責城隍廟，南甲負責媽祖廟，北甲負責觀音亭。

民國七十九年 （1990）	六月舉行「靈應侯出巡環島繞境護國祈安大典」， 前後近一個月，參加繞境之車輛計五十二輛， 繞境地區含括媽宮、湖西、白沙、西嶼四鄉市 六十九村里，未到望安、七美兩離島鄉。醮典之 結束日舉行普度，聲勢浩大，極一時之盛。

第四章　澎湖臺廈郊補闕

臺廈郊會館

文化資產局網站基本資料介紹			
文化資產類別	古蹟		
級別	縣（市）定古蹟	種類	寺廟
公告日期	1985/11/27	公告文號	臺內民字第357272號
評定基準	具歷史、文化、藝術價值	法令依據	《古蹟指定及廢止審查辦法》第2條第1項第1款
指定/登錄理由	具有保存價值		
所屬主管機關	澎湖縣政府		
地址或位置	澎湖縣馬公市中央里中山路6巷9號		
主管機關	名　　　稱：澎湖縣政府文化局 聯絡單位：文化資產科 聯絡電話：06-9261141#134 聯絡地址：澎湖縣馬公市中華路230號		
管理人/使用人	關係　　　　　名稱 管理人　　　　祭祀公業金長順神明會		

所有權屬	關係　　　　公私有　名稱 建築所有人　私有　　祭 OOOOOOOO
歷史沿革	根據乾隆 3 年《台灣志略》記載，澎湖的水仙宮是薛奎在康熙 35 年所建。照方志記載，薛奎是遼東人，康熙 34 年任澎湖水師右營遊擊。水仙是中國大陸長江流域下游與東南沿海浙江一帶的信仰，薛奎的原鄉信仰並未有此信仰。既然如此，那他為何會建水仙宮呢？這似乎與其經歷有關。當時，大陸、澎湖、台灣之間的交通已由隔絕再度活絡，兵船、官船、商船絡繹不絕。 在平常的情勢下，來台人員祈求、祭祀主要對象是媽祖。不過，除了媽祖外，他們亦向水仙王禱告，祈求水仙王幫助，海上行船安全。 由於地處海邊，水仙宮每天受海風吹襲，鹽水腐蝕，日積月累，頗有傾頹。乾隆 45（庚子）年澎湖水師將領招成萬見此，遂即捐錢重修。 光緒元年（1875），馬公水仙宮再次重修。這是由媽宮街商民黃鶴年鳩資主導的。一般認為，當時的水仙宮，已被充為「臺廈郊會所，以為行商棲止之處。」 澎湖的「臺廈郊」，具有下列特色： 1.設有公所，解決貿易紛爭。 2.成員包括販賣五穀、布帛、油酒、香燭等日常應用器具的舖戶。 從現存史料，「臺廈郊」是由澎湖的台郊、廈郊組合而成，其中「台郊」的公號叫「金順利」、「廈郊」公號稱「金長順」。 日治時期，水仙宮主事者及信眾認為廟宇已經「甚形剝蝕，又極湫隘非禮，覩觀不雅，抑且有瀆神靈」，遂於昭和四年（1929）募款重修。 重建完的水仙宮，頗為特別，是歐式的建築風格，上下兩層，上層祀神，下層作為「臺廈郊實業會」辦公場所。這樣寺廟格局在日治時期也是獨樹一格，頗為罕見。

	民國47（1958）年再次重修，在其大殿的供桌，就是當時重修完成，爐下弟子敬送的。水仙宮在民國73（1984）年曾做過整修，完工後，做一盛大的建醮。 這幾年水仙宮目前主要的收入是民眾捐的香油錢，且水仙宮每年提撥信徒捐獻的約1/10做社會慈善公益活動。 目前水仙宮的管理人為吳明錚先生，吳明錚對水仙宮務出錢出力，截至目前，並與宮中委員積極籌畫下列事情： 1.水仙宮每年十月慶典及遶境活動。 2.元宵節慶祝活動。 3.纂修宮志。

資料來源：
https://nchdb.boch.gov.tw/assets/overview/
monument/19851127000091

第一節　前言

　　民國七十五年六月，個人曾在《臺灣文獻》季刊第三十七卷第二期，發表〈清代澎湖臺廈郊考〉乙文，這是十多年前從事臺灣行郊研究領域時，所研究子題之一，文獻收羅頗多，自信於澎郊有相當深入周全之探討，但其中仍有一、二疑點，苦於文獻缺乏，無法解決。倏忽多年過去，期間仍不斷留意各地行郊相關史料，細心蒐集。至民國七十九年秋，應漢光建築師事務所之約，合撰澎湖水仙宮之調查研究與修護計畫，經實地探勘測繪及採訪耆老故舊，斬獲不少。但因嗣後數年承接臺、澎、金三地古蹟研究案子不斷，每年平均約有三、四件，田調研究倥傯，遂無暇探討著述行郊文章，這一擱下筆來，轉眼也有十年了，今茲承澎湖《硓𥑮石》季刊主編蔡學長丁進兄之囑咐邀稿，情難以怯托，只得將多年來收集之史料作一補述，以就教澎地父老暨諸專家學者。

第二節　澎郊成立時間之再探

　　澎湖一地，開發早於臺灣三、四百年，早在宋元時代，已有大陸移民，從事漁撈，或墾殖，而且因其地理位置，乃臺廈往來之關津，官商船舶往來頻繁，非其所止泊，即其所經行。因此澎郊成立時間，照理講應早於臺灣，可惜文獻缺乏，今所能找到之確切證據是臺銀出版之林豪《澎湖廳志》卷二〈規制・恤政〉條記[1]：

> 媽宮街金興順、郊戶德茂號等，鳩貲買過蔡天來店屋一間，為失水難民棲身之所，址在媽宮口左畔，……嘉慶二十四年，經於前廳陞寶任內稟官存案。

　　據此條記載可知至遲在嘉慶二十四年（1819）已有澎郊。但據〈澎湖媽宮臺廈郊約章〉所記載，則年代頗為悠久，約章中有云：「我郊自開澎以來，迄今二百餘年，前商人設立臺廈郊」[2]，此約章訂立於明治三十三年（清光緒二十六年，1900），上溯二百餘年，約在康熙三十九年（1700）左右，關於此說方豪先生在〈澎湖、北港、新港、宜蘭之郊〉鴻文中，曾認為是「似為推測之詞，無法證明」[3]，此語誠是，但是稽諸澎湖開拓歷史，個人倒是認為非全為無稽之推測，雖舉證若干以為辯證，總是牽強，心中頗以為憾。

　　其後數年，偶一機會翻閱成文出版社出版之林豪《澎湖廳志稿》，才知原稿與成書有頗多之出入，經仔細重新逐頁逐句檢讀，居然在卷十二〈舊事錄・祥異〉一條記載中

1　林豪，《澎湖廳志》，卷二〈規制・恤政〉，頁 76（臺銀文叢第一六四種）。

2　《臨時臺灣舊慣調查會第一部調查第三回報告書》，《臺灣私法附錄參考書》第三卷上第四篇第一章第三節「郊」，所收第六「澎湖媽宮臺廈郊約章」，頁 68-69（明治四十三年十一月發行）。

3　方豪，《方豪六十至六十四自選待定稿》，〈澎湖、北港、新港、宜蘭之郊〉，頁 327（民國六十三年四月版，作者發行）。

找到新證據[4]：

> 乾隆四十年協鎮招成萬捐俸錢百緡，交媽宮街郊商大媽祖頭家輪值生息，每年息錢十四千文，配各廟宇香資及致祭無主塚堆，立有章程，於今百餘年。

按百緡即制錢百貫，清代制錢一般計算法，係採用十進位，例如銅錢一個叫一文，百個叫一百文，千個叫一串或一貫，則百貫制錢，一年收息十四千文，利率高達十四分，實在駭人，官府之吃定商家可以從此窺見，但更重要的是根據此則記載可以確知早在乾隆四十年（1775）澎湖已有行郊，比現知考訂之嘉慶二十四年（1819）上推四十四年。但個人仍然相信澎郊成立年代可追朔到康雍之際，旁證有下列數點：

其一，臺南三郊成立於雍正三年（1725），而澎湖開拓歷史不但早於臺南，又為臺廈之津渡及中繼站，以常情推論，應該不至於比臺南三郊之成立時間晚，因此《臺灣私法》記澎湖臺廈郊「創於雍正年間」[5]，尤為明確，皆可佐證澎郊成立年代頗早。

其二，從若干資料及民間傳說的推斷，媽宮市街約形成於康熙末年，而澎湖民間俗傳白沙鄉通梁村保安宮前之通梁大榕樹之由來，原為康熙年間臺廈貿易船中之盆栽，由村民移植於廟埕前，修於康熙二十四年（1685）之蔣毓英《臺灣府志》卷六〈市廛‧渡橋〉條記：「澎湖、廈門原無設渡，僅附搭商船往來。」[6] 據此可說明康熙年間，臺廈

---

4 林豪，《澎湖廳志稿》，卷十二〈祥異〉，頁998（成文出版社，民國七十二年臺一版）。

5 陳金田譯，《臨時臺灣舊慣調查會第一部調查第三回報告書》，《臺灣私法》第三卷，第四篇第一章第三節〈郊〉，頁97（臺灣省文獻委員會編印，民國八十二年六月出版）。

6 蔣毓英，《臺灣府志》，卷之六〈市廛〉，頁74（臺灣省文獻委員會，民國八十二年六月出版）。

澎湖之間商業貿易頗為發達,早有商船往來。

其三,周于仁《澎湖志略》記[7]:

> 澎湖四面環海,非舟莫濟。商船二十八隻:杉舨頭
> 船一百二十八隻,鉅者貿易於遠方,小者逐末於近
> 地,利亦溥哉!

周于仁,字純哉,四川安岳舉人,清雍正十一年(1733)
由福建長樂知縣,陞授澎湖通判,至乾隆元年(1736)告
病卸事。可知《澎湖志略》所記載的事蹟多為雍正年間、
乾隆初年間事。另外,再據林豪《澎湖廳志》卷十一〈舊事‧
軼事〉記[8]:

> 雍正間,廈門有商船往來澎島,與臺灣小船偷運私
> 鹽米穀,名曰短擺。臺防同知王作梅廉知,急捕之,
> 並得官弁交通狀。時提標哨船二十餘,往來貿易,
> 號為自備哨,出入海口,不由查驗,作梅詳請禁革。

綜合上引諸史料,我們知道康雍年間,澎湖商貿販運
已極為興隆,不僅擁有遠洋貿易之大商船二十八艘,還有
近島貿易採捕之杉板船一百二十八艘,鉅者貿易遠方,小
者逐末近地,再加上澎郊會所水仙宮創建於康熙三十五年
(1696,詳見下文),可見從市街形成、會所初創年代、
古樹傳說、開拓歷史、商船貿易等等背景參考來看,澎郊
初創於康雍之際可能性極高,實在不必拘泥於史料殘缺而
僅斷定在乾隆四十年。

第三節 臺廈郊公號之問題

行商設郊之目的,除共謀同業間之利益外,或充為街民
自治之協議所,以懲戒不法商人,維持風紀;或鳩資修廟,

7 周于仁,《湖桴志略》,〈舟楫〉,頁37(臺銀文叢第一〇四種)。
8 同註1前引書,卷十一〈舊事‧軼事〉,頁382。

進而從事公益事業，凡此均須有一組織章程或議事章程之規定。所以澎湖媽宮商人要組織郊的時候，首先必須邀請「街內」同業商舖商議，再訂定團體規約，凡團體的旨趣、目的事業及制裁等等，均詳細記載在「郊規」規約內。然後再製作一套名為「緣簿」的帳簿，帳簿上寫明郊員的店號、地址、經費負擔金額，及捐款方法等等。

今存澎湖臺廈郊約章僅有兩件，均為日治初期時訂立，收錄於臨時臺灣舊慣調查會第一部調查第三回報告書《臺灣私法附錄參考書》。首件約章立於庚子歲秋月，即清光緒二十六年（日明治 33 年，1900，時臺澎割讓日本已五年），約章下編者註明：「中日戰爭時，一度停廢，至明治三十三年始恢復。」規約末具名者為「臺廈郊金利順、金長順公啟」。次件立於翌年辛丑歲夏月，即光緒二十七年（日明治 34 年，1901），乃新立規約，約中詳細而具體地訂立有關仲錢及罰金等之商事規約，與前約不太相同之處有三：

1. 約中凡涉及「郊」字者，均已刪改掉，並改成日本式語詞，如「仲立」一詞是，即中文之交易、媒介、經紀、牙行之意。

2. 前約中本明確規定「本郊崇奉天上聖母」，新約中刪掉，改成崇祀水仙王，不知何故，頗值一探（見後文）。

3. 約末署名改為「商會同立公啟」，非前約之「臺廈郊」名稱，殆受日本政府之壓迫而改組。約末附郊舖十七家，有「安興、鼎順、長順、裕記、怡發、同成、合發、豐順、振吉、錦成、益成、源茂、順美、通發、源合、豐德、合源」，而且是「逐年值當，周而復始」。其中令人疑問者是：不過半年，前約中之郊舖「金長順」、「金利順」，竟然消失不見，是經商失利而歇業，抑或其他原因，令人頗費

猜疑！

　　當時受蔣鏞、林豪二書之誤導，誤判「金長順」為郊舖之一，遂有此疑問，按蔣鏞《澎湖續篇》卷上〈地理紀‧廟祀〉「無祀祠」條記[9]：

> 祠一在媽宮澳西海邊，一在西嶼內外塹，適中道左，……查媽宮澳之祠，自乾隆二十九年右營游擊戴福等公捐重修，……嘉慶二十五年，右營游擊阮朝良募同課館連金源、郊舖金長順等捐修。

　　林豪《澎湖廳志》卷二〈規制‧祠廟〉「無祀壇」條亦載[10]：

> 一在媽宮澳海旁邊，……俱協營捐辦，……建於康熙二十三年，高不過尋，寬不及弓。……嘉慶二十五年，右營游擊阮朝良同課館連金源、郊戶金長順等捐修。

　　茲據水仙宮前負責人尤祖成先生提供之會員手冊（目前水仙宮負責人是項忠信先生），方知金利順、金長順乃臺郊、廈郊之公號，非郊舖之行號或店號，遂解決心中疑惑，即澎湖「臺廈郊」乃臺郊金利順與廈郊金長順之組成。不過，解決一疑問，又新增一疑問，何以前引二書僅提及廈郊金長順，未見臺郊金利順？其中有兩種可能，一是當時臺郊金利順尚未出現，二是金利順並未出錢捐修；不過以澎郊平素熱心公益，救恤貧困，賑濟災荒之義行來看，後一種假設較不可能，因此說不定臺郊金利順是在道光之後才組成（見下文）。

　　不僅此，澎湖行郊應以廈郊金長順為主體，《臺灣私法》

9　蔣鏞，《澎湖續篇》，卷上〈地理紀‧廟祀〉「無祀祠」，頁8（臺銀文叢第一一五種）。

10　同註1前引書，卷二〈規制‧祠廟〉「無祀壇」，頁63。

中提及澎郊，亦皆以廈郊為主，如謂：「媽宮廈郊亦屢次向官府呈請禁止通行呆錢……又曾經呈請官府規定貨物裝卸等的工資。明治三十三年，澎湖出現許多來自樸（朴）仔腳的呆錢，媽宮廈郊則與廳參事、地保等協商後，呈請官府查禁。」又如「明治三十年日本紙幣貶值時，官府命令媽宮支金庫每月三期，每期發給四十個牌號，憑牌號以紙幣兌換銀幣。當時媽宮廈郊呈請澎湖廳長，准由該郊發給牌號，但未獲採納」[11]。

第四節　臺廈郊舖在今何處

　　居貨之賈，大抵謂之「舖戶」，因此澎湖媽宮街商賈不僅坐賈居肆，甚至擴大成進出口批發商，組成臺、廈郊，郊舖集結在媽宮市，因為媽宮港澄淨如湖，小島環抱，賈舶所聚，帆檣雲集，是臺廈商船出入港口。其地舖舍民居，星羅雲集，煙火千餘家，為澎之市鎮，是極佳市場，諸貨悉備。澎湖他澳別無碼頭，市鎮及墟場交易之地，偶有雜貨小店，或一、二間而已，且俱無賣青菜、豆腐、豬肉等，不足成市，故率皆赴媽宮埠頭購覓買售。《臺灣私法商事編》收〈禁用私錢以除民害而益地方議〉，文中謂：「鄉村農圃所種蔬種，必挑到媽宮城市販賣，……海口漁人所捕有魚蝦，必挑來媽宮城市售賣」[12]，正是最佳明證。

　　然而，澎湖行郊，文獻所見，率稱「郊舖」、「郊戶」，不稱「郊行」，正因為不是大批發商，純為同行諸舖戶所組成，林豪《澎湖廳志》卷九〈風俗・服習〉記[13]：

　　　　街中商賈，整船販運者，謂之臺廈郊。設有公所，

11　《臺灣私法》第三卷，頁 104。
12　《臺灣私法商事編》，第二冊第一章第二節「郊」，頁 46-47（臺銀文叢第九十一種）。
13　同註 1 前引書，卷九〈風俗・服習〉，頁 306。

逐年爐主輪值，以支應公事。然郊商仍開舖面，所賣貨物，自五穀布帛，以至油、酒、香燭、乾果、紙筆之類，及家常應用器，無物不有，稱為「街內」。其他魚肉生菜，以及熟藥，糕餅，雖有店面，統謂之「街外」，以其不在臺廈郊之數也。

是以我們知道「街內」諸舖戶組織臺、廈郊，雖自置商船，整船販運批發，但郊商仍開舖面，經售五穀、布帛、油酒、香燭、乾果、紙筆，及家常應用之物，其他魚肉生菜，以及熟藥，糕餅則不在其內。那麼這些「街內」是在那些街道呢？

媽宮街市之出現，高拱乾《臺灣府志》與周元文《重修臺灣府志》均未記載，至康熙四十九年（1710）陳文達《臺灣縣志》〈建置志・集市〉中才提及：「澎湖媽宮街」[14]，則媽宮市街之形成當在康熙末年，並可能是因為清代班兵集居此地而出現，市街商販目的在供應駐軍需求。也即是說，媽宮街市之出現與繁榮，端賴澎地駐軍之購買消費，這種現象不僅是當年開埠時如此，甚至歷經清代、日治，以迄光復後的今日，情況大體未變。也因此媽宮市街的商業發展至乾隆年間出現「七街一市」的高峰，此後因達到供需的頂點而未再有所突破，停滯不前，修於乾隆三十六年（1771）胡建偉之《澎湖紀略》〈地理紀・街市〉載媽宮市之「七街一市」市肆如下[15]：

倉前街：酒米舖、鮮果舖、檳榔舖、打石舖。

左營街：鹽館（一所）、酒米舖、雜貨舖、打鐵舖（按即今西起天后宮照牆，向東延伸至中山路，今日仍

14 陳文達，《臺灣縣志》，〈建置志二〉「集市」，頁92（臺銀文叢第一〇三種）。

15 胡建偉，《澎湖紀略》，卷二〈地理紀・街市〉，頁43–45（臺銀文叢第一〇九種）。本文另補充個人調查所得，直接加註原文後。

以雜貨類商舖為主）。

大井街：藥材舖、竹器舖、瓦器舖、磁器舖、麵餅舖、酒米舖、油燭舖、打銀舖、故衣舖（即今中央街，主要以器物、藥材為主）。

右營直街：綢緞舖、冬夏布舖、海味舖、雜貨舖、藥材舖、醬菜舖、酒米舖、涼暖帽舖、麵餅舖、鞋襪舖、豬肉案、磁瓦器舖、故衣舖、油燭舖（今天后宮東側之南北向道路，主要店舖為布疋與雜貨）。

右營橫街：海味舖、酒米舖、雜貨舖、醬菜舖、綢緞舖、冬夏布疋舖、故衣舖、鞋襪舖、麵舖、涼暖帽舖、藥材舖、鮮果舖、檳榔舖、餅舖、磁瓦器舖、麻苧舖、油燭舖、豬肉案 （連接天后宮及中央街之東西向道路，販賣食品與日常用品為主）。

渡頭街（又名水仙宮街）：酒米舖、鹹魚舖、瓜菜舖、檳榔舖、小點心舖（北起水仙宮，南至海邊渡頭，以食物店舖為主）。

海邊街：當舖一家（乾隆三十二年新開），杉木行、磚瓦行、石舖、酒米舖、麻苧舖、雜貨舖、瓜菜舖、鮮魚舖、檳榔桌（即今中山路，以建材及海鮮雜貨為主）。

魚市（在媽宮廟前，係逐日趕赴，並無常住舖舍）：農具、黃麻、苧麻、鮮魚、螃蟹、鮮蝦、青菜、瓜果、水藤、竹篾、木料、薯苓、高梁、豆麥、薯乾、瓦器、檳榔桌、點心、木柴、草柴、年柴。

　　蔣鏞《澎湖續編》雖記道光年間街市略有變化，而舖戶則照舊，並無增減。其〈地理紀・街市〉載：「媽宮市：倉前街、左營街、大井街、右營直街、右營橫街、渡頭街（又

名水仙宮街），以上各舖無增減。海邊街（乾隆三十二年開文榮號當舖一家，今歇業。行舖、杉木等行俱照舊，無增減）。魚市（俱照舊）。」[16]

其後咸豐二年（1852）壬子二月初一夜，媽宮街火，延燒店屋無數，大井頭一帶皆燼[17]。光緒十一年（1885）中法戰役，春二月，法將孤拔犯媽宮港，分兵由嵵里登岸，法軍入據媽宮澳。而是年二月十四日夜「廣勇、臺州勇大掠媽宮街，放火延燒店屋殆盡」[18]，經此雙重打擊（火災加上兵燹），於是重建城肆，百堵復興，街市間有更易，林豪《澎湖廳志》卷二〈規制・街市〉載：「倉前街（今改為善後街）、左營街、大井頭街、右營直街、右營橫街、太平街（在祈福巷口）、東門街、小南門街、渡頭街（又名水仙宮街）、海邊街（當舖一家，近已歇業）、魚市（在媽祖宮前，俗稱街仔口）、菜市（在媽祖廟前，係逐日趕趁，無常住舖店）。以上皆在媽宮市。」[19]

總之，澎湖不出糖米，布帛、杉木、磚瓦等，所需糖米、布帛、木瓦各件，皆賴臺灣、廈門運來，因此澎湖臺廈郊商所賣貨物，自五穀、布帛，以至油酒，香燭、乾果、紙筆之類，即家常應用物，正是澎湖所不出產；其他魚肉、生菜，以及熟藥、糕餅，不在其內，也是因澎湖當地可以生產製作，不需臺廈渡海販運來澎。

輸入貨品略如上述，輸出貨品則以油粞、魚乾為主。《澎湖廳志》卷十〈物產〉記：「貨之屬」有「花生油、豆粞、魚乾、鹹魚、魚鮭、蝦乾、米、魚刺、魚子、魚脯、芋。」等[20]同書復云：「惟油豆粞、則澎湖所產，販往廈門、漳、

16　蔣鏞，前引書，卷上〈地理紀・街市〉，頁9。
17　註1前引書，卷十一〈舊事・祥異〉，頁373。
18　同上註前引書，卷十一〈舊事・紀兵〉，頁367。
19　同上註前引書，卷二〈規制・街市〉，頁82-83。
20　同上註前引書，卷十〈物產・雜產〉，頁347。

同等處。然亦視年歲為盈虛，無一定之數也。」[21] 續載：「近有南澳船販運廣貨來澎，而購載花生仁以去者。」[22]《彰化縣志》也有記載：「若澎湖船則來載醃鹹海味，往運米油、地瓜而已。」[23]《雲林縣采訪冊》記澎湖商船：「常由內地載運布疋洋油、雜貨、花金等項出港（按指北港）銷售，轉販米石、芝麻、青糖、白豆出口。」[24] 諸如以上志書所載、皆是明證，說明了澎湖郊商輸出輸入販售之貨品種類。

綜合上述，顯見媽宮市街形式大體維持「七街一市」，難以擴展，因此早期馬公市商業區域範圍不大，僅在今中央街附近大約二至三公頃地區，也即是當年臺廈郊舖所在位置，我們從販售貨品古今作一對照，也發現變化不大，特色仍在，就是最好的說明。

日治時期，因日人建設港埠，及海軍造船廠的設立，不僅提供許多就業機會，同時更帶來大量的軍人及行政人員，促成馬公市的發展。不但在城內朝原來人口較少的東北邊發展，在城外往城北原為墓地的區域擴張，並在埔仔尾（今新生路）出現風化區。日治時雖曾依都市計畫造路興街，惟昭和十九年（民國 33 年，1944）十月至次年初，數次遭受美軍盟機之轟炸，市面屋舍毀損尤多。今之市街乃係光復後重建，僅存中央街、長安街部分舊市貌，街道狹、人煙稠，人口密度超過全市人口密度之二倍。近年該地頗為蕭條冷落，原因是馬公市區重心已由濱海的老商業區中央街，及日人創建的啟明市場附近，逐漸北移，此地已無往日之盛，如何保存規劃此條郊舖老巷街——中央街，成為迫切課題！

21　同註 13，頁 306-307。

22　同上註。

23　周璽，《彰化縣志》，卷九〈風俗志・商賈〉，頁 290（臺銀文叢第一五六種）。

24　倪贊元，《雲林縣采訪冊》，〈大糠榔東堡〉「街市」，頁 47（臺銀文叢第三十七種）。

第五節　一方重要石碑

個人曾爬梳史料，稽考澎湖臺廈郊知名郊商與郊舖，當時考證出之結論是：「知名郊商人物，確知者有黃學周、黃應宸兩人，另高其華暨林瓊樹二人亦頗有可能。而知名之郊舖則有：德茂、金長順、金利順、金興順、安興、鼎順、裕記、怡發、同成、合發、豐順、振吉、錦成、益成、源茂、順美、通發、源合、豐德、合源，另協長成、頂成亦有可能是郊舖。」[25]

在拙文〈清代澎湖臺廈郊考〉中，個人頗有感慨：澎湖臺廈郊自開澎以來，迄今近三百年，期間諸家所修方志人物傳中，竟無一書列貨殖傳以詳記之。光復後澎湖縣所修之《澎湖縣志》竟也無一語及之，近人陳知青之《澎湖史話》及蔡平立編纂《澎湖通史》、《馬公市志》亦是，郊商之無聞甚矣！另外在拙文中曾提及蔣鏞所修《澎湖續編》卷下〈藝文紀‧續修西嶼塔廟記〉記載捐輸姓名，其中有「臺郡各郊行」，既已載明「郊行」之稱，復吝惜筆墨，於澎湖捐輸者僅載「澎湖舖戶、商船、尖艚、漁船共捐……」，不逕稱「郊舖」誠不曉何意，惟記載云臺郡各郊行及澎湖舖戶諸姓名俱勒石，但不知此碑今存否，姑闕之，待他日再補考。

嗣後委託好友澎人、文化大學史學系副教授陳文豪君前往西嶼燈塔實地調查抄錄，惜原碑文字跡漫漶磨滅，看不清楚，所得有限。民國八十一年與漢光建築師事務所合作，作《澎湖縣西嶼燈塔之研究與修復計畫》，親自前往探勘抄錄，亦因字跡模糊，無功而還。幸運的是竟在臺灣總督府交通局遞信部出版之《遞信志》〈航路標識編〉（昭和三年十月出版，頁5～9）中收錄有該碑文之完整內容，不

25　詳見卓克華，〈清代澎湖臺廈郊考〉，《臺灣文獻》第三十七卷第二期（民國七十五年六月三十日出版），頁8-9。

僅解決此一困難，更有新發現──提供了道光八年（1828）澎湖郊舖一較完整名單。

按，西嶼燈塔之建置，始源於乾隆三十一年（1766），澎湖通判胡建偉等人捐俸創建西嶼義祠。此後傾圮頹廢，乾隆四十三年（1778），由臺灣知府蔣元樞、澎湖通判謝維祺等人，聯同臺郡船戶及廈門郊行共相醵金湊捐修建，就原基址擴建，於四十四年夏落成，交由澎湖城隍廟僧人住持管理，兼司燈火，每夜點亮，以利舟行，嗣因屢遭風災，年久廢馳，照管乏人，以致塔前廟宇傾圮，玻璃損壞，燈塔有名無實。道光三年（1823），經由通判蔣鏞會同水師提憲陳元戎等人籌款重修，為圖長遠，道光八年（1828），遂設簿勸捐，經郊行船戶踴躍輸捐，於塔邊典買園地，付住持耕種收租，藉資補助；另典當市店一所，收租生息，買備燈油，按月支付，而契字簿據，則交由天后宮諸董事輪管，並於該年季冬重修廟宇，塔內設樓梯，裝三尺高之三段玻璃製燈籠[26]。立於「大清道光八年歲次戊子季冬月穀旦」的「西嶼塔燈碑記」即是詳細勒刻捐資諸行號，茲整理如下（捐款數目略）：

1.董事：課館錦豐、協利、瑞源、利成、和興、德茂、順吉、鮑國珍（勸捐總理）。

2.捐輸者：

（1）臺郡三郊：蘇萬利、金永順、李勝興。

（2）廈郊金長順。

（3）臺郡綢緞郊。

（4）煙郊。

---

26 詳見卓克華，〈全臺首座燈塔──西嶼燈塔的史蹟研究〉，《國立中央圖書館臺灣分館館訊》第十七期（民國八十三年七月一日出版），頁83-97。

（5）金薄（鋪？或箔？）郊：同興號、聊合號、其益號、利源號、其祥號、榮源號、建昌號、恆瑞號、怡源號、金振興。

（6）杉郊舖。

（7）報單館：金益成、金鹿豐、金和榮、金聯順。

（8）浦南郊：德馨號、松茂號、恆振號、順益號、文遠號、益合號、茂商號、普泰號、林登雲。

（9）澎湖課館連金源、館戶瑞源號，遠源號、同發號、利發號、和興號、豐隆號、錦豐號、源順號、崙成號、瑞美號、協利號、隆美號、合順號、新順吉、瑞豐號、吉成號、新榮美、恆利號、合豐號、源盛號、德茂號、隆美號、振成號、金茂昌、振興號、仁德號、大合號、協成號、協美號、隆盛號、新同順、源成號、保和號、崑利號、成發號、漳美號、恆德號、允吉號、豐成號、遠勝號、同合號、大有號、瑞興號。

（10）廈門商船嚴順、鄭得利、金聚和、林捷泰，許進益、金合成，金進吉、黃發興、金如意、黃永茂、金大興、二全興、金復勝、金合順、金成輝、新進成、金進發、金萬合、陳積寶、金三合、鄭榮發、王家瑞、陳德春、許義興、許振金、許順發、蔡隆興。

（11）漁船張合德、金崇順、金成羲、陳萬金、方長順、王福順、郭順興、蔡長振、金聯順、金活源、吳合源、吳有才、顏長良、林發興、吳合春、蔡德源、金恆發、金福春、王鍋金、許大順、金恆順、蔡果、洪突、陳富、許敬、金春、鄭辨。

此一名單須作一說明：

第一，臺郡三郊蘇萬利、金永順、李勝興，即臺南三郊，北郊蘇萬利、南郊金永順、糖郊李勝興。臺郡綢緞郊即臺南綢緞郊金義成。煙郊即臺南煙郊金合順。可知臺南諸行郊大力襄助，捐輸獨多，為的是此一航路往來頻繁，捐建燈塔，每夜點燈，方便舟行，利己利人，以策安全。

第二，名單中只有廈郊金長順，獨無臺郊金利順，然則臺郊金利順直到道光八年（1828）尚未成立耶？

第三，浦南郊之浦南應在福建漳浦、雲霄一帶，此地產海鹽，舊有浦東、浦南兩場，清嘉慶間裁浦東場併入浦南場，設有鹽課大使。則浦南郊不知是否即浦南一帶運鹽之船幫郊行？另，金簿（箔？或舖？）郊不知是否即打製金飾之郊，若然，應也是臺南諸行郊之一，固然說明臺南輸入金銀數量不少，單獨成一行郊，也說明臺南一地在嘉道年間之富饒，所以買賣打製金銀手飾諸行舖不少，才組成行郊。此外浦南郊與金薄郊是臺澎兩地所有碑碣中首次也是唯一出現之行郊，此方石碑之珍貴可得而知。

第四，「課館」者，即販售鹽處，鹽課有二種：一即鹽場課其生產者，即鹽埕餉。一係向販戶，即出售者徵收鹽引課，「引」係每石為一引，以應預定銷鹽量額以定引數，依該引數賦課。而辦理鹽課務普通以廳、縣為通例，以鹽錢兌抵營餉為便宜之法。但在澎湖，咸豐年間改歸水師營暫理，成為全臺特例，林豪《澎湖廳志》卷三〈經政・鹽政〉詳記其事[27]：

> 澎湖向食臺鹽，由本府官收官賣，與內地鹽商迥別，故行鹽之人，不曰商而曰販也。自雍正六年前廳王仁官運行銷……九年……以官運不便，乃歸販

戶運賣，……嗣後販戶更易，由臺灣府具結認銷，移知本廳辦理。凡販戶運到鹽觔，必請廳員查驗，鹽與引相符，然後准其盤收上倉。……其運銷數目，由廳按月造報，如有缺額，令該販賠課。廳有督銷之責，應飭差協同販丁巡查私販，仍不許藉端滋擾。……並何時仍歸官辦，無案可查。咸豐四年六月，臺灣府朱移稱：……緣奸棍販私，守口兵役包庇，致官鹽減銷，課餉日絀。且該處設立三館，民間買鹽，用錢解課換銀，極其掣肘。若徑解錢文，既妨民用；營弁請領加餉，又須從郡配船載往，反多周折。不如撥歸本廳，就近運銷，將鹽錢兌抵營餉，較為兩便。隨發告示十道到廳，署通判冉正品盤交三館現鹽，於七月二十一日開館。因吉貝澳……邇來並無赴館買食，飭澳差立即押該澳各戶赴館買鹽。……咸豐十年間，知府洪毓琛任內；始將鹽課改歸澎營暫理，由副將派人販運……即將兌項撥作加餉。……同治四年十一月，闔澎鄉耆呂邦等呈稱：澎湖鹽務，自販戶而歸官辦，自官辦而歸於廳署兼理，民皆稱便。迨咸豐十年，營弁始請歸營辦理……查閩省定制，各處鹽務，皆由文員經理。……請備詳列憲，將鹽課仍歸廳辦，以紓民困云云。……皆未准行。光緒十年，巡道劉以副將兼辦課務，諸多未便，飭令澎湖紳士承贌，照舊納課。……十三年，上臺澎總鎮吳之請，以課務仍歸武營兼理。

　　此碑之可貴，在於提供道光年間澎湖鹽政史實之補闕。據此碑知：道光年間課館公號為連金源，其下之館戶（販戶）有：錦豐、協利、利成、德茂、瑞源、和興、順吉等等。小小澎地，竟然有如是眾多販鹽之館戶，正突顯販鹽之利潤可觀，前引《澎湖廳志》書中屢屢記載：「每升定價小錢五文五毫，毋許私抬短秤」、「時赤崁館有以八十五、

六觔為一百觔者」、「時有奸民陳永寬，承辦減折觔兩，擅作威福，小民苦之」、「然澎地館鹽八十斤，賣銀一元，鹽色灰黑，殊遜內地」[28]、「然獲魚雖多，必得鹽以醃之，而鹽價甚貴，有計所獲之魚，不能抵償買鹽之價者」[29]。而澎營堅持辦理鹽課其理亦同，利之所在，其趨如鶩。也因此諸販戶才肯出面襄助燈塔捐建事宜，以維持航海安全，飽賺鹽利。

另外，這些館戶極有可能兼營運送業務，才會有如此之多家。按，鹽館中有「課擔」一職，受官府監督運送鹽課，以後郊商亦委託運送金錢、匯票等貴重品，以及各種雜貨，嗣後演變成一種專門運送業。課擔由官府選任，且職務不得讓渡他人。因此課擔或館戶之負責人經常訪問商家招攬生意。商家需要運貨，則表明貨物名稱、件數及受貨人地址，並議定運費，然後負責人派來苦力搬運貨物至課館。課館的記帳將託送人店號、貨物名稱、件數、運費等記入帳簿及付貨蓋印薄。最後運送至受貨人處點收並收費。收運費以一擔（一百斤，苦力每人的正常肩挑重量）為標準，按運送距離計算，因此習慣上不管貨物種類、僅秤貨物重量而已。[30]

第五，「報單館」乃專辦商品報關事務。按，澎湖郊商或自置商船，或與臺廈人連財合置，往來必寄泊澎湖數日，起載添載而後行。而諸船到港攬裝貨件。其先後、種類、數量、地區及儎價（運費），均有一定之規矩。凡此，皆交由「報單館」處理，澎湖一地販運港口不過只有一媽宮港，竟然有四家報單館，足以說明其時（嘉道年間）臺廈往來貿易之興盛與熱絡了。

28　同上註。

29　同註 13，頁 308。

30　《臺灣私法》第三卷，頁 324–329。

第六，碑末列有「廈門商船」與「漁船」，僅列「廈門」一地商船，正說明了澎地行郊以「廈郊」為主。郊商貿易營運，陸上恃人力之挑運，牛車之載運，海上則有賴船舶之運輸。林豪《澎湖廳志》卷九〈風俗〉記：「媽宮郊戶自置商船、或與臺、廈人連財合置者，往來必寄泊數日，起載添載而後行。若非澎郊之船，則揚帆經過，謂之透洋」，「街中商賈，整船販運者，謂之臺廈郊」[31]，即是指此。而造大船需費數萬金，而郊商以販海為利藪，對渡廈門—澎湖—臺南，一歲往來數次，初則獲利數倍至數十倍不等，故有傾產造船者。所謂「整船」指的是船主或贌稅船隻之人，利用船舶經商，稱為「整船」，並分為自辦（又稱自下），及配隨船兩種[32]：

1. 自辦：即船主載運自己貨物到他地販賣，再採買他地土地貨物載回販賣。

2. 配隨船：即受委託銷售、採買貨物。

至於「漁船」非盡然全是採捕魚貨，利之所誘，甚至連沿海許多漁船，也投入航運貿易之角逐，幾乎奪取商船之利。據林豪《澎湖廳志》記載：清代澎湖船隻有四種：尖艚、舶艚、舢板、小船等，徵課水餉銀之數額，以尖艚最高，舶（泊）艚及舢板（杉板）繼之，小舢板及小船最微[33]。其中尖艚、舶艚屬貿易運輸船隻，尖艚航行我國大陸閩浙沿海，及臺灣本島，俗稱「透西船」；舶艚為近島貿易採捕，不能橫渡大洋，限赴南北各港販運。然利之所在，甘冒風濤，越私渡，趨險如鶩，所在皆是。

31　同註 13，頁 307。

32　《臺灣私法》第三卷，頁 570。

33　林豪，《澎湖廳志》，卷三〈經政‧賦役〉，頁 88–92。

第六節 臺廈郊之會所

　　澎湖臺廈郊之會所乃設於媽宮街之水仙宮，水仙宮之充為臺廈郊會館始於光緒元年（1875），其前是何地，史無明文，有可能是在天后宮。按臺廈郊崇奉天上聖母，光復後之金長順神明會也是崇敬天上聖母，其於郊規中亦提及「本郊建置公店，逐月收店租，以資……廟中油香祭祀」。此「廟」顯然是奉祀天上聖母之天后宮。況且天后宮後進之公善樓（樓上有「清風閣」匾，因此澎地居民習稱此樓為清風閣），經個人實地採訪，此樓於日治時期常充為「公所」，作為籌義舉、鼓仁風之集議場所，而且此樓常為當年大公司集會宴客之地，更何況最早建閣原因是為安設一尊此地原有之「財神爺」[34]，則臺廈郊早在此廟籌義舉、理郊務，作為會所所在，自是極有可能。

　　水仙宮為澎湖四大古廟之一，宮內祀有五神，乃大禹、伍員、屈原、項羽、魯班（或作王勃、李白）等五位水仙尊王，有單祀一尊，有並祀五尊者，要之皆與水海江湖有深厚關係之古聖先賢。此諸聖賢歿而為神，轉為保護航海，職司安瀾之海神，是為沿海居民，舟夫船客所崇信。是故澎湖水仙宮原為水師官弁所奉，其後亦為浮海營生之商船漁戶所敬拜。

　　水仙宮最早創建於清康熙三十五年（1696），為澎湖右營游擊薛奎建宮祀之。乾隆十五年（1750），位於水口之水仙王廟，因歷年久遠，風雨飄刮，磚瓦坍塌，棟宇傾頹，於是澎湖糧捕通判何器，和澎協邱有章乃倡議重修。此次重修以天后宮為主，兼及水仙王宮與關夫子廟，水仙王宮於該年十月落成。至乾隆四十五年（1780）澎協副將招成

34　覃培雄，〈澎湖天后宮建築研究〉，《澎湖天后宮保存計畫》，
　　頁62（臺大土木工程學研究所都市計畫室，民國七十二年六月出
　　版）。

萬，率同海澄監生郭志達勸捐重修。道光元年（1820）左營游擊阮朝良興議，會同通判蔣鏞，護理協鎮沈朝冠、協鎮孫得發，署左營游擊黃步青、溫兆鳳、右營游擊蕭得華，及守備周天成、吳國彩等倡捐改造。後於光緒元年（1875）媽宮街商民黃鶴年等鳩資修建，並充為臺廈郊會所，以為行商棲止之處。臺澎陷日後，於光緒二十六年（明治33年，1900）改稱為「臺廈郊實業會館」[35]。

　　光緒元年的水仙宮是棟低矮建築，香火不甚興旺。歷年一久，不免剝蝕，又因湫隘，於觀瞻不雅，遂在昭和四年（己巳歲，民國18年，1929）由許波、劉慶林，廖石勇、方勇、陳伯寮、陳壁、呂旺、陳哲、高恭、李傑、邱魁、徐奎、林福等人發起改築，改造成一棟二層樓建築物，樓上祀神，底樓做為店業出租，以其收入充為水仙宮香油維護之資。此次改築，臺廈郊實業會捐金2937日元。臺廈郊運送部100日元，另抽分船緣645日元，約占總數四分之一弱。另有郊舖、郊商之單獨捐輸，為一次大集結的捐獻[36]，也反映了時代性。按水仙宮改築之時，正是澎湖最繁榮時期，當時日人企圖將媽宮建成一往東亞、南亞之軍事經濟侵略要港，因此特別開放馬公港為特別貿易港，使得馬公成為臺灣與大陸間貿易的重要轉口港。於是乎海舶巨輪，往來暢達，水仙宮成為富商大賈聚會之處，平日香火興盛，每年神誕及普渡尤為熱鬧，當時除水仙尊王香爐外，兩側還奉祀臺郊媽祖及廈郊媽祖的香爐[37]。

　　昭和十一年（民國25年，1936），廢止特別輸出入港後，馬公港對外貿易一落千丈，寄港船隻隨之減少，水仙

35　參見蔡平立，《澎湖通史》，卷十六第三章〈名勝古蹟・水仙宮〉，頁543（臺北眾文圖書公司，民國六十八年七月出版）。及水仙宮現存「募捐水仙宮改築小啟」木匾內文。

36　見水仙宮現存「改築寄附金芳名及緣出會員名次」之木匾。

37　余光弘，《媽宮的寺廟》，頁45（中研院民族學研究所專利乙種第19號，民國七十七年十月出版）。

宮不再風光。光復後水仙宮仍由臺廈郊商舖的後人維持管理，如許波、郭石頭等人，今管理人則為項忠信先生，然名稱已改成為「金長順神明會」。彼等事業財力均不如先人風光，但對於水仙宮的祭典儀式及公共事務，還能勉力維持，舉凡若干祠壇的整建均能踴躍捐輸，民國六十四年尚以臺廈郊名義興建一納骨的「萬善同歸」大墓坑，並負責常年祭拜。民國四十七年水仙宮曾修建一次，近年因二樓樓板塌毀，於七十六年再度重修完成[38]。

水仙宮原在媽宮渡頭，該渡頭俗稱水仙宮渡，是媽宮上陸唯一渡口。光緒十三年（1887），因興建城垣遮蔽，渡頭移遷附近之小南門外，其後於大南門外築一官商碼頭，凡文武官員均由此碼頭登岸，水仙宮亦因而遷建馬公市復興里中山路六巷九號今址。現宮內古物有三：一為「水陸鴻昭」匾，為道光五年（1825）古物，立者不詳。一為「臺廈郊實業會館」匾，仍掛在正門楣前。另一為己巳年（民國十八年）改築時而立之兩塊木匾，詳敘改築因由，及捐款人之姓名、舖號，是探討日治時期臺廈郊之重要史料，惜字跡漫漶不清。此外，在天后宮另有大正十二年臺廈郊眾舖戶同敬獻之「絣幪臺廈」匾。

茲將水仙宮歷年修建經過製表如下附表。

次數	中國年代	西元年代	修建原因	倡修人物	備註
1	康熙三十五年	一六九六	澎地水師官弁崇奉，祈海上平安	右營游擊薛奎	今知倡建最早原始年代
2	乾隆十五年	一七五〇	年歷久遠，磚瓦坍塌，棟宇傾頹	澎湖糧捕通判何器、澎協邱有章	是年十月修成，時俗稱水仙宮五王廟

38 　同上註，頁 45–46。

3	乾隆四十五年	一七八〇	不詳	澎協副將招成萬、海澄監生郭志達	
4	道光二年	一八二二	不詳	阮朝良、蔣鏞、沈朝冠、孫得發、黃步青、溫兆鳳、蕭得華、周天成、吳國彩	
5	光緒元年	一八七五	不詳	黃鶴年等	充為臺廈郊會所
6	民國十八年	一九二九	剝蝕湫隘，於觀瞻不雅	許波、劉慶林、陳壁、徐奎、林福等十三人	改為二樓建築，樓上祀神，底樓作為店舖出租
7	民國四十七年	一九五八	不詳	郭石頭	
8	民國七十六年	一九八七	二樓樓板塌毀		

第七節　結語

　　澎湖行郊稱臺廈郊，簡稱澎郊，乃由廈郊金長順、臺郊金利順組成。其創立年代或可追溯至康雍之際，但確知者乾嘉年間已有廈郊金長順，道光之後才有臺郊金利順，合組成臺廈郊，而以同光年間最稱繁盛。

　　臺廈郊之會所，早期或在天后宮，光緒元年後改為水仙宮，奉祀媽祖及水仙尊王。其組織採爐主制，以抓鬮或擲筊選出，逐年二名，輪流辦理商務。經費則賴抽分、捐款、會費、公店租息，及罰金等之收入，以應付地方公事、祭祀事宜，及日常郊務之開銷，並訂有郊規約束眾郊友，以推展郊務。

臺廈郊郊舖與市集均聚結於馬公市中央街一帶，蓋馬公港為一優良港口，乃臺廈商船出入所聚，亦為紳商官署萃集之所。其貿易地區，以廈門、臺南為主，故稱臺廈郊。而旁及福建之同安、泉州、漳州，臺灣之高雄、東港、鹿港、北港，廣東之南澳，凡港路可通，爭相貿易。其輸臺以花生之油粕，及魚乾類為主，輸入則以布帛、磁瓦、米糖、雜糧、杉木、紙札、薪炭等為多，故臺廈郊舖所賣貨物，自五穀布帛，以至油酒、香燭、乾菜、紙筆之類，及家常應用器物，無物不有。惜澎島散布臺灣海峽，面積狹小，地瘠民貧，農產不豐。居民大多以海為田，捕魚為生，腹地既如此狹窄，胃納有限，市場復集中馬公一地，工商無從發展。兼之海道峻險，船隻每易失事；颱颶鹹雨，連年災荒；既有偷渡走私之競爭，復有兵燹劫焚之亂事；而其組織簡陋，層級部門不足，加以內部不和，屢有違法亂紀之弊，澎郊之衰歇之不振，實扼於天時地利之自然地理環境，與夫人和之內在原因。而乙未割臺澎，尤為一大打擊，日治後明治三十三年被迫改組為「媽宮仲立商會」，再改為「臺廈郊實業會」，其間雖因馬公港之一度開放為特別輸出入港，而告復興，惟旋起旋廢，經廢止後，遂一落千丈。光復後，民國三十五年，就澎湖臺廈郊實業會，擴大改組為澎湖縣商會，以圖謀工商業之發展，增進工商業之公共福利，以至於今，但已非清時臺廈郊之原貌。今臺廈郊雖猶在，但已改為「金長順神明會」形態，僅負責祭典事宜，管理人也由許波、郭石頭、許成等推遷至今日項忠信先生管理。

清代知名郊商人物，確知者有黃學周、黃應宸、林瓊樹及某高姓人士，另高其華、陳傳生、辛齊光、洪廷貴、紀春雨、蔡繼漸、劉元成、薛應瑞、林超之父等人亦頗有可能。知名郊舖則有德茂一戶及金興順，迨及日治初期有安興、鼎順、長順、裕記、怡發、同成、合發、豐順、振吉、錦成、益成、源茂、順美、通發、源合、豐德、合源等十七家。

日治時期又改名為澎湖臺廈郊實業會，擁有會員七十名左右。另水仙宮改築發起人許波、劉慶林、廖石勇、方勇、陳伯寮、陳壁、呂旺、陳哲、高恭、李傑、邵魁、徐奎、林福等十三人或為郊商之後代，水仙宮內之「改築寄附金、芳名及緣出會員名次」木匾所立捐題名單中，必有不少當年之郊舖及郊商，如合昌、協長成、瑞源、新合成、豐泉、合源、吳益發、保元堂、和義、成□（？）、益美、乾益、連發、義發、和順、盛興、吳和發、新興記、乾利、新聯合、振興、和發、頂成、協興隆、協綿成、永德安、吳新發、正和、新長發、金振興、新雲珍、豐壁、明遠、協成、□（？）盛、永和號、聯益號、精功行、源昌、金德、雙榮發、盛成、永聯春、新協瑞、懋源號、錦盛、成美、振記、長順、長美、振利、長記、頂順成、紺元、益利、錦文、金義德、新日昌、和利、協發、長發、興發、頂發號、瑞發、全德、和源、泉勝、金義成、盛興、東成、永發號、金勝順、金成章、興順、振發等七十餘家舖號。其中以合發行、協長成、頂成為業中翹楚，到了日本發動侵華戰爭前夕（民國十九年左右），日本更扶持馬公街內最有名的商戶合發號從事走私，以遂行對華經濟侵略作戰，由日本商社三菱、三井從爪哇購買低廉沙糖，交由合發號的大帆船走私到廈門等福建沿海商港，當時走私的貨物除糖外，還有魚乾、硝黃、牛腳筋及其他日貨[39]。光復後，臺廈郊雖猶存，然已為神明會組織形態，舖戶亦僅剩合發行、永興發、順發號、會源行、金益成、頂盛行、安興行、長發號、怡懋號、和源號、成美號、豐泉行、太平號、雙龍號、葉興隆、瑞發行、永利安、瑞泰號、大成行、建發堂、保元堂、泉勝號、和發號、益利號、永吉昌、金益昌、盛興號、乾益堂、永發號、源成號、永義發、中國行、金興隆、慶發號、瑞和號、添財號、和成行、合利號、豐美號、頂德成、裕發號、新春號、利和號、

39　同上註，頁16。

豐發行等四十四家。

澎湖四面汪洋，孤懸海中，論其地，則風多雨少，斥鹵鹹鹼，土性磽瘠，泉源不淪，雨露鮮滋，乏田可耕，種植維艱，惟藉雜糧，以資民食。地之所產甚微，故素乏殷實之戶，富者鮮蓋藏之具，貧者無隔宿之糧，民困至此，故論者曰：「閩海四島，金門、廈門、海壇、澎湖，舊有富貴貧賤之分。謂廈門富，金門貴，而澎湖獨以貧也。」[40] 澎民生於斯固苦極矣。而一遇旱魃為虐，風雨為災，官府屢屢賑恤，固有加無已，而澎湖臺廈郊商亦盡其力襄助，舉凡如捐義倉、置義塚、賑災荒、育棄嬰、濟難民、恤孤窮等，莫不踴躍捐輸，趨善慕義。餘如書院之協修，寺廟之興建，燈塔之創置，鄉土之保衛，治安之維持，亦共襄義舉，無不參與。可知郊商平日鄉里聚居，必為之盡心力，相扶相持，於促進地方安定、社會建設，實具相當貢獻。

要之，澎湖係一海島，漁業產量固有剩餘，而食糧生產及其他日用物品之製造，則極感缺乏，無法構成一自給自足之經濟區域，故商業交易，貿遷有無，至感需要，乃有臺廈郊之興起與成立。無如其地瘠薄，季風強烈，鹹雨不時，不適農耕，環境惡劣如此，影響所及，稅課收入有限。稅收不裕，一切施政當受限制，難以建設地方，雖人口逐年增加，反成負擔，故工商之增進之繁榮，概屬有限，臺廈郊之不能茁壯繁盛，之終於沒落衰歇，基因在此。惟其如此，故舊志記載，既鮮且略，碑殘碣斷，僅曉一二。史籍有缺，二百年之澎湖臺廈郊史，所能考者僅此，所能補闕者如此，無能周全遍知，抉微發覆，乃莫大遺憾！欲求纘續補苴、豐碩細緻，則有待他日更多史料之發現矣！

40　同註 1 前引書，卷十一〈舊事・叢談〉，頁 386。

第五章 清代澎湖海防經營與西嶼東砲台的歷史研究

西嶼東臺

文化資產局網站基本資料介紹			
文化資產類別	古蹟		
級別	國定古蹟	種類	關塞
公告日期	1991/11/23	公告文號	內政部（80）臺內民字第8079470號
評定基準	具歷史、文化、藝術價值	法令依據	文化資產保存法第 17 條、古蹟指定及廢止審查辦法第 5 條
指定／登錄理由	（一）較具重要性：清法戰爭（1883－1885）後，由劉銘傳派吳宏洛興建（1887－1889 完工），除為劉銘傳積極治臺的「構礮築臺」防務政績之一，更見證澎湖作為臺海軍事要地的歷史。採用洋式礮臺，以當地材料玄武岩疊砌為牆，紅磚砌半圓穹窿為頂的官廳及兵房構造，屬清領時期礮臺特有營建技術與形式。曾配備當時劉銘傳向英		

<table>
<tr>
<td rowspan="2"></td>
<td>國訂購的阿姆斯脫朗後膛礮（Armstrong Gun），具軍事史價值。

（二）保存完整性：為歷史上攻臺多先佔澎之佐證，現況配置完整，除古蹟本體外，附近軍事場域寬闊；完整保存了清領時期、日治時期及國軍所建的軍事史蹟，環境景觀也保存完整。

（三）各時代或某類型之典範：建築本身為清法戰爭後，採用當地材料及國外進口的鐵水泥所建造的穹窿式建築，彌足珍貴。為澎湖清領末期四大古礮臺（金龜頭礮臺、大城北大礮臺、西嶼東礮臺、西嶼西礮臺）之一，是航空器出現以前的典型海上防禦系統，具軍事發展意義，較具重要性且保存完整，為礮臺之典範。

（四）法令依據：符合古蹟指定及廢止審查辦法第 2 條第 2 項規定。</td>
</tr>
<tr><td></td></tr>
</table>

所屬主管機關	文化部
地址或位置	澎湖縣西嶼鄉內垵三段 12 及 13 地號土地
主管機關	名　　稱：文化部 聯絡單位：文化資產局 聯絡電話：04-22177672 聯絡地址：臺中市南區復興路三段 362 號
管理人 / 使用人	關係　　　　　名稱 管理人　　　　澎湖縣政府 使用人　　　　澎湖縣政府
所有權屬	關係　　　　公私有　名稱 建築所有人　公有　　中華民國
歷史沿革	西嶼東臺位於澎湖縣西嶼鄉內垵村。為清法戰爭後，鑑於海防之需要，於清光緒 12 年（1886 年）由澎湖總兵吳宏洛所興建之四座海防砲臺之一。澎湖位處中國與臺灣本島間的航海交通要道，是當初中國移民渡海來臺的中繼站。就軍事地位而言，澎湖為臺灣防務的前哨，關乎中國東南海防之安全，長久以來一直被視為是海防重地。清領

初期，清政府極重視澎湖防務，分防汛塘，配置戰船，按季汛防海面。並且在各據點設置砲臺。康熙時期，曾一度築砲臺二十五座，安砲四十五尊。西嶼內外塹亦設有砲臺兩座，配有老式前膛鑄鐵砲。後因防務鬆弛，逐漸荒廢。

在清法戰爭之前，清光緒9年（1883年）澎湖通判李嘉棠奉李鴻章之命，曾於西嶼內外塹建造新式海岸防禦砲臺。但是砲臺建成之後，未購買安裝新式大砲，也未安砲配兵。故清法戰爭期間，法軍向砲臺發砲轟擊時，未見還擊。法軍即輕易攻占西嶼、媽宮。清法和議之後，劉銘傳深感澎湖一島，不僅左右閩臺，也是南北洋的緊要關鍵，必須扼紥勁旅固守，以濟緩急。

於光緒11年（1885年）派曾守吳淞海口關臺的提督吳宏洛前往勘察，並於光緒十三年（1887年）動工興建扼守澎湖的四座砲臺，西嶼東臺即是其中的一座砲臺。與西嶼西臺砲臺形成兩個箝制媽宮港外洋海面的據點。

至光緒十五年（1889年）竣工裝砲上臺。整座砲臺計配備英國製阿姆斯脫郎後膛大砲七吋及八吋、十吋共三尊。清日甲午戰爭期間，日軍進攻澎湖，西嶼砲臺曾發揮部分威力，造成日軍不少傷亡。當媽宮城陷時，西嶼砲臺仍繼續轟擊日軍。戰爭中，砲臺彈藥庫為日軍所擊毀，守降劉中樑陣亡。日軍攻占砲臺時，守軍陳連陞見大勢已去，不忍砲為日軍佔用，乃拆除各砲緊要零件，加以掩埋。日本時代，日軍仍繼續使用此砲臺，並增添部分施設。二戰後，西臺由國軍接管，除原有防務設施之外，另增建營舍數間。民國74年（1985年），西嶼西臺被內政部指定為臺閩地區一級古蹟（現為國定古蹟）後，國軍部隊自西臺撤離，而東臺遲至民國80年（1991年）11月23日經內政部指定為一級古蹟（現為國定古蹟）的同時，部隊仍未撤離。民國101年（2012

| | 年）7月由澎湖縣政府辦理完成土地撥用。 |

資料來源：
https://nchdb.boch.gov.tw/assets/advanceSearch/
monument/19911123000004

第一節　引言

　　閩海汪洋之東，有島曰澎湖。澎湖為列島組成，自北而南，矗立於臺灣海峽之中，號稱澎湖列島。依其地理形勢分為二系，北以澎湖本島為主，及其環週島嶼，統稱為澎湖群島或大山群島，南以望安島為主，及其環週島嶼，稱為下嶼群島或八罩群島。島嶼數目，古人志書，記載不一，近經詳細勘察，島於滿潮時，露出海面者，計六十四島嶼，其中以澎湖本島最大，占全縣總面積二分之一強。

　　澎湖雖蕞爾彈丸之地，因介於福建、臺灣之間，為台閩咽喉，為我列祖列宗拓殖海外之首站。隋大業中遣虎賁陳稜略地至澎湖，其名始見於中國。自唐代以後，迄兩宋之時，移民相當發達。迨元末時，遂置巡檢司以官斯地，隸屬泉州郡同安縣治，此建置之所自始也。惜以海道險阻，未遑加意經營，澎湖僅成為閩南漁人作息場地，並有定居耕種於其間者。明初雖沿襲置巡檢，繼而廢墟其地，淪於海寇出沒之所，走私貿易之巢，且一度曾遭荷蘭所竊據。明末鄭成功退居台澎，於澎置安撫司，統有三世。至康熙二十二年（1683）施琅攻克台澎，明鄭投降，澎湖遂改隸台郡，臺灣縣屬焉，澎湖海防歷史進入一新階段。

第二節　清中葉以前的澎湖防務及西嶼砲台

　　清代澎湖海防經營可以以牡丹社事件作一分水嶺。這之前可分為兩階段：第一個階段為海禁時期，始自明永曆十五年（1661）鄭成功退據台澎，至清康熙二十二年（1683）

明鄭投降，為時約二十三年。此一階段，因清廷水師攻擊力遠不如鄭氏，乃以封鎖台澎應對，下令沿海居民遷界，斷絕明鄭對大陸的關係為政策，自不可能對澎湖海防建設有所貢獻與建樹。

因此之故，清廷治台政策與明鄭治台政策，因目標不同而相反。[1] 明鄭對內，以安平為根本，以鹿耳門為門戶，以澎湖為屏障，專恃舟楫以戰以守，轉運百貨，厚自封殖，故明鄭時代，劉國軒以澎湖為臺灣屏障，設安撫司，屯駐重兵萬餘人，並於衝要處築砲台十四座，[2] 對澎湖地位十分重視。

第二個階段為防範內變時期，始自康熙二十三年領有台澎應對，至同治十三年（1874）牡丹社事件發生。此一時期乃是依據施琅的〈臺灣棄留疏〉為台海經營的核心，設計出為防台之海防政策，以防範、鎮壓臺灣島內的反清運動及維持治安為考慮，因此其布防著重在廈門、澎湖、安平三地，以為重鎮所在。

由於清廷崛起於關外，為一陸權國家，難以師法明鄭治台政策。當初得台，便有遷其民而墟其地之議，後雖勉強納入郡縣，實非為拓台而治台，乃防台而治台，以防其尾大不掉，反噬清廷。所以不作興利之舉，往海洋拓展，反而為消極、閉鎖之局面，處處扞格形禁。

此所以清廷在康熙二十三年得有臺灣，因彼為一邊疆民

1　詳見張世賢，〈清代治台政策的發展〉（收於黃富三、曹永和主編《臺灣論叢》第一輯，眾文圖書股份有限公司，民國 69 年 4 月出版），頁 222-223。
2　鄭氏澎湖砲台計有：（1）媽宮嶼上下砲台二座，（2）風櫃尾砲台一座，（3）四角嶼砲台二座，（4）雞籠嶼砲台一座，（5）東西嵵裡砲台四座，（6）內外塹砲台二座，（7）西嶼頭砲台二座，（8）牛心灣頂砲台一座。（見連橫，《臺灣通史》一卷十三〈軍備志・砲台〉「鄭氏澎湖砲台表」（臺灣文獻委員會，民國 65 年 5 月出版）頁 310-311。

族，遽爾發展成一大陸國家，並未有統治海外大島之經驗，何況在內陸控制臺灣既屬不易，臺灣又能對內地沿海諸省有所威脅，於是清廷首先考慮者為「海防」之防台。其軍備制度設計，多所參考海南島，如臺灣設臺灣府，海南島設瓊州府；各隸分巡台廈兵備道，分巡雷瓊兵備道；及各置臺灣鎮總兵官，瓊兵鎮總兵官。並為防止臺灣「內訌」——亂自內生，而有各種禁令；如渡台禁令、入「番」界禁令、禁私運米穀出洋、禁私煎硝礦、禁販賣鐵竹等等。

而澎湖群島散布臺灣海峽，為閩、台衝要，控制澎湖既可左右臺灣，因此澎湖之防務在康熙時自會受到必然之重視，當時設有水師左右二營駐防，計有副將一員，游擊二員，中軍守備二員，千總四員，把總一員，千把五員，步戰守兵共二六一〇名，戰船卅六艘。墩台二，一在媽祖宮山巔，一在澎湖西嶼頭山巔。[3] 其中又以媽宮澳為中心，其他各汛駐防兵力不能相比，例如和西嶼比較，媽宮駐兵二千人，各種戰船卅六艘；而西嶼頭汛僅有守兵二百名，戰船二艘，相差懸殊，重此輕彼。又如康熙五十七年（1718）澎湖曾大規模修築砲台，遍及各衝要口岸，共計築砲台十二座，安砲四十五尊，其中西嶼所在內塹澳：砲台一座（原有基址，康熙五十六年奉文重修，安砲三位），墩台一座。外塹澳之砲台（原有基址，康熙五十六年奉文重修，安砲三位）。[4] 為清代澎湖砲位最多時期，突顯出清初對澎湖防務之重視，以監控臺灣軍事。

雍乾時期，澎湖兵力配置略有調整，余文儀《續修臺灣府志》卷九〈兵備〉記：

澎湖水師協標左、右二營；副將一員（駐紮澎湖）。

---

3 周元文，《重修臺灣府志》卷四〈武備志・水路營制〉（台銀文叢第一二一種），頁112。

4 陳文達，《臺灣縣志》卷四〈武備志〉「澎湖砲台、墩台」（台銀文叢第一〇三種），頁113-114。

左營游擊一員（駐防內海媽宮汛）、守備一員（分巡八罩洋面）、千總二員（一員駐防媽宮汛；一員分防外海嶼裡汛，兼轄雙頭跨、風櫃尾、文良港、龜鼈港等汛）、把總四員（二員駐防媽宮汛，一員輪防媽宮澳、新城內海港口；一員分防八罩汛，兼轄外海八罩、挽門、水垵、將軍澳等汛，並將軍澳砲臺），步、戰、守兵一千名，內地按班撥戍（內以二百二十七名，駐防內海媽宮汛；以二十八名，輪防內海媽宮澳、新城、東港並港口；以二百八十四名，分防外海八罩汛，兼轄外海八罩、挽門、水垵、將軍澳等汛並將軍澳砲臺；以一百三十五名，分防外海嶼裡汛，兼轄雙頭跨、風櫃尾、文良港、龜鼈港等汛；以一百一名，撥隨副將出洋總巡；以一百四十七名，分巡八罩洋面）。戰船一十七隻；媽宮汛七隻，撥防內海媽宮澳、新城、東港並港口一隻，分防外海八罩汛二隻，分防外海嶼裡汛二隻，撥隨副將出洋總巡二隻，分巡八罩洋面四隻（乾隆二十五年內裁一隻），……砲臺六座（媽宮澳一座、八罩汛三座、嶼裡汛二座）、煙墩六座（八罩汛三座、嶼裡汛三座）；游擊一員（駐防內海媽宮汛）、守備一員（分巡西嶼頭洋面）、千總二員（一員駐營巡防媽宮汛；一員分巡外海大北山、瓦硐港、赤嵌澳、通梁港等汛）、把總四員（二員駐防媽宮汛，一員分防媽祖灣港口；一員分巡外海西嶼頭、內外塹，兼轄竹篙灣、馬灣、小門等汛），步戰、守兵一千名，內地按班撥戍（內以三百三十三名，駐防內海媽宮汛；以五十六名，撥防媽祖澳、新城並內海新城西港；以五十名，分防內海媽祖澳港口；以一百七十三名，分巡外海西嶼頭、內外塹，兼轄竹篙灣、馬灣、小門等汛；以一百名，分巡外海大北山、瓦硐港、赤

嵌澳、通梁港等汛；以九十名，撥隨副將出洋總巡；以一百九十八名，分巡西嶼頭洋面）。戰船一十六隻（媽宮汛九隻、媽祖澳港口一隻，分巡外海西嶼頭、內外塹等汛一隻，分巡外海大北山、瓦硐港等汛一隻，隨副將出洋總巡二隻，分巡西嶼頭洋面四隻（乾隆二十五年內裁二隻）……砲臺三座（外海西嶼頭）、煙墩六座（外海西嶼頭五座，大北山、瓦硐港一座）。[5]

據上述，可見澎湖兵力已明顯減少，戰船減為三十三隻，砲台只剩九座（媽宮澳一座、八罩汛三座、嵵裡汛二座、西嶼頭三座），整個軍備汛防仍以媽宮汛為中心。值得注意的是，就整個台澎海防武備布防作一觀察，新建了許多海防砲台，三十四座砲台涵蓋整個臺灣西部口岸，但仍以澎湖最為突出，約占三分之一弱，兵力似較能合理配置。

雍乾以降，澎湖防務無甚大異動，惟因承平日久，兵虛將惰，加以實施班兵制度，產生一連串治安、軍防問題，如班兵包娼、放債、開煙館、開當舖、設局取利、開賭場等平日惡行惡狀，餘如拆毀民房、私載偷渡、索賄、械鬥、搶劫、調戲婦女、毆殺民人等等，所在多有，[6]以致有汛防之名，無守望之實。至同治七年（1868）遂推行裁兵加餉，左右兩營廢游擊，裁守備、千總、把總等，兩營改設都司一、千總一、兵營把總四，右營把總二，外委各二，額外外委各一，兵則左營四百零二名，右營三百六十名。[7]

此次裁軍加餉固然一則整頓班兵疲敗，一則提高兵員待

5 余文儀，《續修臺灣府志》卷九五武備營制（台銀文叢第一二一種），頁 373–375。
6 詳見許雪姬，《清代臺灣的綠營》下篇〈臺灣的班長〉（中央研究院近代史研究所，民國 76 年 5 月出版），頁 257–265。
7 林豪，《澎湖廳志》卷五〈武備・兵制、汛防〉（台銀文叢第一六四種），頁 140–142，及頁 150–151。

遇，改善若干弊端，但試思僅以七百餘名之兵力，欲守衛防汛澎湖島嶼及鄰近海域，自是不可能達成，於此可見清廷輕待澎湖之態度，但也說明了清廷海防政策之轉變，由清初澎湖監控臺灣，剿撫海寇的功能，一變為防止偷渡的功用，是以至中葉淪落於無關緊要的地位，我們從其防務的安置便可了然於心。直至同治十三年，日本藉牡丹社事件侵略臺灣，清廷命沈葆楨度台統理軍備，加強防務，募兵分汛，並築砲台於澎湖。澎湖之防務，才再度受到重視。

不過，如前所述，澎湖群島設有多座砲台，砲台之形制規模是如何，則有待進一步之探討，尤其是本文主題所欲探討之西嶼砲台。

按中國舊有砲台多係磚石構築，其形式多為方台，如臺灣知府蔣元樞在乾隆四十三年（1778）修建的臺灣府城北砲台，形制為方台五級，上覆以亭，周遭扶有石欄[8]。不過也有人認為以磚石構築砲台，若遭砲擊，則石碎四飛，極易傷兵，而且砲下墊石，推動不順，因此建議以土易石，如關天培以為[9]：

> 砲子打上石墙，係以堅擊堅，則石碎四飛，必致傷人。一兵受傷，眾兵氣沮。若改用三合土築成砲洞，須用內外八字式，庶柔能剋剛，堪期有濟。至砲下墊石本系粗石，高低不平，一砲放出，砲與座均退後四、五尺不等，以三五千斤大砲，欲推歸原位，石既不平，粗尤滯瀋，非十二、三人不能運動，築砲如此，難期迅速，必須以土易石，而土面又加細沙，俾挪移滑溜，四人即可撐回。此必不可緩之事也。

---

8 蔣元樞，《重修台郡各建築圖說》之「附北砲台圖說」（台銀文叢第二八三種），頁112。

9 關天培，《籌海初集》卷一（華文書局，道光刊本影印，中華文史叢書之九十五），頁22（總頁92）。

然而砲台建於海邊，海灘沙性浮鬆，砲台根腳不固，難以經久，若置於堅實之地，則去海較遠，砲火之力，遂不能及，因此也有人提出一較簡便的砲墩構築法，如祈寯藻建議[10]：

> 用麻布袋，每個長四五尺，徑尺餘，實以砂土，層層堆積，高低自五層以至十餘層，厚薄自兩層至三、四層，長短自十餘丈以至百餘丈，相地勢之遠近、廣狹斟酌為之。沙墩之外，用舊小漁船則豎，船底向海，船艙向內，緊貼沙袋，牢固栓縛，以為沙囊保護。砲位安於墩內，砲口出於船外，其兩船夾縫處所，即是天然砲洞。我兵在內瞄準施放，可以克敵，而全身藏於墩內，敵人砲子不能致傷。

　　麻布袋、沙土、漁船等，都是各沙汕口岸容易取得材料，此外，尚有許多優點[11]：

> 沙性最柔，非如磚石，可以摧烈，彈子打穿船底，遇沙即止，不能穿過，極為穩固。且砲墩設於灘上，可退可近，可高可低。沙土取之海灘，以兵五百名，肩沙囊五百，頃刻可成。堆成之後，以五人管一砲，兵五百名，可管砲百門。即抽出守墩瞭望一、二百名，亦可放砲數十門。何處衝要，即移置何處，亦易為力。所需購者，止布袋漁船，籌款亦大可節省。

　　此後也有進一步改良，將麻布袋改為竹簍，護牆作用的小船改用竹筒，以適合臺灣產竹的特性，如姚瑩建四草砲台時的作法是[12]：

10　《籌辦夷務始末》第一冊道光朝（中華書局，1964年出版），頁291。
11　同前註。
12　姚瑩，《中復堂選集》卷四〈臺灣十七口設防圖說狀〉（台銀文叢第八三種），頁74–84。

麻袋儲砂之法，更以竹簍儲砂為之，稍為耐久。其
上仍用麻袋為垛口，高一丈、厚一丈，長自十丈至
三、五十丈不等。……惟於砲墩外，加樹大粗竹筒，
長一丈五尺，埋地五尺，其上一丈，竹節打通，中
灌以水，編連排插重重，以為外護。夷砲雖猛，穿
沙較難，見水亦可減力矣。更令多備牛皮、網紗、
棉被，隨時以避槍砲。……

除砲台、砲墩之構築外，另有針對土鬆難築砲台的地
方，建築「砲架」取代傳統式砲台，黃叔璥《台海使槎錄》
中曾提及這種砲架的作法：

鹿耳門砲臺，今圮。砲十五位，中、左、右三營各
五位；以木架之，中有一樞，隨向轉動，名曰轉輪砲。
雍正甲辰，總兵林亮新修砲架，上橫梁前後各長四
尺，中實三尺，下橫梁前後各長五尺，中實三尺，
上下直梁各長四尺，梁柱各五寸，四方直柱各高四
尺，接榫處俱裹以鐵，下座板厚三寸、橫八尺、闊
七尺，柱腳木九根，圍一尺八寸、長五尺、入地四
尺五寸。蓋以木為之，如屋頂式，可以避風雨剝蝕；
兩邊用環勾牽，燃砲時掀下極易。[13]

至於大砲形制，傳統之中式火砲，從數百斤至數千斤不
等，率為前膛鑄鐵砲，壺口、滑膛，三層尖錐形砲尾。砲
身前弇後豐，環箍六至七道，有錐形砲耳。至若數千斤以
上，形制稍有不同，砲尾是覆笠形，砲身或平直，少環箍，
或剛好相反有八至十之繁複箍圈。[14] 砲座之安置則為橫列
式，彼此之間無法互相掩護，其攻擊法為消極性的，只能
俟敵人近海或登岸之後，先以大砲轟擊，繼以圍殺。

13　黃叔璥，《台海使槎錄》卷二（台銀文叢第四種），頁34。
14　詳見楊仁江，《臺灣地區現存古砲之調查研究》第六章（內政部，
　　民國86年6月出版），頁127–148。

綜合上述，澎湖諸砲台，究竟是屬於「砲台」、「砲墩」？抑或「砲架」？實在難以斷言，以較不可能之「轉輪砲」砲架而言，由於林亮曾於康熙、雍正年間擔任過澎湖水師協標右營中軍守備，臺灣水師協標中營副將，及臺灣鎮標中營總兵之全台最高武將，也不無可能在澎湖任職時，採用砲架式。不過，僅以西嶼砲台為例來探究，則應該是「砲台」較有可能，蓋西嶼砲台所在方山台地，由玄武岩層與堆積岩層疊組而成，四周多為懸崖峭壁，居高臨下，形勢險峻，安置砲墩或砲架皆不適當。

第三節　牡丹社事件後的澎湖防務與西嶼砲台

一、鴉片戰爭前後

澎湖海防經營，歷經康、雍、乾、嘉，道道光年間，其重點始終在防制內變與海盜騷擾，始終不知「海權」為何物，也未真正建立一支強大海軍。道光二十年（1840）中英鴉片戰爭爆發，由於英軍企圖侵占臺灣以要挾清廷，使臺灣在東南沿海的海防地位逐漸凸顯出來，這是台澎海防經營中「防台變」轉向「防外夷」的一個契機。當時負責台澎防務的臺灣道姚瑩在〈上督撫言防夷急務狀〉中提出六大重點以防衛台澎：一是募壯勇以添兵防，二是派兵勇以衛砲墩，三是練水勇以鑿夷船，四是習火器以焚賊艘，五是造大艦以備攻戰，六是雇快船以通文報，七是添委員以茲防守。在第六項要目中他指出：「逆夷來去無定，洋面倏息千里，偵探消息，必須內外相通，不容遲誤。應飭澎湖、台防、鹿港、淡水有口四廳，各雇快小漁船二隻，往來台廈、蚶江、澎湖，偵探逆夷動靜，一有警信，立即飛報，並請憲台飭令廈防、蚶江二廳，一體雇備馳報台澎。」[15]

15　姚瑩，《中復堂選集》，卷四〈上督撫言防夷急務狀〉，頁68-71。

綜觀姚瑩文稿中的〈臺灣水師船砲狀〉、〈上督撫言防夷急務狀〉、〈臺灣十七口設防圖說狀〉、〈臺灣不能堅壁清野狀〉等文章來分析，他的海防經營著重在：（1）以防守澎湖為首要，（2）以守口岸為重心。對於澎湖的重要性，他以為：「臺灣孤懸海外，南北道里綿長，口岸分歧，防禦誠非易事。澎湖為台廈中流鎖鑰，亦屬最要之區。」[16]因此建議朝廷應急速派大員協守澎湖。在〈上防夷急務第二狀〉中指出：「查澎湖西距廈門水程七更，東距臺灣水程六更，四面大洋……倘不先期預備，一旦遇警，則重洋間阻，內地縱有熊羆之師，百萬之餉，不能飛渡。」[17]

姚瑩雖能夠對臺灣防務作一全盤規劃，但是由於缺乏強大海軍，無法爭鋒於海上，僅能消極地守住口岸，被動地擊退來犯敵軍，要想進一步掌握臺灣海峽，甚至掌握東南沿海的制海權，事實上是不可能的。更糟糕的是，中英戰後，清廷以撙節經費及英人已受撫為理由，對於兵勇漸次裁撤，整個台澎海防又回復到以防內變為主的策略。

二、牡丹社事件後

同治十年十月十五日（陽曆 1871 年 11 月 27 日），有琉球宮古島人六十六名，因船隻遇颱風傾覆，漂至臺灣南端之八瑤灣（今屏東縣滿州鄉），八日後誤入牡丹社（今屏東縣牡丹鄉），其中五十四人為當地先住民殺害，餘十二人得居民楊友旺之助，幸得安然保全[18]，後經鳳山縣護送臺灣府，轉往福州，由閩省當局優予撫恤，再俟琉球便船，附搭回國。

16　姚瑩，《東溟奏稿》（台銀文叢第四十九種），卷二〈會商臺灣夷務奏〉，頁 29。

17　姚瑩，《中復堂選集》，卷五〈防夷急務第二狀〉，頁 85–88。

18　藤崎濟之助，《臺灣全誌》第二編，明治七年日本征台史（中文館書店，1931 年 12 月發行），頁 236–240，文中詳列宮古島六十六人姓名。

日本素有侵台野心，藉機生端，以琉球為其保護，三年後（同治十三年二月十八日，一八七四年四月四日），任陸軍中將西鄉從道為臺灣番地事務都督，率兵犯台。三月二十二日，日軍至琅，由社寮（今屏東縣車城鄉射寮村）登陸。四月七日，與牡丹社原住民大戰於石門（今屏東縣牡丹鄉石門村），又分兵楓港與四重溪，侵擾其他番社，毀牡丹社。其後日軍在統領埔（今屏東縣車城鄉統領村）紮營，並建都督府，設病院、築木城、修橋道、蓋兵房、掘壕溝，作屯田久駐之計，且圖謀征服後山諸社。[19]

三月三日，中國由英國大使威妥瑪（Themas Wade）函告，始知日本運兵臺灣生事。四月，清廷派遣福建船政大臣沈葆楨為欽差大臣，來台辦理籌防與交涉各項事務。沈葆楨奉命渡台後，開道後山招撫諸社，修城垣，築砲台，練營勇，備器械，並得直隸總督李鴻章全力協助，派遣淮軍協防，在此實力籌防之下。再運用外交談判，與國際間調解，終在九月二十二日清日兩國互換修約，和平解決。日本乃於同治十三年十一月十二日（1874 年 12 月 20 日）撤兵，結束犯台八月有餘之紛擾，是為牡丹社事件。而澎湖海防也邁入第三階段：海防西化時期。

此次事件，沈葆楨奉旨巡視籌防，來台之前已先提臺灣防務四事：聯外交、儲利器、除人才、通消息。[20] 五月初一，沈氏乘輪船渡台。初三日，抵澎湖登岸，隨即踏勘砲台水口形勢，了解澎湖為臺灣門戶之重要性。初四日，抵安平後，展開了一連串籌防交涉事宜。五月中，沈氏上奏宜行三事：理諭、設防、開禁。[21] 其中海口布防，除擇定於安平興築砲

19 藤崎濟之助，前引書，頁 545–547。
20 《同治甲戌日兵侵台始末》第一冊〈五月壬寅福州將軍文煜、閩浙總督兼署福建巡撫李鶴年、總理船政前江西巡撫沈葆禎奏〉（台銀文叢第三十八種），頁 17–28。
21 同前註前引書，頁 27–28。

台外，六月中，命令副將吳奇勳於澎湖興築砲台，由於洋式砲台一時難以遽集完事，改用巨筐裝砂土小石堆垛，暫作藩籬，並命張其光派人赴上海購買大鐵砲十尊以加強澎湖兵防。[22] 七月二十九日，羅大春監督之蘇澳南風澳砲台開工；[23] 九月十五日，安平三鯤身洋式砲台開工；[24] 十一月初三日，旗後砲台開工。[25] 除此，羅大春原擬於滬尾、雞籠興築洋式砲台三座，以沈葆楨不合意砲台設計圖而作罷。[26]

　　從來談牡丹社事件者，很少提到福州船廠製造的輪船在這一事件中所提供的貢獻。當時船廠全部完成下水的十五艘船艦中，實際參與台澎防務的有十二艘。其時沈葆楨調派揚武、飛雲、安瀾、靖遠、鎮威、伏波等六艘兵船常駐澎湖，加強澎湖防務，確保臺灣與大陸的暢通，這六艘兵船並且配合凌風輪演習合操陣式。沈氏另派砲艦福星輪駐台北，運輸艦萬年清駐廈門，濟安輪駐福州，以鞏固各海口。而永保輪、琛航輪、大雅輪，則派去迎接淮軍，並裝運炮械軍火，往來南北各地。至於傳遞消息，則由上海開來的測海輪負責。[27] 總之，有的運兵轉餉，有的投遞消息，有的梭巡臺灣各口岸，有的集中澎湖操練，嚴陣以待，儘其可能發揮效用，牽制犯台日軍，終使野心勃勃的日本不得不鎩羽而歸。我們可以說，福州船廠的造船成就使日本占領臺灣延遲了二十多年。[28]

22　同前註前引書，頁64。及林豪，前引書，卷十一舊事，紀兵，頁364–365。

23　參見羅大春，《臺灣海防並開山日記》（台銀文叢第三〇八種），頁16。

24　同註前20引書，第二冊，頁199。

25　參見沈葆楨，《福建臺灣奏摺》〈南北路開山並擬布置瑯嶠後各情形摺〉（台銀文叢第二十九種），頁9。

26　同註23，頁19、22、27。

27　《海防檔》（中央研究院近代史研究所，民國46年9月初版），乙「福州船廠」上，頁526。

28　林崇墉，《沈葆楨與福州船政》（聯經出版公司，民國76年12月初版），後編第七章〈船政總評〉，頁546。

沈葆楨為海口砲台布防地點之選擇，皆為歷來臺灣海防要點，可見沈氏對臺灣整個海防形勢已有透徹之了解。先是，道光二十年（1840）中英鴉片戰爭爆發，時臺灣道姚瑩籌備臺灣防務，建設十七口砲台，以為臺灣海口砲台設防地點立下典範，其分布如下：[29]

（1）臺灣府城——安平大港口、四草海口、鹿耳門、二鯤身；

（2）鳳山縣——打鼓港、東港；

（3）嘉義縣——樹苓湖；

（4）彰化縣——番仔挖、王功港、五汊港；

（5）淡水廳——大安港、中港、香山港、竹塹、滬尾、大雞籠、蘇澳。

　　而在此之前已毀壞海口炮台有：八里坌、後瓏（屬淡水廳）、鹿港、水裡港、三林港、海豐港（彰化縣），笨港、蚊港、清風闕（屬嘉義縣）。中又以澎湖砲台最多，有新城東港口、新城西港口、挽門澳、水垵澳、將軍澳、峙裡澳、風櫃尾澳、文良港澳、內塹澳、外塹澳、小門澳等。[30]

　　牡丹社之役所修建的澎湖砲台，只有金龜頭，新城二座。先是，副將吳奇勳條陳防海事宜，建議於新城、金龜頭、蛇頭、西嶼等處，築造砲台，安設大砲，添募勇軍二千，分布要害。當時以經費維艱，乃擇新城、金龜頭毗連處所，就舊址改建砲台，極為堅穩。光緒元年秋七月，沈葆楨還由臺灣至澎湖閱視砲台。[31] 新造兩台，僅容數百兵，但與前比較，式樣較高，林豪《澎湖廳志》卷五〈武備下〉「海防」

29　同註 12，頁 77~87。
30　此是沈葆楨，《福建臺灣奏摺》〈北路開山並擬布置琅嶠後各情形摺〉（台銀文叢第二十九種），頁 9。
31　同註 22，林豪，前引文。

詳記其形制[32]：

> 新城砲臺一座，就西城舊址改建；前面砲墩八個，
> 上下俱用石板，周圍築有外牆；凡一十五丈六尺。
> 旁開隧道出進，內有官廳、兵房、馬道之屬。金龜
> 頭砲臺一座，略如前式，俱同治三年副將吳奇勳建，
> 共費銀一萬六千八百七十餘兩（據同治間案牘。今
> 廢）

　　此文之「同治三年」建砲台說有誤，按：吳奇勳，字
柱臣，廣東合浦人，軍功記名總兵，建勇巴圖魯。同治六
年九月陞補副將。同治九年閏十月回任，以功記名提督。
光緒四年十一月陞山東登萊總兵，移鎮海壇。吳奇勳其前
的澎湖水師副將，分別是同治元年之陳國銓、同治三年之
劉文珍、同治五年之張顯貴、同治八年之黃錦雲；其後是
光緒五年四月之李定動、光緒五年十二月之蘇吉良、光緒
十一年正月之周善初，及光緒十一年六月回任之蘇吉良，
十二年四月休致，由陳宗凱代理。[33] 是知「同治三年」乃筆
誤，應為同治十三年。同書卷二〈規制〉「城池」更明確
寫出：「光緒元年，副將吳奇勳於媽宮港以西之金龜頭增
築砲台，皆為防海而設。要之，或高不盈丈，或僅容數百兵，
貯砲數門以守隘口，均不得為之城也。」[34] 可知金龜頭砲台
是同治十三年至光緒元年期間所建。

　　牡丹社事件雖和平解決，事後日兵退去，但所受威脅依
然存在，李鴻章，沈葆楨等人認為「洋人論勢不論理」、
「倭人習慣食言，難保不再生枝節」、「彼退而吾備益修、

32　林豪，前引書，卷五武備略海防，頁 154–155。

33　林豪，《澎湖廳志稿》，卷六〈武備略上‧武職表〉「水師副將」
　　（中國方志叢書臺灣地區第一九號，光緒十八年修，抄本影印，
　　成文出版社，民國 72 年 3 月台一版），頁 413–436。

34　同註 7 前引書，卷二〈規制池〉，頁 56。

則帖耳而去；彼退而吾備遂弛，則又抵隙而來。」[35] 於是開山撫番、築城設郡、增官添兵、購置炮械等等一切善後事宜亟待展開，而沈葆楨慎重其事，認為「台地之所謂善後，即台地之所謂剏始也；善後難，以剏始為善後則尤難。」[36] 澎湖防務與砲台也在新人新政下有所更張。

先是同治十三年牡丹社事件時，澎湖協鎮吳奇勳　奉欽差大臣，沈葆楨覆准，添募勇多線槍手、兼募本地精於泅水熟識港道者，約共五百名。仿楚軍營制（即准軍），營分四哨，哨分八隊，名建勇營。吳氏自為統帶，分駐新城、金龜頭二處砲台。迨光緒四年（1878），始將全軍調往臺灣。五年秋八月，候補都司梁憬夫奉檄管帶粵勇二百名由臺灣抵澎，仍駐金龜頭、新城炮台，管理洋砲，以資防守，後遣撤。[37] 汛防方面，自同治七年裁兵加餉，各汛兵額，屢經改易，大體上左右兩營汛防，配把總三員、外委一員，裁缺外委二員、目兵一十九名、戰兵六十三名，守兵一百一十四名。[38] 是可知此一時期澎湖防務重心在募勇，而非舊有班兵營伍，班兵反而日趨減少，所以總兵吳光亮深不以為然，曾指出：[39]

> 天下無不敝之法，為貴有守法之人。國家擇險設營，自係為巡緝地方起見。自國初以來，遇有征調，未嘗不取力於兵。嗣以剿平髮捻，皆藉勇力；雖由時事變遷，亦人事之不逮也。大抵有事，則陷陣衝鋒宜用勇，無事則緝捕巡防當用兵。蓋勇之得力，在於辦事容易，一切由營官主持，但能殺賊立功，即

35　李鴻章《李文忠公全集》（光緒乙巳金陵刊本）譯署函稿，卷之二〈論臺灣兵事〉，頁33稿，卷二十四，〈籌辦鐵甲兼請遣使片〉，頁26。朋僚函稿，卷十四〈復沈幼丹節帥〉，頁9。

36　同註25前引書，頁115。

37　同註7前引書，頁145-146。

38　同前註，頁150-151。

39　同前註，頁146。

可兼食數名之租；是以勇敢超群之士，多樂為勇。
而其弊在招之易，撤之難。遣散之後，聚而為賊者，
所在多有；且稽查不力，難保無處冒口糧。至於兵，
則弊在包差，患在積弱；惟鎮協深悉情弊，善為之防，
一洗從前積習，以其兵歸實用而已。均是人也，並
非為勇則強，為兵則弱。假令以勇營之制移之練營，
如練營之制，則未必盡出於弱也。

而林豪也以為「故談海防者，皆以本地熟諳水務之人募
充水師，較為得用」、「若澎湖素鮮遊民，情形殊別，而
四面環海，島嶼紛歧，外嶼皆無城可守，則師船不可不精，
水軍不可不練，更未可徒恃陸勇。」[40]

較能提出週延計畫者，有協鎮吳奇勳之幕僚梁純夫（後
升任基隆通判），建議防守事宜四條：一曰砲台宜建置，
一曰勇丁宜添募，一曰輪船宜厚集，一曰糧糧宜廣儲，其
中有關砲台建置，要點如下：[41]

砲臺宜建置也。竊惟海防之要，莫重於砲臺，築造
之宜，尤貴乎擇地。澎湖海中屹立，寔赤崁之屏藩。
緣其中有數處港澳，可以泊船，故為歷來之有事於
臺灣者，所必爭之地。蓋天生澎湖以為臺灣也，自
應於各握要處所，仿築外國砲臺，俾資防範。查澎
湖握要之區，以金龜頭為最，西嶼次之，將軍澳嵵
裡又次之。此數處均有澳可以泊船，似宜擇要添築
砲臺，配足砲位，以利攻擊。其最要者，約配五、
六千觔以上洋砲十餘尊。次者，亦配以七、八尊。
砲台建置得宜，砲位分配齊備，自然有恃而無恐。
倘或急於待用，應仿築外國砲臺，有稽時日，則或

40　同前註。
41　林豪，《澎湖廳志稿》卷七〈武備〉下海防險要「防守事宜附」，
　　頁 516–520。

先以堅緻篾纂裝貯沙土，雜以長大木樁，層疊堆築，
累成砲臺之形似亦可以，暫濟日前之急，但得砲臺
預能建置，則險要有備，聲勢相聯，庶幾守禦完，
而疆圉固矣。

其後海防通判鮑復康（字吉初，安徽歙縣人，附監生，
光緒六年補澎湖通判，七年八月實任），更提出籌防芻言，
詳述其構想：一曰辨論形勢，二曰修築營寨，三曰布置水險，
四曰籌備砲船，五曰屯積糧餉，六曰杜絕向導。[42] 其中籌備
砲船要點如下：

四曰籌備砲船。今昔不同局，前此無火輪之船，無
二尺徑口之砲也。今議殲此類，船固不可少，巨砲
尤不可少；惟不必船中始用大砲，有砲尤必築臺耳。
二者俱宜活用，是在臨機；而船砲製備，實不可緩。
中外不同勢，澎湖一隅，安得多號輪船；且請無論
何項戰船，至少亦必需三、四十號，水陸氣勢，乃
能貫聯。此急應籌備，不可缺也。現有西龜山砲位，
中洋參半，不下二十尊，分防西嶼、嵵裡、豬母水；
北山、蛇頭等隘，則一無所有。議者總以購自西洋
為詞。無論不必得精器且曠日持久，大不足恃也；
船政工程巍然，鑄鐵大廠數萬觔之錨舵可鑄，豈巨
砲不能鑄乎？管見開洪爐、冶精鐵，築巨模而鎔注
成之，止車滑其砲膛，以期利用，不必外面光也。
如無車膛大件機器，估量定購一幅，亦不過萬餘金，
何吝此機器，不自鼓鑄，而以大款購彼之廢砲耶？
通省各府營縣蝕不堪用之鑄砲，約三、四千尊，通
飭盡送馬尾，充為廢鐵；再購出壙新鐵，參之以入爐，
提淨為度，未必不堪用也。是思後膛砲、打鐵砲未

42　鮑復康，〈籌防芻言〉（收於林豪《澎湖廳志》卷五武備海防附
　　錄），頁 164–167。

入中國之先，所謂紅衣大砲克敵制勝者，非即今之鑄鐵砲乎？後膛砲孤彈；前膛可配三彈，攻堅破敵，實勝後膛。惟鑄鐵遜於打鐵耳。巨砲若成，何仿於砲身喫藥緊處，加熱鐵箍條幾道，即為穩慎。所望急興船廠，鼓鑄三、四萬觔大砲之議，速行試鑄。果能適用，將可遍之海疆，無俟擲金於外也。澎湖之防，應添請巨砲四、五十尊，勉強敷用。

綜合上述，牡丹社事件之後，澎湖新建砲台僅有二座：金龜頭、大城北，高不盈丈，貯砲數門，各汛兵額則屢經改易。迨光緒七年副將蘇吉良又造小砲圍一所，如半月形，貯大砲一門，計費五百十一兩，不十餘年亦廢棄。[43]

另一方面，主持台政者也有若干變動。光緒元年（1875）沈葆楨調昇為兩江總督。同年五月由王凱泰接辦沈氏所遺應辦各事。不久，王氏巡台歸閩後，於十月病卒，接任者為丁日昌。丁日昌字雨生，廣東豐順人，平素留心洋務，思想頗為進步，光緒二年十一月，丁氏離閩渡台，至三年四月，始以健康欠佳，返回福州。這期間，他曾巡視臺灣北路、南路，並巡視澎湖等地，由於親歷目睹，丁氏於臺灣了解愈深，所望於臺灣之興革者，亦益為迫切。他以臺灣海防戰略位置重要，應速籌備防禦之方，主張整飭吏治、購新式船艦大砲、設電線、築鐵路、興礦務等等著手，其中與澎湖有關者，如同治七年（1868）之〈海洋水師章程別議〉中主張「將撥給臺灣之南洋海防經費，盡數先行購辦鐵甲船三號，無事之時在澎湖操練，有事之時則駛往南北洋聽調」[44] 以後又以在澎湖看過李鴻章所購三十八噸砲之鐵甲蚊船兩艘，轉動靈便，費用不多，而鐵甲船費用鉅大，

---

43 同註 32。

44 《清季臺灣洋務史料》，（台銀文叢第二八七種），〈福建巡撫丁日昌奏請將議撥臺灣辦理輪路經費變通購辦鐵甲船，而於臺灣先行舉辦馬車路以利師行摺〉，頁 30–32。

購置有所困難，遂建議少買鐵甲船一、二艘，將其經費轉購較小型之鐵甲蚊船十餘艘，以之布置全台海口，認為「此船雖在臺灣操防，南北洋大臣遇有事時，亦可一律調度差遣，庶幾南北洋與台防連為一氣，上拱畿輔，下衛台彭」。[45] 在建鐵路與開礦務的重要性中，他指出不興建的「十弊」裡也指出澎湖地位之居中影響，「澎湖離安平一百五十里，為臺灣之咽喉，有口可以泊船。凡船自閩來台郡者，皆須路過，既靠安平起清入貨，又必須駛回澎湖避風。但澎湖實一絕地，攻者易而守者難，若澎湖一有疏虞，則台郡輪船將行駛無路。」[46] 此事果然在中法戰爭應驗，真如丁氏所憂慮者。

丁氏雖然提出完整的計畫，可惜並沒有獲得各有關方面充分支持，甚至遭受福建同僚的反對，再加上健康理由，便於巡台回閩後不久，請假回籍，並於次年辭卸閩撫之任，徒留一段惘然。

三、中法戰爭前後

由於外患日亟，澎湖守備力量在此時期得到許多加強，也是兵輪船操練要地。光緒三年（1877），記名總鎮吳世忠，奉命督輪船，練舟師，駐澎防海並舉行練兵。同年四月，船政大臣吳贊誠親赴澎湖校閱各船操練，適丁日昌來澎會晤，見其病體難支，遂與同舟回省籌商。[47] 年底，「揚武」兵船因久經風浪，機艫損蝕，由澎湖調回福州船廠，上塢大修。[48]

45　同前註。

46　《清季臺灣洋務史料》，〈福建巡撫丁日昌奏統籌臺灣全局擬開辦輪路、礦務，請簡派熟悉工程大員駐台督理摺〉，頁 8-13。

47　《臺灣海防檔》（台銀文叢第一一〇種），〈俄股抄付船政大臣吳贊誠函陳接辦台防籌餉購器，並船政經費支絀情形〉，頁 39。

48　同前註前引書，〈軍機處交出船政大臣吳贊誠奏遵旨籌撥輪般由滬赴津轉運糧米摺〉，頁 47。

光緒八年五月，張兆棟署理福建巡撫，至十年九月，共計二年四個月之久。適時中法為越南事起衝突，海防頓時緊張。而福州船廠所製造各船，或須修理，或船齡太久，馬力太小，或屬商輪，祇能供轉運、遞文報而已，所以張兆棟只有堅築營壘，固守砲台。九年十一月補強海防，改築台北、滬尾砲台；將臺灣分為南、中、北、前、後五路分兵設防，互為救應；另外加強澎湖防務除舊有的金龜山、新城兩處砲台外，又在西嶼及蛇頭兩處進口要隘建新砲台，藉資守禦。[49] 同時，臺灣兵備道劉璈，也在該年正月親自勘察後，於澎湖西嶼、蛇頭兩處建兩座砲台，並添購砲位。[50]因此光緒九年，澎湖通判李嘉棠奉何璟、劉璈之命，築砲台於西嶼。西嶼內外塹為澎湖口門第一要害，至是李嘉棠築東台、西台二砲台。十年投竣，雖然砲台堅穩，惜尚未能安砲配兵，而中法戰爭遽作。[51]

光緒九年，中法為越南之爭，爆發戰爭，閩海成為主要戰場，詔命各省籌備防務，臺灣戒嚴，清廷分調劉璈、劉銘傳守台灣南北。法方因雞籠有良質煤炭，故於十年六月、七月兩次進犯雞籠、滬尾（今新北市淡水區），不勝而去；九月，法軍改採封鎖政策，宣布封鎖臺灣海口，範圍北自蘇澳，南自鵝鑾鼻，凡三百三十海哩，禁止船艦出入，以阻斷大陸對臺灣的接濟救援。但由於時日曠久，雞籠煤礦又遭到破壞，法軍以澎湖為台廈出入門戶，輪船來往必經之地，決定攻占澎湖，則不但港內可多泊軍艦，也可伺機

49　《道咸同光四朝奏議》（國立故宮博物院輯，臺灣商務印書館影印，民國五十九年六月出版），第十一冊，光緒九年「籌辦閩防續募勇營疏」，頁 4981–4982。

50　劉璈，《巡台退思錄》（台銀文叢第二十一種），「稟請撥換輪船由」頁 143。另到了光緒十年正月，台海緊張，劉氏除請求撥調新造快船「開濟」輪移駐澎湖，定期巡洋外，更力求將南北洋中的蚊子船，擇要駐防於台澎地方，惜不果，被南、北洋大臣以「不敷分布，無可移撥」而拒絕。頁 143–145。

51　同註 22。

攻擊由大陸赴台船隻。

當時澎湖所有防守重心全擺在媽宮，守媽宮即所以守澎湖，西嶼之西台、東台砲台即是在此緊急情況下促建，此外尚有金龜頭砲台（北砲台）、蛇頭山砲台（南砲台）、四角嶼砲台、測天島砲台，形成縱深配置。依照砲台布署地點判斷，西嶼砲台是第一道封鎖線，阻止敵人進入馬公內海。測天島砲台與南、北砲台構成交叉火網，是為第二道封鎖線，而四角嶼砲台則為此線之前衛。陸上的兵力部署如下：[52]

（1）通判鄭膺杰募水勇四百名守文澳，

（2）游擊梁璟夫帶粵勇二百名守金龜頭砲台，

（3）媽宮港口之蛇頭、四角仔小嶼，各築砲圍，分兵防守，

（4）前路勇軍綏靖副中營副將陳得勝，帶台勇守豬母水，蒔裡為前敵，

（5）綏靖前營守備馮楚桑帶台州勇守大城北，

（6）德義後營同知銜關鎮岳帶廣勇守東衛

（7）澎湖協副將周善初帶綏靖後營台州勇守媽宮，居中調度；右營都司鄭漁帶練營三百名協守，

（8）另，諭令紳士郭頸翔、蔡玉成、黃濟時等舉辦民團，皆自備資斧，以資守望。

另外我們根據《法軍侵台始末》的法方記載，當時澎湖的海防設施如下：[53]

（1）馬公要塞

52　同註 22 林豪前引文，頁 365-366。

53　黎烈文譯，《法軍侵台始末》（台銀臺灣研究叢刊第七十三種，民國四十九年十月出版），第八章，頁 99。

a. 北砲台：這是一座有七個砲眼的裝甲砲台，裝備著 Armstong 式 10cm 砲三門。在這座砲台前方的砲座上，備有 Armstong 式 23cm 砲一門和 14cm Voruz 旋條砲（Nantes 公司製造）一門。

b. 穹窖砲台（三砲眼）：這些砲眼在戰爭時被毀。不知道砲的種類。

　　一在北砲台和穹窖砲台之間，有 14cm Voruz 旋條砲（Nantes 公司製造）一門。

c. 在一片高地的砲座上有有 14cm Voruz 旋條砲（Nantes 公司製造）二門，在這片高地之麓有 16cm 同上的砲一門。

d. 向島內射擊的土砲台：16cm 滑腔砲一門，13cm 滑腔砲一門，和 10cm 滑腔砲二門。

在上述 b、c、d 砲台的後方，在市街的北面，有一個塹壕營舍，供中國正規兵駐防之用。

（2）南砲台（別名荷蘭砲台）（按即金龜頭砲台）

該砲台隔著港口和北砲台對立著。它的裝備為 23cm 及 14cm 滑腔砲各二門。

（3）四角嶼砲台

是一座露天砲台，備有 19cm 國砲二門，14cm 英國砲二門，10cm 中國砲一門和 14cm 歐洲砲一門，全部都是舊式砲，並且幾乎都已不堪使用。

（4）測天島砲台

是一座露天砲台，和北砲台及南砲台構成交叉火網。它備有 20cm 中國砲一門，和 14cm Armstong 式旋條砲二門。

（5）漁翁島砲台：又稱西嶼砲台，備砲不詳。

　　總計共有五處砲台，總兵力大約有八營，三千餘人，最高統領是澎湖協副將周善初。由上述各項砲台與兵力部署研判，清軍重點全在媽宮，而澎湖本島南半部偌大地區，只有陳得勝率台勇防守豬母水澳與嵵裡一帶，布署空虛，輕忽之至，其後果不其然被法軍順利攻占，由嵵裡登陸。

　　先是十一年二月十三日法艦進攻澎湖，當企圖經過西嶼砲台，直逼媽宮澳，先發砲轟擊西嶼砲台，但東、西砲台無兵無砲，毫無反擊，法艦揚長通過，停泊於澎湖外海，占領有利位置，向清軍諸砲台實施砲轟，有效地控制了海上軍事後，繼之而起發動登陸，展開陸上攻擊行動。法軍順利由嵵裡登陸，其進攻路線是由圓頂山—雞母塢－萬蕭－大城北－東文等地，而攻占媽宮。整個陸上攻擊過程中，法軍艦都是擔任掩護，協助海軍步兵隊，和各登陸部隊的攻擊行動，此種海陸雙管齊下的戰術，果然成功，三日內即占領澎湖。

　　由於缺乏兵船的支援，及平常弁兵訓練鬆散，砲臺既不合度，砲也老舊不夠犀利，澎湖的防禦是不夠強大的。因此，當法軍在滬尾受創，又無法適應基隆的天氣，也無法達到占領基隆以獲得煤礦的利益，以及威脅清廷議和時，法軍於是轉而進擊澎湖，順利地加以占領。而反觀清軍的表現，實令後人讀之憤悶至極，舉其犖犖大端如下：[54]

（1）見西嶼內外塹有砲台，夷船開炮擊之不中，而砲台不回一炮，知其無備，乃直指媽宮港。夷炮蔽空而下，各地台階損壞不可守。

（2）（陳）得勝分兵接戰，殺傷過當，時鎮管港德義營廣勇出社觀戰。得勝馳往乞援，不應；乞

54　同52。

發子藥,不許。

(3)（周）善初至東衛,向梁岳英長跪求助,不許。……德義勇多線槍,能及遠,發槍一輪即退。諸軍陸續接仗,皆無戰心。

(4)諸生陳維新、許夢請收拾潰勇,……願鳩助軍食,不聽,乃搜民船,載勇渡台,以避敵。……是夜廣勇,台州勇大掠媽宮街,放火延燒店屋殆盡。法酋釘我大炮,毀我廟宇。

中法戰爭自光緒十年六月至翌年六月結束,而澎湖一役,不過三日即下。三月廿十七日中法天津條約訂立,割捨越南,以換取台澎安全。至六月二十四日,法軍始撤出澎湖,占領澎湖達四個月之久,而孤拔也於西曆六月十一日病死澎湖,葬於馬公城北門外,今僅存衣冠塚,徒供後人憑弔。台澎解嚴,而築城改鎮之議遂起矣。

同治末日軍犯境是改變臺灣經營之契機,海防建設成為第一課題。然而光緒十年中法越南戰爭,無異給清廷一當頭棒喝。十年來的臺灣積極經營,結果落得雞籠、澎湖被法軍攻占,臺灣被封鎖。所以中法戰後,劉銘傳懷著「以一島基國富強」,「以一隅之設,為全國樹立典範」之雄心壯志,多方擘劃,實力經營,其中籌設海防,尤為最重最急之需,所以劉氏克服重重困難,快速興辦,使臺灣防務初具規模,其中要項有三:（1）興築新式砲台,（2）整頓軍營,（3）興辦軍器局和軍械所。[55]

不可否認,中法戰爭時,劉銘傳固守重心是放在基隆與滬尾,澎湖的籌防是劉氏最感不足的地方,不過這並不表示劉氏不重視澎湖,早在他受命離開天津赴台時,上奏稱:

___

55 詳見李時岳,〈劉銘傳與臺灣建省〉,收於黃康顯主編,《近代臺灣的社會發展與民族意識》,香港大學,一九八七年十二月初版,頁143-144。

「澎湖、基隆各砲台，聞皆不能合度，急需次第改修，槍砲尤須早辦，雖臨渴掘井，勝亡羊補牢。……現值海防急迫之時，故應速籌舉辦，即海疆事定，亦未可視為緩圖。」[56]抵台後，發覺臺灣海防薄弱，奏稱：「臺灣孤懸海外，一舉一動，皆非兵艦不行。且澎湖一島，地處要衝，尤非兵船不能設守。」[57]又說：「臺灣孤懸海外，為南北洋關鍵。……綜計全台防務，台南以澎湖為鎖鑰，台北以基隆為咽喉，澎湖一島，獨嶼孤懸，皆非兵船不能扼守。」[58]

　　劉銘傳非常重視澎湖防務，因此中法戰後，清廷在會商善後事宜時，閩浙總督楊昌濬、臺灣巡撫劉銘傳皆曾親履澎湖勘查，認為「本爵部院查澎湖一島孤危絕險，為閩台門戶，必須緊築堅厚砲台、購置精利大砲、選派勁旅駐紮，方足以守禦。」[59]並多次奏請加強澎湖的海防建設，他曾說：[60]

> 澎湖一島非獨全台門戶，實亦南北洋關鍵要區，守台必先守澎，保南北洋亦須以澎廈為筦鑰。澎廈駐泊兵輪，設防嚴密，敵船無能停泊，萬不敢懸軍深入，自蹈危機。此澎廈設防，實關全局，非僅為臺灣計也。……此防務不容緩也。

又奏稱澎湖為海疆第一要隘，棄之則海防不得安寧：[61]

> 澎湖當南北洋關鍵，閩臺要樞，凡有心時事者，無不以該處設防，至重且急。若不及時辦防，一有兵

56　陳澹然編，《劉壯肅公奏議》（台銀文叢第二七種）卷三〈恭報自津起程日期並遵旨會商情形摺〉，頁164。
57　同前註前引書，第二冊〈請飭南洋遣回四輪片〉，頁167-168。
58　同前註前引書，卷三〈恭報到台日期並籌辦台北防務摺〉，頁165。
59　《劉銘傳府台前後檔案》（台銀文叢第二七六種），〈臺灣府轉行督府諮商福建巡撫改為臺灣巡撫後澎湖管轄事宜〉，頁72-73。
60　同註56前引書，頁146。
61　同前註，頁246。

爭，倉皇束手，前車覆轍，能不寒心。……事關軍
國大計，若畏難苟安，就此徘徊諉宕，將海疆第一
要隘，棄等石田，微特外國垂涎，闚此更將睥睨，
一旦外人襲踞，臺何以存？臺若不存，萬里海疆，
豈能安枕？

　　當時楊昌濬及澎湖紳民即有建城之議，以保衛媽宮澳及
海口。[62] 果然，在光緒十三年動工興築，十五年完工，城周
長七百八十九丈二尺五寸，城垛五百七十個，厚二丈四尺，
設有東門（朝陽門）、西門（大西門）、南門（迎薰門）、
北門（拱辰門）、西門（順承門）、小南門（即敘門），
東城內安設砲位一尊，城牆內蓋兵房四間，花費兩萬三千
兩左右。[63] 媽公城東南緊臨海邊，以海為天然防線，西接金
龜頭砲台，北面護城河，可知偏重防禦，是屬於軍事性質
的城堡，故城牆厚度較臺灣其他城厚約六尺左右。為了加
強媽公衛護，清廷也在附近設置了幾座砲台，設勇加強防
守。

　　並鑒於澎湖為由閩赴臺要隘，非特設重鎮，扼紮勁旅，
認真操練，不足以資守禦並濟緩急。於是劉銘傳和閩浙總
督楊昌濬會銜，奏請把澎湖副將和海壇鎮對調。光緒十三
年，劉銘傳奏謂「將澎湖副將與海壇鎮對調，各就現有弁
兵略為變通」，其原因有四：（1）澎湖為閩台門戶，非特
設重鎮，不足以資守禦。（2）萬一海上有事，聲援隔絕之
際，稍可自立。（3）澎湖副將受制於鎮道、通判，處處牽
制，不能有為。若歸統兵將領辦理，副將一缺，又成虛設，
且恐主客不能相安。（4）澎湖副將與海壇鎮對調，無須再
添額兵，所費無幾。[64] 清廷採納其議，設立澎湖總兵，海壇

62　陳澹然編，《劉壯肅公奏議》卷六〈澎湖建城立案片〉，頁
　　293。
63　林豪，《澎湖廳志》卷二〈規制·城池〉，頁55。
64　楊昌濬、劉銘傳，〈籌議澎湖海壇鎮協互調事宜奏疏〉（收於林

改設副將，使澎湖總兵在軍事體制上與臺灣總兵職權相埒，並以吳宏洛為首任總兵，率淮軍宏字營四營負責澎湖的戍防。吳氏抵任後，奉命建造媽宮城，並拆建澎湖砲座以固海防，這就是今日西嶼東台砲台的由來（詳下節）。至於汛防方面，則仍然輕忽，《澎湖廳志》[65]載：

> 專防媽公汛：千總一員，戰兵三名，守兵八名。
>
> 嵵裡汛（兼管文良港、風櫃尾）：把總一員，戰兵四名，守兵八名（文良港戰兵三名，守兵七名。風櫃尾戰兵二名，守兵二名），
>
> 八罩將軍澳汛（兼管挽門、水垵）：把總一員，戰兵五名，守兵八名。─以上左營。
>
> 專防媽宮汛：千總一員，戰兵四名，守兵六名。
>
> 西嶼內塹汛（兼管外塹、小門）：把總一員，戰兵三名，守兵四名（外塹汛戰兵二名，守兵三名。小門汛戰兵二名，守兵三名）。
>
> 北山汛（兼防吉貝汛）：外委一員，戰兵二名，守兵三名。吉貝汛配兵同。─以上右營。

可知汛兵大量減少，汛防地區，近如新城、虎井，遠如赤嵌、鎮海，未配汛兵，大概裁兵之後，不敷調派原故。劉銘傳除加強澎湖海防外，以為：「善後以辦防為第一要務……。澎湖、基隆、滬尾三海口，均須長泊快兵船一隻，將來修造砲台，運辦各料，尤須裝貨船二隻。」[66]因此將「海鏡」號兵艦撥歸澎湖駐軍差遣，[67]並從有限經費中抽出相當

豪，《澎湖廳志》卷十二〈藝文〉），頁 398–401。另見陳澹然，前引書，頁 247。

65　林豪，《澎湖廳志》卷五〈武備汛防〉，頁 154。

66　陳澹然，前引書，卷五〈請撥兵商各輪船片〉，頁 252。

67　陳澹然，前引書，〈添購輪船片〉，頁 253。按：海鏡號專供差遣運輸，船由船政局製造。已逾二十年，屢修屢壞，除逐年小修

款項，先後添購了威利、威定、飛捷、駕時、斯美、南通、北達、前美，如川等兵輪商船，以供台澎防務和運輸之需要，另又雇洋匠自造駁船一隻，來往澎湖、廈門等地，駁運砲械及安裝水雷。[68] 此外，並敷設澎湖與臺灣間電線，連通安平，以聯絡台澎，加強澎湖防務之完備。[69] 可惜的是劉銘傳曾與閩浙總督楊昌濬奏請規劃海軍為三路，以津沽為北洋、吳淞為中洋，台澎為南洋。但因為當時無法同時編練三支艦隊，故先全力編練北洋艦隊，連原定向英、德購置之四艘鐵甲快船專備台澎防務用，也編入北洋艦隊，[70] 因此使台澎防務產生極大缺陷，蓋言防海者，不在守城守岸，而在守大海為長城，守城守岸，則守不勝守，防不勝防，一或被據，將有反客為主之勢，其理可知也。

第四節　東台砲台的興建與配置

中法戰爭法軍犯台，戰火以澎湖、基隆、滬尾三海口最為猛烈，使得原有砲台大半被燬，雖然西嶼砲台法軍「擊之不中」，但形制已嫌老舊，不符時代需求，所以劉銘傳鞏固海防措施，就以此三海口新建砲台為優先，以強化攻防能力。為防範未然，劉銘傳積極執行「購砲築台」之防務，先後在澎湖、基隆、滬尾、安平、旗后建造砲台十座，計有澎湖之西嶼西台、東台、大城北、金龜頭等四座；滬尾有滬尾、關渡二砲台；基隆有仙洞、社寮二砲台；旗后有大坪山砲台一座，另只是修葺的有安平二鯤身砲台一座。[71] 新造的砲台均仿洋氏圖形，用鐵水泥層累堅築，兵防也仿外洋圖形，十座砲台，計需用鐵水泥二十萬桶，以每桶二

外，隔年即須大修，且船身朽敝，修理頗難，勉行海上。
68　同前註前引書，卷五〈構造小船片〉，頁 256。
69　同註 62 前引書，參見卷五〈設防略所收諸奏疏〉，頁 251–256。
70　同前註前引書，〈請撥兵船並請同購魚雷船專備台急片〉，頁254。
71　同前註前引書，頁 266–267。

兩九錢計，需款太鉅，不得不變通減省，例如「其子牆不當敵砲之處改用土牆，外用鐵水泥敷面；砲基亦多用石子與鐵水泥參合以期減省」，[72] 整個估計，需用二十萬桶，經此減省，至少還要用到十五萬六千桶，花費驚人。

綜合各文獻及現況調查，劉銘傳所修建的砲台，在設計上有下列幾項特色：[73]

（1）以港口地理形勢做整體性配置，並兼顧港內外之防衛，因此在岸上左右側皆建造大小不同之砲台，如基隆、打狗、滬尾。

（2）講究「明台」與「暗台」的設計。將砲台建於隱密處，致入侵者不易發現，以利奇襲。如澎湖西嶼西砲台、東砲台、基隆、滬尾砲台。即所謂「互為犄角」。

（3）砲台四邊皆疊以高厚土垣，以吸敵砲，減低砲彈爆破之威力。有的築有兩重外垣，如安平二鯤身砲台、西嶼東砲台、西砲台、滬尾砲台。

（4）砲台內部設操練場，砲台中央築水池，以減輕敵砲的爆炸威力，兼可救火。兵房、彈藥庫、倉庫皆至於土垣下，即所謂地下式者。如安平砲台、西嶼砲台、滬尾砲台、旗後砲台、西嶼東砲台等皆是。

（5）大量使用洋式的鐵水泥。因此堅固異常。

（6）聘洋人設計監造，華員辦工料的方式施工。

（7）大量裝配西洋大砲，主要以英國製的 Armstrong 大砲（譯名有阿姆斯脫郎、阿姆斯壯、阿馬士在、

72　同前註。
73　詳見周宗賢，《清代臺灣海防經營的研究》（渤海堂文化公司，作者發行，缺出版年月），頁 229–230。

安蒙士塘、阿墨斯得郎等）德製 Krupp 大砲（克
虜伯）。而一座砲台常使用兩、三種不同規格的
砲，具不同射程，收不同的效用。

（8）刻意將砲台大砲的採購，來自不同的國家，以收
保密，以防被敵所乘。例如法人監造的砲台，就
刻意安裝英製的大砲或德製大砲。

十座砲台中，劉銘傳最重視的是澎湖砲台，早在中法戰
後，劉氏即派吳宏洛前往澎湖察看情形，嗣後劉銘傳也親
至澎湖探察，提出他的看法：[74]

> 臣（劉銘傳）到台一年，綜觀全局，澎湖一島，非
> 獨全台門戶，實亦南北洋關鍵要區，守台必先守澎，
> 保南北洋亦須以澎廈為菀鑰。澎廈駐泊兵輪，設防
> 嚴密，敵船無能停泊，萬不敢懸軍深入，自蹈危機。
> 此澎廈設防，實關全局，非僅為臺灣計也。

其他奏摺中也常常提到：「澎湖一島，特立孤懸，不獨
左右閩、台，亦南北洋緊要關鍵」、「澎湖當南北洋關鍵、
閩台要樞，凡有心時事者，無不以該處設防，至重且急」[75]
等等，均可想見劉氏老於軍務，洞悉戎機，深以澎防為急。

澎湖諸砲台中，又以西嶼東、西砲台為要，蓋西嶼內外
塹為澎湖口門第一要塞。西嶼即今之漁翁島，橫在澎湖本
島西方，距馬公最近處約四海浬。島形略如長靴，南部內
垵、外垵（即內外塹）似靴底，前後有山，海拔五二公尺。
全島地勢高峻，海岸岩石壁立，又有竹篙灣、大果葉灣、
牛心灣、內垵灣、外垵灣、蝦馬灣、小池角灣、大池角灣等
眾多優良港灣。而他島諸山，皆不甚高，故西嶼高阜突起
平陸，目標顯著，於高阜建立砲台，居高臨下可以控制海

---

74 陳濟然，前引書，頁 146。
75 同前註，前引書，頁 243、246。

口，因此清末澎湖海防構想，以西嶼東、西兩砲口及拱北（即城北）砲台分別控制澎湖內海出入口之兩岸；東角（即東城）、天南（即金龜頭）兩砲台則用以鞏固馬公城之防務，其中西台乃是防衛之最前線，為防守澎湖必爭之地。

不過整個砲台工程浩大，花費也鉅大，劉銘傳曾預估：「姑就澎湖而論，若云設防，要當不惜重資，認真舉辦。縱兵船一時難集，……必須多購大砲，堅築砲台，製辦水雷，聚薪屯粟。計買砲築台諸費，約需五十萬，全非一、二年不能竣事。」[76] 而且還有種種困難，如澎湖「地皆砂石，修築砲台，黃土皆須由別島購裝，需費較鉅」[77] 修造砲台，運辦各料，也須貨船載運，於是劉氏特別撥出「海鏡兵船，專供澎湖差遣」，以運載木料磚瓦，辦理砲台城署各工，[78] 以免工程繁急之時，無船運輸，待料停工，所糜甚鉅。此外駁運砲械也成問題，因「澎湖起砲碼頭，難於築造，復與英商議定，另造屯船二隻，包起上岸，加給規平銀五千兩。」[79] 凡此種種困難，亟待一一解決，但也說明了劉銘傳對澎湖防務的特別重視。

西嶼東、西砲台即是在此情況下興建，光緒十三年（1887）春正月，總兵吳宏洛拆建西嶼東、西兩砲台，至十五年正月工竣。[80] 整個砲台是由德人鮑恩士（Bonus）設計，新任澎湖總兵吳宏洛督建。由於此時期新建十座砲台，率多是鮑恩士所監造，因此各砲台規劃雖因地形不同而互異，但其規劃意念，構造方式、材料、機能安排、武器配備等等，頗多雷同之處，特別是如西嶼東台、西台與滬尾砲台極為近似。

76 　同註 74。
77 　同註 75。
78 　同註 67。
79 　同前註，前引書，〈買砲到防立案片〉，頁二六四。
80 　同註 32。

大體言，東台砲台主體結構為磚拱之筒狀結構，上置土石，再覆水泥。整個營建特色及配置布防觀念略如下述：[81]

（1）整個砲台採用凹下式，高者列砲以攻，低者設營房、彈藥庫等，使得砲台隱藏在自然地形中，不易暴露。

（2）設有內、外垣，外垣為高起之自然土堆，與週遭地形配合、以利隱蔽屏障。內垣為砲台設施，壘土石成壇，壇上置砲以求堅固。內外垣間有壕溝，一則排水，一則形成第二道保護。

（3）砲座間設有突出掩體，以作為儲藏之用。

（4）設有甬道連結內部營房，一則供戍守及長官值勤辦公之作用，一則經由掩體保護，能夠安全自由出入連絡。

（5）有可從營房直接通至上方砲位之開口，並有掩體保護，以備戰時緊急或平時操演之用。

（6）於砲座周圍牆上有數個砲彈形狀之儲彈凹口。

砲台築好之後，自然要安置大砲，否則有砲台等於無。劉銘傳以為「細閱澎湖地方，必須實力辦防，方能保固海洋，惟一島孤懸，四方受敵，必須多購後膛精利大砲，方能設防」，[82] 所以托淡水英領事，電詢英國阿姆斯脫郎砲廠砲價，「統計澎湖、基隆、滬尾、安平、旗後五海口，至少需添購大砲三十餘尊，價約需銀六十餘萬兩。」[83] 剛開始時，上海洋行開價八十餘萬兩。利之所在，各洋商相爭承辦，往返磋磨，英國阿姆斯脫砲廠減至六十餘萬兩；美商

<hr>

81　見臺灣大學土木工程學研究所都市計畫室，《澎湖縣西台古堡修護保存計劃》第二章〈西台古堡的建築研究〉（民國 75 年 6 月出版），頁 16。另，筆者也增補一二意見於本文中。

82　同註 62，前引書，頁 260。

83　同前註。

旗昌洋行又搶標，願意減三萬有奇，並將砲位運至臺灣，不支運費，花洋不折；最後是由英商怡和承辦，願減價銀四萬兩，於是「旋與英商怡和洋行議購阿馬士莊新式後膛鋼砲三十一尊，隨配砲彈架具等件，包運到台，通計裝箱、上船、水腳、保險、行規，共規平銀六十萬兩，三期付給，訂立合同」、「並因澎湖起砲碼頭，難於築造，復與英商議定，另造屯船二隻，包起上岸，加給規平銀五千兩。茲據英商於光緒十四年六月間至本年二月底，已將所辦砲位陸續運台，一律起岸，由各防軍驗收，砲價……其起砲費……一並給清。」[84] 由於這批新式大砲實在便宜，當時香港洋報與日本報紙謠傳：「各洋商議其價過廉，經手必然虧折，將來辦到貨色，恐未能與合同相符。」劉銘傳為防洋商偷工減料，還特別致函駐英大使劉瑞芬委派參贊知府李經芳親赴砲廠查勘，並雇熟習砲工、妥實洋人駐廠監視，劉銘傳更在砲位全數運抵臺灣後，親自勘驗，結果認為「製造精利，體質堅剛，洵為海防利器」[85]。

其中澎湖運到大砲十七尊，並由洋人鮑恩士監工，且由原砲廠派來總兵聞德詳勘，均能合度。[86] 不過根據林豪《澎湖廳志》之記載，僅有十四尊：[87]

(1) 西砲台，安設後膛砲四尊（在西嶼外垵，十吋徑口兩尊，十二寸、六寸徑口各一尊）。

(2) 東砲台，安設後膛砲三尊（在西嶼內垵，七寸、八寸、十寸徑口各一尊）。

(3) 金龜頭，安設後膛砲三尊（在媽宮隘口，十二寸徑口一尊，十寸、七寸徑口各一尊）。

84 　同註 79。

85 　陳澹然，前引書，卷五〈英國購砲請獎監辦參贊片〉，頁 265。

86 　同前註，前引書，頁 267。

87 　同註 32。

（4）大城北大砲台，安設後膛砲三尊（在大城山頂，
六寸、七寸、八寸徑口各一尊）。

（5）東城，安設後膛砲五寸徑口一尊（在大東門之東
南方）。

據日本東洋文庫藏抄本《台島劫灰》所記改隸前夕清軍
在台之武力配備，關於澎湖砲台記載則少了東城砲台一尊，
只有十三尊，其統計如下：[88]

（1）西嶼西砲台

十二寸徑口英後膛阿姆斯脫浪砲一尊

十寸徑口英國後膛阿姆斯脫浪砲兩尊

六寸徑口英國後膛阿姆斯脫浪砲一尊

（2）東砲台

十寸徑口英國後膛阿姆斯脫浪砲一尊

八寸徑口英國後膛阿姆斯脫浪砲一尊

七寸徑口英國後膛阿姆斯脫浪砲一尊

（3）大城北砲台

八寸徑口英國後膛阿姆斯脫浪砲一尊

七寸徑口英國後膛阿姆斯脫浪砲一尊

六寸徑口英國後膛阿姆斯脫浪砲一尊

（4）金龜頭砲台

十二寸徑口英國後膛阿姆斯脫浪砲一尊

十寸徑口英國後膛阿姆斯脫浪砲一尊

88 轉引自吳密察編，《日據時期臺灣北部施政紀實》軍事篇（台北
市文獻委員會，民國 75 年 10 月出版），頁 556–557。

七寸徑口英國後膛阿姆斯脫浪砲一尊

又據《明治廿七八年日清戰史》所記澎湖列島之清軍布署中，已完成的五座砲台，計為：[89]

（1）拱北砲台：位於澎湖本島中部，八吋、七吋、六吋安式砲各一門。

（2）天南砲台：位於馬公城西南金龜頭岬上，十二吋、十吋、七吋安式砲各一門。

（3）東角砲台：位於馬公城壁東部中央，五吋安式砲一門。

（4）西嶼東砲台：位於漁翁島南端，十吋、八吋、七吋安式砲各一門。

（5）西嶼西砲台：位於漁翁島南端，安式十二吋門、安式十吋二門、安式六吋一門，舊式砲若干門。

另外，在圓頂半島豬母水及井仔垵附近有舊式砲台。依此紀錄，與《澎湖廳志》所載完全相符，不但砲的型式大小相同，合計十四尊也相同。然而又據王國璠編《臺灣抗日史》所記澎湖海岸砲所置輕重砲，一律為英國安式砲（安式即阿姆斯脫郎之簡稱），其數量列表如下[90]。

---

89 同上註，另參見許佩賢譯《日清戰史・臺灣篇》（改名為《攻台戰紀》，遠流出版社，1995 年 12 月初版），頁 96。

90 王國璠編，《臺灣抗日史》第三章第二節（台北市文獻委員會，民國 70 年出版），頁 75。按，此書專輯資料豐富，惜全書章節均未註明出處，僅於書末附參考資料，實在可惜。本條資料應出自日本明治二十七年參謀本部編《日清戰史》，及堀江八郎著《南征史》，日本明治三十年出版。

表一：清光緒年間澎湖砲台與砲架數量綜理表

砲台名稱	砲種	數量	口徑	附註
西嶼東砲台	英製英式	三	十吋一尊、八吋一尊、七吋一尊	配有填藥式銅砲二尊
西嶼西砲台	英製英式	四	十一吋一尊、十吋二尊、六吋一尊	配有填藥式銅砲二尊
天南砲台	英製英式	三	十二吋一尊、十吋一尊、八吋一尊	
東角砲台	英製英式	一	七吋	配有填藥式銅砲二尊
拱北砲台	英製英式	三	十吋一尊、八吋一尊	
紗帽山砲台	英製英式	一	七吋	配有填藥式銅砲二尊
圓頂砲台	英製英式	三	不明	尚在建造中

　　其中砲位口徑與上文有所出入，但就數量而言：西嶼東、西砲台、天南砲台、東角砲台及拱北砲台合計十四尊，與《澎湖廳志》、《日清戰史》二書所記相符，加上紗帽山砲台、圓頂砲台，共計十八尊，反多出一尊。各項資料互有出入，孰為正確，已難考定，幸好有關東台砲台記載並無衝突矛盾之處，即：西嶼東台砲台安置有新式英製阿姆斯脫郎後膛砲三尊，（十吋一尊、八吋一尊、七吋一尊），另配有老式火砲二尊。

　　所謂阿姆斯脫郎後膛砲（Armstrong），中譯或稱阿墨斯得郎、安蒙士郎、安蒙士唐、阿馬士莊、阿姆斯壯、阿姆斯脫浪等等不一，簡稱安式。是英人阿姆脫郎（William George Armstrong，1800－1900）改良研發成功。他於西元一八五四年（清咸豐四年），製成閉鎖機構完善之後膛砲，次年又製成以鋼為內管，熟鐵為箍之層成砲身。這種砲身

加上閉鎖機構，以及可以和膛線密合之包鉛長彈，使得火砲威力大增。成為一大利器。他因此項成就，被英國皇家封為爵士，同時受聘為烏理製兵工廠皇家火砲廠之線堂砲工程師。除此，他又私人獨自經營新堡火砲工廠，也即是專門替英國陸軍製造阿姆斯脫郎砲，並外銷世界各國之愛斯維克火砲公司（Elswick ordnance company）的前身。西元一八六二年由英國政府轉投資於阿姆斯脫郎公司（Sir W.G. Armstrong Co.），大量製造阿姆斯脫郎系列各種槍砲。清廷當時即由這家公司買入，經由上海轉運臺灣、澎湖各砲台裝配。[91]

至於前、後膛砲的優劣好壞，沈葆楨曾提及他的經驗：[92]

> 揚武所用多英國之前膛砲，摧堅及退，迴異尋常，而靈巧則不如飛雲所用之布國（即普魯士）後膛砲。蓋前膛砲築藥、裝子、洗砲，均須人出艙外，身當砲口，既慮敵砲見傷，又防餘藥遺患。後膛砲則裝放之時，敵人無從望見，而斤膛螺絲中有無渣滓黏滯，從後窺之，便一目了然；惟打放數十次之後，即須暫停，否則恐其熱而炸裂。蓋靈巧與堅實，互有短長。

可知後膛砲雖有輕巧隱密優點，但有炸裂之虞，不如前膛砲結實耐久。反之，前膛砲則在裝填彈藥、洗砲時，有暴露砲勇之弊端，互有短長。此外，採購新式洋腔大砲，也有種種困難所在，譬如採購廢時，經費過高，器械次等皆是，湖南巡撫卞寶第曾指出花費鉅款購買洋槍洋砲，也

---

91 參見臺灣大學土木工程學研究都市計畫室，《澎湖縣西台古堡修護保存計劃》，頁 24。及楊仁江前引書，頁 105。按，二書均未註明出處。

92 吳炳元編，《沈文肅公政書》卷四〈七號八號輪船出洋並以次下水酌改船式各情形摺〉（近代中國史料叢刊第六輯，文海出版社，民國 6 年出版），頁 51（總頁 804–805）。

未見得利：[93]

> 自設海防以來，購買外國槍砲及子藥等項，出洋價
> 銀不下千餘萬兩，而所購器械，或係伊國另造新樣，
> 將舊樣售與中國，或即伊國舊物打磨見新，售與中
> 國。在中國得之，方以為新奇可喜，而在彼則以上
> 等自用，次等與我，新樣自用，舊樣與我，與之接仗，
> 仍彼利而我鈍也。

其後的澎湖海防通判鮑復康也指出採購洋砲「不必得精
器且曠日持久，大不足待也」，甚至進一步建議中國自己
來建造：[94]

> 船政工程巍然，鑄鐵大砲數萬觔之錨舵可鑄，豈巨
> 砲不能鑄乎？管見開洪爐、治精鐵，築巨模而溶注
> 成之，止車滑其砲膛，以期利用，不必外面光也。
> 如無車膛大件機器，姑且定購一副，亦不過萬餘金，
> 何吝此機器，不自鼓鑄，而以大款購彼之廢砲耶？

甚至還有「各省委員承辦外洋槍砲、子藥等項，暗與洋
商勾結，收買廢棄之物，浮冒開銷，侵吞巨款，虛糜錢糧」
等之弊竇，貽誤軍事，實堪痛恨！[95]

可知採購槍砲還有如許之困難，並非端是有錢便能買
到，即使能買到，率多非尖端先進之武器，多是次級甚至
是欲淘汰之舊武器，與今日臺灣國防之有錢卻買不到武器，
或是只能買到次級之武器的採購困境，正是相同。而劉銘
傳能在採購困難，經費支絀之下，東挪西借，順利完成築
台安砲之海防偉業，實在令後人感佩不已。

至於澎湖東台這些安式大砲砲架之形式均採用半圓或小

93　《道咸同光四朝奏議選輯》（台銀文叢第二二八種），頁281。
94　同註42。
95　同註59，前引書，〈臺灣府轉行上諭各將軍督撫嚴察各省委員承
　　辦外洋槍砲等項〉，頁69。

於半圓之磨心式。所謂磨心式的磨心均為一鋼質圓筒體，徑約兩公尺，上置裝匣砲架及滑動雙層轅架，砲架後端安輕輪，以供在弧形軌道上迴轉。砲架右後側有鋼梯供砲手上下，操砲平台有鐵欄杆，以防摔落；左側安鉤形吊砲桿，上置滑輪，以利吊砲和裝砲。砲位與砲位間，多設有彈藥庫，側牆石砌上覆石板及厚土。砲位前之胸牆視砲管高下俯昂製作，約有一到二公尺高，（例如十二英吋及十英吋砲身及撐架高達六英寸左右，加上軸心基座，大多超過二公尺；六英吋砲較低，約一點五公尺左右），牆內有儲彈孔，孔作錐形或拱形；牆基有排水小溝，匯雨水向兩側流散，以免泡溼輕輪及磨心。[96] 不過，另在砲座周圍有用水泥築成崁在彈藥庫房頂前端之集水坑，係供冷卻砲管之用，其設計為利用地面排水收集，滿溢之後，再排水至內垣外側，這對少雨的澎湖地區倒是一項因地制宜之作法。[97]

而西嶼東、西砲台大砲之射程及防守重心亦是值得吾人注意。由於阿姆斯脫郎後膛砲是當時最具威力之大砲，十二英吋之射程最遠是一萬碼（約十公里），半徑涵蓋桶盤嶼、虎井嶼及馬公市區；最小六英吋砲射程約七千五百碼，亦涵蓋桶盤、風櫃、金龜頭等內海及馬公港進港必經之水域，故很明顯地可以看出整個海防重點放在防衛澎湖之內海海域、媽宮城及其港口。兼有控制候角東方及西嶼東方海面之作用。[98] 只是砲台只能防守要津，必需與水師配合，當時沿海又無布置木椿、水雷、浮壩等設施以攔阻敵艦，使敵艦行動不便，易於受砲，因此砲台功能自然減低許多，所以後來胡傳巡閱澎湖防務，不客氣地指出其缺點。

胡傳是鼎鼎大名學者胡適先生的父親，於光緒十八年（1892）調派來台。來台後，於六月奉檄巡閱全台各處營

96　楊仁江，前引書，頁 115。
97　同註 81，前引書，頁 25。
98　同前註，前引書，頁 24。

伍，曾視察基隆、滬尾、澎湖沿海各處險隘，及新竹、淡水、宜蘭、恆春、台東各處營戍，往來於炎蒸瘴鬱之中，幾已遍歷全台疆域。以足跡所至，察見歷年所辦剿、防、撫、墾四者利病得失所在，約略言之有四端：一則砲台員弁宜教以測算，一則後門槍子宜預令儲備，一則番勇入伍宜教以禮法，一則前門舊槍宜時使修換也。[99] 胡傳於七月初一行抵澎湖，初三察竣澎防各營，初四回程抵台。短短三日，就能洞悉澎防，不能不說老於軍務，他的視察報告中，首先說明澎湖駐兵布防概要：[100]

> 查記名提督署澎湖鎮總兵統領宏字各營王鎮芝生，自統宏字正營及果毅軍練營，駐澎湖城內及金龜頭砲台，為守城之兵；宏字左營及前營親兵前、左、右哨駐澎湖東門外之紅木埕，為守海岸及策應陸路之兵；宏字前營後哨駐城東十五里之大城北砲台，則防敵以小舟載兵登岸至我路之處也。澎湖之西隔海水程約二十里，有島曰西嶼。其北曰哮門，水淺，大船不能入。其南曰花嶼，其東南曰八罩，皆大船通行之路。而西嶼為二路入澎必經之總口。宏字副營於嶼之外灣築砲台，曰西砲台，駐親兵及前哨、左哨。於嶼內灣之北築砲台，曰東砲台，駐右哨；並分後哨駐內灣，則又守海口之兵也。

並進一步分析澎湖諸砲台之優劣：[101]

> 又查該處所築砲台，地勢均頗扼要。台內弁勇居止之所，或鑿山為穴，或以磚捲砌，如城門之式，頂皆以塞門德土（即水泥）築之使堅，預防炸彈飛落，毋令傷人，均頗得法。惟西嶼西砲台內有瓦房兩所，

99　胡傳，《臺灣日記與稟啟》卷一〈光緒十八年六月稟為條陳補益營務四端稿〉（台銀文叢第七種），頁43–46。
100　同前註，前引書之〈光緒十八年七月初八日申〉，頁54–55。
101　同前註。

似尚未得宜。各砲台砲架後向弁勇站立之處，未建夾垣以護其後，似稍有未備。然堅頂房多，而瓦房少，臨時可自拆去夾垣，工費無幾，添建甚易。即不添建，而能多備麻袋，臨時滿裝砂土，堆之如垣，亦可猝辦濟急。商之該統領，亦以為然。應由該營自行酌奪。

對於澎湖防務、砲台評價頗高，不過對於全台防務，語重心長地說道：「弟查閱全台客勇、士勇共三十一營，二十八哨，防海者三之一，防番者三之二，皆係陸營，並無水師，且無戰艦。」[102] 而澎湖防務缺失尤在：[103]

論者謂澎湖之得失，為臺灣存亡所係。若為敵舟所據，誠可絕臺灣南北海道之應援。然地形散漫，可以登陸之處甚多；且不生五穀，亦無草木，乃不毛之地；無水師而僅恃陸兵，恐難守也。

從上述種種情況得知：劉銘傳對於台澎海防有關之海軍、兵船、砲台設置、大砲更新、弁勇訓練、人才培育、經費籌措、臺灣南北與前後山之聯絡支援等等，均有所著手與加強，只可惜這些洋槍大砲、西式砲台，到底是由外國設計和購入，因此嚴格講，已無國防機密可言，遑論制敵機先，達成海防要務。而經費不足與派系門戶之見是整個洋務運動與海防布署缺乏大成就之主因，由於清廷始終沒有為台澎海防建立一支海上雄軍，台澎海防只靠著「守口守岸」，依恃海口砲台拒敵於海岸之外，欲求固若金湯，恐有所不恃，胡傳洞燭機先，一針見血指出其弊端。果不其然，一語成讖，中日甲午戰爭甫起，胡傳就料定日人之戰術，必採飄忽遊弋，絕不於嚴防之處登岸，[104] 澎湖之役，

102　同前註，前引書之〈致邵班卿〉，頁 66-67。
103　同前註。
104　同前註，前引書之「上象道憲顧」，頁 228。

短短四日，全島淪陷，正是種因於此。

第五節　澎湖失陷與砲台荒廢

　　光緒二十年（1894）甲午，日本以朝鮮東學黨之亂為藉詞，出兵進犯朝鮮，引發中日甲午之戰，結果黃海、牙山、平壤諸戰役，清廷均告敗北。二十一年一月十三日，日軍襲擊威海衛，盡殲北洋艦隊，當時日本早有「南方作戰」計劃，一月十四日，決定進行澎湖作戰，遂由聯合艦隊司令官海軍中將伊東佑亨領軍南下，三月二十日下午抵達澎湖將軍澳嶼海面，澎湖之戰一觸即發。

　　時澎湖守備軍隊，除了二營左右汛兵外，尚有澎湖鎮總兵周振邦統領之宏字正營、宏字前營、果毅軍練營等三營，人數約一千五百人左右，實嫌單薄。中日情勢日趨緊張，清廷加強南洋各口及台澎防務，從各地增調募勇援助澎湖，布防兵力增至步兵十二營、砲兵一營、水雷一隊，截至二十年十二月底、澎湖群島所駐屯清軍有十三營三哨，總兵員在五千人以上，其布防守備情形如表二。[105]

表二：清光緒二十年澎湖布防守軍綜理表

指揮官	駐屯地		部隊名稱	統領	合計
總兵周振邦	澎湖本島（圓頂半島除外）	馬公城內	宏字正營（缺三哨）	管帶葛海圖	五營（缺一哨）
			宏字左營（台南新募）	營官繆瑞祥	
			果毅練軍		
		馬公北端兵營	防軍左營（臺灣新募）	營官林福喜	
		東衛社	宏字右營（缺三哨）	營官黃增猷	

105　吳密察，前引書，頁 537~528。另，筆者也添補統領姓名於表內。

		大城北社	宏字右營之一哨（廣東新募）		
		隘門社	宏字右營之二哨（廣東新募）		
		天南砲台	宏字正營之一哨		
		東角砲台	果毅練營之一哨		
		拱北砲台	宏字正營之一哨		
	漁翁島	內垵社 東南兵營	宏字前營（缺二哨）	副將劉忠樑	三營一哨
		外垵社	宏字副營（台南新募）	營官龔鳳章	
		馬灣 小池角	防軍右營（臺灣新募）	營官梁恩浩	
		西嶼東砲台	宏字前營之一哨		
		西嶼西砲台	宏字正營之一哨 宏字前營之一哨		
知府朱上洋	澎湖本島 圓頂半島	雙頭掛社 烏嵌社	定海右營（臺灣四營）	統領朱上洋	五營
		鎖管港 鐵線尾	定海衛隊營（挑選組成）	管帶解得標	
		豬母水 雞母塢	防軍後營（湖南新募）	營官郭潤馨	
		井仔垵	防軍前營（湖南新募）	都司朱朝貴	
		崎裡社	防軍砲隊營（廣東新募）	管帶朱尚傑	
備考	本表之外，馬公城有水雷營三哨（福州調來），保護糧臺親兵一百人，崎裡社有水雷營一哨，均歸周振邦指揮。				

　　由於法軍曾由崎裡登陸，這次清軍將防禦重點置於圓頂半島沿岸，其主陣地也位於大城山一帶。至於砲台之安置，其情形如下：

　　（1）西嶼東砲台，配砲三尊，口徑十吋、八吋、七吋

各一尊。

（２）西嶼西砲台，配砲四尊，口徑十二吋、六吋各一
　　　尊，十吋兩尊。

（３）天南砲台（金龜頭砲台），配砲三尊，口徑十二
　　　吋、八吋、十吋各一尊。

（４）東角砲台（東城砲台），配砲口徑七吋者一尊。

（５）拱北砲台（大城北砲台），配砲二尊，口徑十吋、
　　　八吋各一尊。

（６）紗帽山砲台，配砲二尊，口徑五吋一尊，另外一
　　　尊則不詳。

（７）圓頂砲台，尚在工事中。

　　由砲台布置位置可知，西嶼東、西砲台為澎湖內海第一
道防線。天南砲台與東角砲台是防衛媽宮城之主力。拱北
砲台是唯一內陸砲台，主要是為阻止敵人由媽宮城背部攻
擊。紗帽山砲台和圓頂砲台則是鑑於法軍當初由圓頂灣登
陸成功而補救加強之防務，可惜尚未完成，便已爆發戰事。

　　西元一八九五年三月二十三日（光緒21年2月17日）
晨，日本軍艦侵入侯角灣，拱北砲台哨兵發覺，發砲攻擊，
日艦受創離去。午後，又犯龍門之裡正角灣，裡正角灣水
淺沙淤，風強日酷，戍守兵勇難得一至，日艦未受任何阻
礙，順利登陸，並集中火力，猛轟紗帽山、大成山要塞。
日軍進占尖山（在今湖西鄉），進軍太武山，清軍力戰不勝，
太武山遂陷。二十四日，日軍攻大城北，別以一隊進攻拱
北砲台，清軍撤退於媽宮城外，拱北砲台為日軍占領，日
軍乘勝進迫媽宮城，歷三小時戰鬥，城破入城，城兵立潰、
媽宮陷落，日軍旗幟高懸城樓，西嶼東、西砲台守軍頻以
巨砲遙轟，日軍未料到，死傷頗多，紛避城外曠野之地。

二十五日，西嶼砲台續開砲轟擊，日艦亦群攻西嶼，下午一時，忽一彈擊中彈藥庫，砲台轟然，白煙飛揚，副將劉忠樑當場陣亡，其部下見狀潰散，西嶼即被日軍占領。時清軍將領或退往臺灣，或則投降；島上居民趁亂入內搶掠，一時不察，誤燃火藥庫，火藥庫爆發，死傷數十名，或云是清兵逃走之際，不願武器裝備留予日軍，遂將線香點燃，插入火藥引爆。又有一弁目陳連陞（閩人，曾隨從至德國克虜伯廠購砲），不願見砲台落於敵手，乃以其在北洋水師所學得之拆砲、裝砲技能，將存留砲位一一拆卸，尤其是緊要機件之閉鎖機部位，予以掩埋，另把武器彈藥等，紛紛投棄海中。[106]

三月廿六日下午，槍砲聲停，澎湖於四天之內淪陷，悉入日軍之手。日軍在馬公設置澎湖列島行政廳，由海軍少將田中綱常擔任廳長。不久，清廷與日本議和，簽訂馬關條約，台澎卒於是年五月割讓。

澎湖之戰，日軍虜獲軍械武器，其中大砲有安式十二吋砲及海岸砲十五門，機關炮四門，野戰砲十三門，海岸砲彈一千一百二十二發，野戰砲彈八百六十八發，機關砲彈六萬八千五百發，子彈九十六萬五千發，及許多火藥與裝填藥。[107]就軍械而言，不可謂不豐，惜當時諸公，不知戰略戰術之運用，又怯敵遁逃，四天之內，失地又失物，良可痛心。以西嶼砲台為例，作一檢討，便可了解。

西嶼東、西砲台在中法之戰時，因來不及裝砲配兵，使

106 以上參見（1）井田麟鹿，《澎湖風土記》一三〈戰紀〉（日本明治四十三年油印本附排印本），頁57-58。（2）陳衍總纂，《臺灣通紀》卷四（台銀文叢第一二〇種，民國五十年八月出版），頁245。按原文有「偕伺塔燈西人拆之……偕西人至廈門，西人言於稅務司，稅務司又言於水師提督黃少春云」，可見此事屬實，不過此西人是誰不得而知？又「伺塔燈」之「伺」應是「司」之筆誤，燈塔指西嶼燈塔。

107 同前註，及許佩賢，前譯書，頁88。

得法國軍艦乘虛直入媽宮澳，肆無忌憚砲轟清軍陣地，絲毫未發揮防禦功能。在甲午之戰，日軍由南方和東方之海岸登陸，沒有對馬公採行正面攻擊，轉而由陸路攻擊媽宮城的背部，而西嶼砲台只是在日軍攻陷媽宮城之後，亡羊補牢的炮轟日軍。因此西嶼砲台雖能控制船艦出入澎湖內海的有利位置，然而當敵人改變戰略，採取另外攻擊路線，也就無法發揮預期效果了。[108]

日治時期，澎湖號稱「帝國南門鎖鑰」，設有要塞司令部、水雷敷設部，重砲兵大隊，憲兵分隊等等，海陸警備嚴謹，西嶼砲台守備如何？由於軍事機密及屬軍事管制區，其詳不可得而知，想必仍有日軍駐防。不過據在地澎湖耆老告知當地被列入軍事管制區，當地所有住民均被遷移走。光復初期國軍駐守亦是如此。有關砲台資料，曾去函國防部史政局查詢，如同往例，回函皆以「查無資料」或「已銷毀」應付，無可奈何，無能增補近現代沿革歷史。光復後，東、西砲台均由國軍接管，除原有設施外，添建若干，保存尚稱完整，其中東台砲台改建之現況最為明顯部位有三：

1. 砲位與子墻：

原有南側三處砲位，在此時僅存左右二處而將中央部位的護垣和砲座推倒，並以混泥土將子墻連成直線；目前僅由外廓廣場上的殘存圓形砲座痕跡可以研判出原始形貌，並與原十、八、七吋三座砲位之記載符合。

2. 營房：

國軍移駐後繼續使用營房，但功能已變為居住性營舍之用，添加部分隔間墻並將主入口左右拱形通道封起；內部則大加粉刷使得原有清水磚面被遮掩，亦不復有支援上層

108　郭貴明，〈西台古堡修護保存計劃補遺〉（收於《澎湖開拓史學術研討會實錄》，民國 78 年 6 月出版），頁 57。

砲位的功能。

3. 環境：

受近代戰爭觀念與武器系統的改變，原有的砲台功能大幅降低，而清代砲台設施已多廢置不用，乏人保養的情況下，外垣、土壕、護牆、地坪等多已傾倒破壞，亟待修護以回復景觀。

民國六十一年，軍方始將西台交給西嶼鄉公所，開放供觀光之用。近來亦有打算交還開放東砲台，以供觀光之用，但願早日實現。

第六節　小結

澎湖群島散布臺灣海峽，為福建、臺灣之衝要，由澎湖歷次戰役，可知荷人攻台、明鄭復台、施琅迫台，乃至法軍、日軍之侵台，皆以澎湖為首要目標，澎湖之存亡，實關係臺灣得失。是以清代初期，清廷極重視澎湖防務，分防汛塘，並置戰船，按季汛防海面，且在各據點設置砲台，康熙末葉曾一度築砲台十二座，安砲四十五尊，達到最頂點，突顯此時期清廷對澎湖防務之重視。

雍乾以降，海晏承平，綠營營制廢弛，兵虛將惰，防戍轉趨消極，此種方式僅對維持地方治安、緝捕海賊、防止偷渡或許有用，但當面臨外敵挑釁窺探時，必定束手無策，任憑宰割。兼以（1）航海船隻日益進步，過去老式帆船需在澎湖候風決定行止，改用新式輪船，自然無此考慮，不必再停泊澎湖。（2）臺灣重心本在南部，與澎湖成唇齒之勢；而自從重心北移，即使防守住澎湖，也無法解雞籠、滬尾之禍。[109] 所以同治七年有裁軍加餉之舉，足以說明澎湖

109　蔣師轍，《臺灣日記》卷四「六廿四日」（台銀文叢第六種），頁114–116。

軍事地位之降低，不被重視。

　　同治十三年爆發之牡丹社事件，使得清廷由「內訌」治
安之挑戰，一變為「外侮」國防之挑戰，也由防範臺灣之
種種消極閉鎖之治理政策，一變為如何確保臺灣，以免為
列強侵奪之積極開展政策。於是沈葆楨展開一連串籌防交
涉事宜，開山撫番，增闢郡縣舉措，而澎湖再度受到重視，
增加兵勇，修建砲台。此種防務措施，歷經中法戰爭，劉
銘傳撫台，均是如此。只可惜的是此一防務措施全從「陸
防」觀念出發，意在以陸制海，使敵人不得入港，不得進
城。此一錯誤觀念，自始至終，均未改變，不知言海防者，
不在守城守岸，而在守大海為長城，故林豪曾慨嘆：[110]

> 所謂以戰為守，而以海為戰；防海之要，孰要於此。
> 且今日言防海者，動稱鐵甲船、開花砲矣，要之，
> 有船而駕駛不知法，與無船同。有砲而不能命中，
> 與無砲同。即能駛矣，能中矣；而士卒不為用，與
> 無兵同。推之砲台必仿洋式，無非為設險計；而所
> 以守此台、演此砲者，則視乎其人。即朝廷不惜鉅
> 費，造此船砲，何難另籌款項為操演資？而領此款
> 項以為操演者，仍視乎其人。夫此船也、砲也、台
> 也，皆防海之要務也。苟用之不得其人，猶為虛器，
> 又何論區區沙汕之險之出於有形哉！

　　所以其後清廷不設南洋水師以衛台澎，反倒將艦隻調防
北洋，不知以巡洋艦隊巡弋外海，控制水陸，遏之於門庭
外，徒恃兵勇、武器、砲台為制勝工具，結果據守島嶼，
坐待包圍，空有利器也無從發揮作用。中日甲午澎湖戰役
之慘敗之淪陷，根本原因在此。澎湖之腹地在大山嶼，大
山之結聚在媽宮港，為澎湖要地，所以澎湖歷來防禦工事
均在守衛媽宮。而西嶼位在澎湖本島西方，其南是花嶼，

110　林豪，《澎湖廳志》卷五〈武備〉「武備略總論」，頁170–172。

其東南是八罩（望安），皆是大船航行之路，而西嶼為二路入澎必經之總口，可見西嶼控制澎湖內海之出入。何況西嶼全島地勢高竣，前後有山，（反之，他島諸山皆不甚高），居高臨下，形勢險峻，所以燈塔、砲台均設在此，自有其不容考慮之因素。簡言之，西嶼乃是澎湖防衛之最前線，位防守澎湖必爭之地，因此早在明鄭時代，西嶼即設有內、外塹砲台二座。清平台澎，自不例外，於內外塹也設有砲台，其形制，或許是磚石構造之方形台座，配有老式前膛鑄鐵砲。其後因防務鬆弛，漸漸荒廢。

同治十三年牡丹社事件起，當時澎湖水師副將吳奇勳曾建議沈葆楨在新城、金龜頭、蛇頭、西嶼等處，築造洋式砲台，安設大砲，不過一時難以遽事，改用巨筐裝砂土、小石堆垛，暫作藩籬。事後，僅在新城、金龜頭新建砲台，高不盈丈，僅容數百兵，貯砲數門以守隘口。此時期澎湖也常為兵船操練演習之處。

光緒九年，中法為越南之爭，爆發戰爭，台閩緊張，澎湖通判李嘉棠奉閩浙總督何璟之命，「在西岸之西嶼、東岸之蛇頭，進口要隘，各建砲台，藉資守禦」[111] 在劉璈的督促下，總算在翌年完成，雖云「堅穩」，可惜還來不及安砲配兵，法軍已經打來，結果在毫無反擊之下，法艦揚長通過，進而控制澎湖內海海權，法軍順利由嵵裡登陸，攻占媽宮。此一新建西嶼內、外塹砲台形制如何，史無明文，不過「夷船開砲，擊之不中」，砲台未被轟毀，今日東、西砲台或許有當時殘留遺蹟在。

中法戰後，劉銘傳積極整頓澎湖防務，築媽宮城，改設澎湖總兵官以外，新建砲台尤為重視。在經費短缺，建材難買，運輸不便的種種困難之下，興建了西嶼東台、西台、

111　臺灣銀行經濟研究室編，《道咸同光四朝奏議選輯》之〈籌辦閩防畜募勇營疏〉（台銀文叢第二二八種），頁 218。

大城北、金龜頭四座洋式砲台。

西嶼東、西砲台是由德人鮑恩士設計，澎湖總兵吳宏洛督建，於光緒十三年春正月，拆掉原舊砲台而新建，於十五年正月竣工，也即是今日所見西嶼東西砲台之由來。東台砲台形制是以磚拱筒狀為主體結構，平面均為矩形，四圍繞有重垣，形成內外垣。外垣是疊土而成的土石屏障，有隱蔽性；內垣由於擔負功能不同，形成厚重不一的剖面。內外垣間有壕溝，利於排水，利於保護。砲座位於子牆後，疊土而成之高台，並有突出掩體，作為貯藏之用。砲座後方有彈藥庫，有兵房，有甬道，互相銜接，利於保護，利用出入連絡。而高築之平台，和整體砲台設施連通成環狀，氣勢相當雄偉。並且從英國採購阿姆斯脫郎大砲，安置了七寸、八寸、十寸三尊後膛砲，射程遠達九公里之遙，半徑涵蓋桶盤嶼、風櫃、金龍頭等內海及媽宮城。

光緒十八年七月，胡傳奉派來澎巡視防務，報告中曾提到當時東砲台駐有宏字副營之右哨，也頗為稱讚砲台之設計，但也指出弁勇在砲架後站立之處，未建夾垣是其缺點。更憂慮的指出澎湖未設水師，僅恃陸兵守護，恐怕很難守住澎湖，果然不幸被他言中。

光緒二十年，中日爆發甲午戰爭，日本派聯合艦隊司令官伊東祐亨率軍南下攻打澎湖。二十一年二月十七日（西曆三月二十三日），正式點燃戰火，日軍在龍門的裏正角灣登陸，以後節節進逼，次日拿下媽宮城。西嶼東、西砲台稍稍發揮功能，頻頻以巨砲轟向城內，造成日軍頗多傷亡。第三天，西嶼砲台終被攻下，副將劉忠樑英勇成仁，弁目陳連陞破壞大砲機件，不使淪於敵手，尤為愛國表現。澎湖戰役於四天之內結束，由於這次日軍不採正面攻擊，轉由陸路攻擊媽宮城的背部，使得西嶼東西砲台未能發揮預期效果，是一大遺憾。

日治時期，西嶼東砲台應有重砲兵大隊駐防，詳情如何，由於當時事涉軍事機密，附近居民被迫整村遷移，一般人也不容易得知，所以至今無留傳有關資料可以察知；但是由砲台外東南側平台上，留有玄武岩砌平房壕溝等設施觀察，日軍在此地除了繼續使用外，並作了部分添加設施。此外外垣，東南角上的機槍堡也應該是日治時所增築。光復以後，由國軍接管，也是列入軍事管制區，一般人也不容易進出，其詳不可得知。不過，除原有設施外，並有若干補建。近年來，乏人保養下，外垣、土壕、護牆、地坪等已多傾頹，亟待修護，以恢復原貌。

第六章 澎湖媽宮觀音亭：涼亭變成寺廟

馬公觀音亭

文化資產局網站基本資料介紹			
文化資產類別	古蹟		
級別	縣（市）定古蹟	種類	寺廟
公告日期	1985/11/27	公告文號	臺內民字第357272號
評定基準	具歷史、文化、藝術價值	法令依據	《古蹟指定及廢止審查辦法》第2條第1項第1款
指定／登錄理由	具有保存價值		
所屬主管機關	澎湖縣政府		
地址或位置	澎湖縣馬公市中興里14鄰介壽路7號		
主管機關	名　　稱：澎湖縣政府文化局 聯絡單位：文化資產科 聯絡電話：06-9261141#134 聯絡地址：澎湖縣馬公市中華路230號		
管理人／使用人	關係　　　　名稱 管理人　　　澎湖觀音亭管理委員會		

所有權屬	關係　　　　公私有　　名稱
	建築所有人　私有　　觀 OO
歷史沿革	康熙 35（1696）年，為澎湖遊擊薛奎所創建，主祀奉觀音大士。乾隆 29（1764）年曾重修過；乾隆 46（1781）年通判陳銓與澎協馬蛟等官紳勸捐，撤基重建。嘉慶 10（1805）年澎湖鎮副總兵王得祿等亦勸捐重修。道光 6（1826）年通判蔣鏞倡捐，擇觀音亭東邊舊廂房拆屋，另建龍王祠。光緒元年（1875）貢生黃學周等鳩資重建。光緒 11（1885）年，法軍侵澎，廟宇被毀，次年重建完成。光緒 17（1891）年，澎湖總兵吳宏洛捐資補修。 日本治台後澎湖紳民於昭和 2（1927）年再度重建，並於南側放生池中增蓋涼亭乙座。2 年後鄉紳薛佛然、王步程捐獻暮鼓晨鐘一組。民國 46（1957）年因廟宇年久蟻害嚴重，鄉賢郭石頭集各方資金修建，即今日所見之形式。民國 92（2003）年經由政府補助整修，做屋面新作，桁木檢修及抽換，費時 3 年於民國 95（2006）年完工。

資料來源：
https://nchdb.boch.gov.tw/assets/advanceSearch/
monument/19851127000093

第一節　觀音信仰在台澎

　　台澎的宗教，大都是明末清初以來，隨著移民人潮而傳入的，因此多數承繼中國南方的宗教傳統，佛教引入台灣即是在明鄭時期。鄭成功父子在台施政，重用陳永華為輔佐，陳永華為儒家之奉行者，除建聖廟，設學校外，也廣建寺廟，對佛教亦未加以禁抑。因而在此時期前後建了「龍湖岩」、「彌陀寺」、「準提堂」、「萬福庵」、「觀音堂」（在寧南坊）、「觀音亭」（在鎮北坊）、「觀音宮」（在

廣儲東里）和「竹林寺」等佛寺[1]。當時所建佛寺，率多奉祀觀音菩薩，如觀音亭、觀音堂、觀音宮、龍湖岩等皆是。

清廷領有台灣之後，佛教亦有相當的發展。除了在鼎革戰亂之際，心中有國亡家破之痛心而遁入佛門者，或禮佛念經，消極避世者外，清廷對於重要官員宅邸改為寺廟，亦有相當影響，如寧靖王朱術桂之王邸，先是交給僧聖知改設為觀音寺，康熙二十三年（1684 年）被施琅改祀媽祖，稱「天妃宮」，宮後仍然建有禪室，付住持僧奉祀，讓該廟住持並兼任台灣府僧綱司事，管理僧侶事務[2]。鄭家宅邸「北園別館」，於康熙二十九年被台灣總兵王化行、台廈道王效宗改為「海會寺」（亦名開元寺、榴禪寺，海靖寺）。又如李茂春之夢蝶園之改稱「準提庵」，又改為「法華寺」，著稱於世，為曹洞宗海外名剎[3]。

而清朝許多在台官吏，頗有護持梵剎之舉，亦建立許多寺廟，如黃蘗寺為左營守備孟大志於康熙二十七年建立，前祀關帝，後祀觀音、三世尊佛[4]。觀音宮為同知洪一棟於康熙四十四年建[5]。其餘由僧民募建者也不少，如廣慈庵為康熙卅一年某佚名僧募建於東安坊[6]，彌陀寺為康熙末年僧一峰、監生董大彩、陳仕俊重興[7]。在康熙年間，僅台灣縣轄區內，即有佛寺十四座之多，就陳文達纂修之《台灣縣志》之〈雜記志〉「寺廟門」中所載寺廟總數共六十座，約占其 23.3％，有五分之一強，由此可見佛教，尤其是觀

1　陳文達，《台灣縣志》（台銀文叢第一○三種），卷之九〈雜志・寺廟〉，頁 207–215。
2　高拱乾，《台灣府志》（台銀文叢第六五種），卷九〈外志・寺觀〉，頁 219。
3　高拱乾，前引書，頁 219–220。
4　陳文達，前引書，頁 207。
5　陳文達，前引書，頁 213。
6　陳文達，前引書，頁 208。
7　陳文達，前引書，頁 212。

音之信仰，在台灣民間信仰中之份量，不過就前述諸寺廟所供奉神佛，也可以發現非純然佛教，明顯地呈現儒、釋、道三教雜處現象，這種三教調和現象，迄至今日，並無多大改變，今日台灣民間供奉之神幛，上繪玉皇大帝、觀音菩薩、媽祖、土地公、灶君等神佛，即可想見三百年來之信仰流風。台灣如此，澎湖亦不例外，尤有過之。澎湖民眾自古以來以海為田，身家所繫，莫不祈求海上平安，元、明、清三代以來，對媽祖之崇敬最盛，澎湖天后宮是台澎地區最早創建之媽祖宮，即是一明證。其次，關公普受民間崇拜，其忠義氣節尤受軍人尊敬，因澎湖古來屢駐大軍，明清兩代祭拜最盛。而觀音之信仰亦是重典所在，如施琅於康熙二十二年六月攻澎，除散佈媽祖顯靈助戰之靈異外，連觀音菩薩和關聖帝君也不忘加以運用，杜臻《澎湖台灣紀略》載：

> 初，琅將出師，夢觀音授以水一桶。覺而曰：水者，海也；一桶者，大一統也。我今茲必破賊矣！又，軍士有宿於關壯繆廟者，忽聞空中呼曰：選大蠹五十杆，助施將軍破賊。琅聞之，益自喜，至是，果驗。[8]

　　上述這些種種靈異神蹟，於鼓舞清軍、瓦解鄭軍、收攏民心，的確發揮了可觀的功效。但是，值得我們注意的是，為何眾多神祇中，獨獨挑上媽祖、觀音、關公，此三位神祇在軍隊在民間信仰之普及之虔敬，不言可喻了！寺廟為民間信仰中心，澎湖寺廟之主神或副神頗多以觀音菩薩為主，即可想見一斑[9]，澎湖觀音亭尤為明確例證。

8　杜臻，《澎湖台灣紀略》（台銀文叢第一〇四種），頁 10。
9　詳見黃有興，《澎湖的民間信仰》（台原出版社，民國八十一年八月第一版），第二輯「澎湖一般人的宗教觀念」，表一，頁 41–42。

第二節　觀音亭的創建與沿革

一、創建稽考

澎湖馬公觀音亭，位於澎湖縣馬公市中興里介壽路七號，評列為第三級古蹟。其創建，據胡建偉《澎湖紀略》卷之二〈地理紀〉「廟祀」觀音廟[10]：「廟在媽宮澳，距廳治五里。康熙三十五年；遊擊薛奎創建。乾隆二十九年重修。祀大慈大悲南海觀世音菩薩也。」

據此，則觀音亭之創建於康熙卅五年（1696年）似無疑議，但其中有一疑問？余光弘《媽宮的寺廟》載[11]：觀音亭在胡建偉及蔣鏞的書中均稱為觀音廟，至光緒年間林豪所寫的《澎湖廳志》才稱之為「觀音亭」。

澎湖縣政府發行之《澎湖》於〈宗教民俗篇〉第三目記觀音亭：「康熙卅五年以前，已有小亭，遊擊薛奎建廟以後到道光年間，志書都書觀音廟。道光以後稱觀音亭」[12]。

按此二書均有錯誤，固然胡建偉之《澎湖紀略》與蔣鏞之《澎湖續編》於志書之「廟祀」項中均明確記載為「觀音廟」，但胡建偉《澎湖紀略》書前所刊之輿圖卻是印為「觀音亭」；蔣鏞所寫之「建修龍神祠記」，稱呼為「觀音亭」，可見其時名稱混淆，「亭」、「廟」皆可，未予以明確區分。何以如此？個人意見以為：其先或是亭子，至康熙卅五年遊擊薛奎予以重新改建擴大成「廟」，而民間仍沿習舊稱，

10　胡建偉，《澎湖紀略》（台銀文叢第一〇九種），卷之二〈地理紀·廟祀〉，頁40。另，陳文達，《台灣縣志》卷九〈寺廟〉亦記：「觀音堂（疑亭字之誤），在媽祖宮西，康熙三十五年，澎湖右營遊擊薛奎建。堂前有井二口，泉甘而美，為澎湖第一泉。」

11　余光弘，《媽宮的寺廟─馬公市鎮發展與民間宗教變遷之研究》（中央研究院民族學研究所，專刊乙種第十九號，民國七十七年十月），第二章「闔澎所有的公廟」，頁29。

12　《澎湖》（澎湖縣政府，民國七十年十月），第參篇宗教民俗第一章第二節第三目「澎湖佛教聖地─觀音亭」，頁（參）11。

故「亭」、「廟」不分，而以「亭」之稱呼為主。緣由民間相傳，明朝末年，觀音大士見媽宮港側風景秀麗，下凡駐足欣賞，留下足印，即是今日望潮亭下的水池。居民便在邊上造亭，所以叫作「觀音亭」，故康熙卅五年以前，已有小亭[13]。此說驟睹，看似荒誕不經，但細細審思，觀音亭之起源說法或不可取，但對於觀音亭之興建於明末清初（康熙之前）則不無可能。蓋觀音亭所在位置，為自昔西瀛勝境所在，素有望海弄潮，觀落霞，看漁火之美景，駐足片刻，令人俗慮盡捐，如入仙境，是繁忙的人們憩息遊玩之好所在，澎湖先民於此造亭，在海濱休憩歇息，欣賞景物，自是大有可能。我們試看乾隆初年澎湖海防通判胡格之〈跋嘉蔭亭〉詩句，或可想像當年建亭之情景及原因[14]：

> 太傅題詩之路，柳暗花明；右軍高會之亭，茂林修竹。凡茲喬柯飛棟，敢求海島殊方？第由文澳以達媽宮，每多躑躅；衝寒風而冒烈日，未免趑趄。雖蔭樾樹難栽，而堅緻之亭易設。爰捐清俸，不日落成。庶幾扶杖婆娑，聊舒倦足；擔簦來往，藉息勞肩。坐看碧水淪漪，潮無聲而不怒；遙望遠山蒼翠，夕有照以皆紅。後之同心，幸為留意。

二、清代沿革

觀音亭於康熙卅五年，遊擊薛奎擴建為廟後，乾隆二十九年（1764年）重修，今觀音亭東邊龍王廟，懸有一乾隆二十九年之木質古聯：「乾隆甲申（廿九年）仲秋，祥雲靄靄來南海，甘露湛湛潤炎方，護理副總兵官戴福敬

13　同註12。

14　蔣鏞，《澎湖續編》（台銀文叢第一一五種），卷下〈藝文紀〉收胡格〈嘉蔭亭跋〉，頁92-93。
　　按嘉蔭亭（俗名五里亭）其先是涼亭，後擴建為廟，至日治時期拆去廟前所建之亭，改建成今之「三官殿」（詳見余光弘，前引書，頁34-35），其過程足可提供一例證。

立」，查志書：戴福，字文煒，浙江仁和人，行伍出身。乾隆二十九年任右營遊府。三十二年陞福建省督標水師營參將[15]。則此次重修或為戴福發起，重修後之景色，據林豪《澎湖廳志》之描述為：「廟外有放生池，隔水近山，煙波浩杳，景頗幽曠。」[16]

迨乾隆四十六年（1781 年）予以全面拆除重建（撤基全修），蔣鏞《澎湖續編》〈地理紀〉「廟祀」載：「前廳陳銓會同澎協馬蛟，溫靖，烽火參將魏大斌，左右營遊擊黃必成，柴大紀，守備楊開春，謝恩，千總潘鍾，黃捷魁等勸捐，撤基全修。」[17]至嘉慶十年（1805 年）十月，「澎鎮副總兵官王得祿，護協陳景星，遊擊聶世俊，盧慶長，守備時胡麟，黃定國復倡捐重修。」[18]此次重修，或與擊退海盜蔡牽事件有關，蓋「嘉慶九年，因蔡牽在洋滋擾，就媽宮口一帶自水仙宮起，至西城外止，沿海築石為埤，以資堵禦。所需石工，由營自行捐辦，並無動項報銷。嘉慶十年，蔡逆匪船攻岸，眾心惶恐，公（指王得祿）督率兵民晝夜防禦，擊退。至今，民思念之」[19]。則此次能順利擊退蔡牽，應有觀音顯靈助戰，或事前至廟裡禱告事後答庥之事，惜志書及民間均無相關之傳說可供參證。此次修建規模如何，志書所記闕略，僅能從嘉慶年間同安人許宏之詩〈到觀音亭〉想像一二[20]：

> 梵宇經樓面吼門，紅城西嶼絡包分。映斂曇影臨風舞，繞洞潮音坐月聞。鐘響萬家驚夜夢，舟凌千頃渡慈雲。浮萍孤客登仙界，應淨凡心一念紛。

15 胡建偉，前引書，卷之六〈武備紀〉，頁 139。
16 林豪，《澎湖廳志》（台銀文叢第一六四種），卷二〈規制‧祠廟〉，頁 66。
17 蔣鏞，前引書，頁 5。
18 同註 17。
19 蔣鏞，前引書，〈武備紀‧列傳〉，頁 57–58。
20 蔣鏞，前引書，〈藝文紀〉，頁 115。

另，澎湖向未專建龍王廟。道光六年（1826 年），通判蔣鏞會同協鎮孫得發、左右營遊擊黃步青、林廷福倡捐，擇觀音亭東邊舊廂屋四間拆建。蔣鏞〈修建龍神祠記〉紀其事[21]：

> 澎地僻處汪洋，宦途客艘及本地士農工賈往來海上，穩渡安瀾，悉賴龍神默祐……迺澎地向未設立專祠，惟神像先後寄奉水仙、天后二宮，亦無專祭……顧建祠必須地靈，方足以妥神明而邀嘉貺。查觀音亭向來禱雨輒應，地甚靈爽，東邊舊有廂屋四，近就傾圮，各董事林超等禱卜建修。惟重新拆造需費不貲，爰會同協鎮孫得發、署左右營遊府黃步青、林廷福倡捐，闔轄士者商庶隨緣樂輸，共襄斯舉。用選董事林超等於道光丙戌年（六年，1826 年）夏季興工，越四月而告成……用將題捐暨董事備書於區，以誌不朽……

觀此文，我們可推知下列數點：

1. 嘉慶年間所修之觀音亭，其東邊是廂屋，有四間，則左邊應也是四間廂房，東廂房至道光初年已傾圮，遂被利用，拆建為龍神廟。則觀音亭照理在道光六年拆建龍神廟工程中，應會有若干修葺才對。

2. 其時觀音亭向來以禱雨靈驗聞名，故龍神廟址選在其旁。我們參考前引乾隆甲申之古木聯：「祥雲靄靄來南海，甘露湛湛潤炎方。」正可互為印證史實。

3. 觀音亭於其時有董事林超等若干人，並極有可能與新建之龍神廟董事人選大同小異，可惜龍神廟捐題暨董事名單之木區今已失佚。

道光六年興建龍王廟，廟在觀音亭東邊，並且是利用其

---

21 蔣鏞，前引書，〈藝文紀〉，頁 86。

舊有廂房，於情於理，均會波及影響觀音亭，應有可能若干補葺。除此外，觀音亭尚有若干道光年間古聯匾，其一，懸於觀音亭西室省善堂，為蔣鏞所書，聯文如下：「道光三年仲秋月，澤沛楊枝頻年沐西天法雨，春生蓮座到處被南海慈雲。候補知州借補澎湖通判蔣鏞立。」其二，懸於觀音亭內東側龍王祠中，為信官沈朝冠於道光三年瓜月（七月）所立之匾，匾文：「如是觀」。其三，懸於觀音亭內側，為協鎮福建澎湖水師等處地方副總兵官詹功顯於道光廿一年荷月（七月）所立之古匾：「薄海蒙庥」。其四，在廟前廣場右側古鐘附近，有殘碑一方，碑文大略如下：「海壇劉印元成，即澎湖監生劉〇〇，敬買瓦店一座，喜助觀音亭佛祖香油，爰勒之石以垂永久是為序⋯⋯立」。

關於劉元成其人其事，林豪《澎湖廳志》卷七〈人物〉「鄉行」有記載[22]：「劉元成，其初由海壇移居媽宮市，遂家焉。生平精於心計，以居積致富。後見同時刻薄成家者，多出不肖子，轉瞬間傾覆殆盡矣！由是廢然意沮，自反其所為，出數千金為各廟香資，並分散澳中之窮困者。謂人曰：『人生寄也，多資奚為』！後其子孫淡薄食力，亦克自成立。」

其事屬實，今施公祠中，嵌於廟西壁下段有一古碑，文曰：「道光癸卯年（二十三年，1843年）葭月穀旦，施公祠重修。海壇右營戍澎各隊目兵丁等四百二十八名，共捐餉銀一百二十八兩四錢正。董事海壇劉（印）元成另捐餉銀二十兩正。海壇各伙房長全公立。」

天后宮中又有碑記：「壇越主海壇監生劉印元成，敬買萬軍井邊瓦店壹座二間，喜助澎湖天后宮天上靈母香油之資，道光二十五年八月住持僧信資。」

---

22 林豪，前引書，卷七〈人物〉，頁251。

據此推測，劉元成買瓦店一座，捐助觀音亭香油之資，也應是道光末年之事。

　　道光年間，已不能確定觀音亭是否有所修繕。而咸、同年間，相關志書，更無一提及。直到光緒元年（1875年），林豪《澎湖廳志》記觀音亭「光緒元年，例貢生黃學周等鳩捐重建」[23]。黃學周為澎湖例貢生，曾捐建義倉、觀音亭、助學文石書院、兼為媽宮市團總，率勇守衛鄉梓，以如此一重要人物，相關志書，竟無一傳記，實在輕忽至矣！此次修建，廟貌煥然一新，而捐助者尚有其時澎湖水師副將吳奇勳，梁純夫〈新建武廟碑〉記[24]：

> ……澎湖自國初隸入版圖，設官以守，凡崇入祀典之神，皆擇地建廟，以為民庇，而有司有特祭之，如觀音、天后、北極、城隍諸神，皆素著靈異，嘖嘖人口，惟於武廟，獨無所聞焉……節年以來，鯨鯢不波，歲豐民樂，閭閻富厚，興作因時，都人士重修文石書院及觀音亭、北極殿諸起，吳公皆厚捐清俸，以為都人士倡，蓋欲振文風而錫民福也……鳩工庀材，經始於光緒元年乙亥七月，落成於光緒二年丙子六月。

　　光緒十一年中法戰役，法軍入侵澎湖，「法酋釘我大炮，毀我廟宇」[25]，「廟內羅漢經法夷毀掠，鐘鼓等物盡攜去」[26]。不但廟宇為法軍所毀，連廟內所存之名貴古物，及兩尊觀音佛像、法鐘均為法兵所掠奪，廟內廟外，面目全非。不過，有關廟內十八羅漢像之被奪走一事，據《澎湖縣志》〈文化志〉「勝蹟」所載：據年老之廟祝告稱「雖

23　同註16。
24　林豪，前引書，卷十三〈藝文〉收梁純〈新建武廟碑〉，頁445-446。
25　林豪，前引書，卷十一〈舊事‧紀兵〉，頁367。
26　同註16。按林志記此事為光緒十年事，誤，應為十一年。

曾被掠，但即派人追回」，今仍祀於大殿內兩旁[27]。掠奪羅漢像者恐不是法軍，或是自己人，澎人才「敢」派人追回，蓋其時大亂，「是夜廣勇、台州勇大掠媽宮街，放火延燒店屋殆盡」[28]。軍紀敗壞如此，良莠不分，不必將一切惡行盡歸之法軍。

中法戰役，澎湖流傳頗多神蹟；如林豪《澎湖廳志》軼事記[29]：

> 光緒十年二月（按：應是十一年才對），法夷犯澎。十三日，媽宮百姓扶老攜幼，北走頂山，皆口呼城隍神保佑。時夷砲沿途雨下，顆顆墜地即止，無一炸裂傷人者，亦足異也。及事平，廳主程公據實，請大憲奏明加封。號為靈應侯。御賜「功存捍衛」匾額。程公重新廟宇，為文記之。

觀音亭之觀音菩薩也顯現靈異，今廟中大殿門內掛有一副木質對聯，聯曰：「寶珞耀雲端萬朵祥光震旦曼花隨法現，慈航橫海表幾聲梵響乾陀魚鼓逐潮來。東官，劉燦瑩謹獻並記」。聯文旁邊附記：「乙酉花朝（按即光緒十一年二月十二日），法夷犯順（澎字之誤？），余率師扼溝力禦，深夜忽見廟畔霰光照耀，若內典所傳珠瓔寶珞者，用是於砲彈煙雨之中，血戰兩晝夜，幸免傷痍，書於榜楹以誌神貺。」雖然靈異如此，觀音亭並未受到清廷的特殊禮遇，不若天后宮及城隍廟均曾得清帝賜匾尊崇。

戰後，諸多廟宇重建，城隍廟與觀音亭同時興修，程邦基〈重修城隍廟碑記〉載[30]：

---

27 《澎湖縣志》，卷十三〈文化志〉（澎湖縣文獻委員會，民國六十七年七月），第一章第四節「觀音亭」，頁20。

28 同註25。

29 林豪，前引書，頁383。

30 林豪，前引書，卷十三〈藝文〉，頁448。

乙酉秋，基茊任籌善後。城隍為祀典正神，四民祈福。廟燬於兵，商之諸紳，以闔澎十三澳公捐錢二千貫有奇。十月既望興工……丙戌春落成（按即光緒十二年，1886年）……廟西觀音亭為傾圮，並建之。董事舉人郭鶚翔，生員黃濟時、徐癸山、蔡玉成、許晉纓、許廷芳……

今廟中前亭，尚存有光緒丙戌（十二年）春月，澎湖通判程邦基敬立之「大慈悲」匾。此次廟貌修建如何，史書記載不詳，不得而知，不過金門人林樹梅（其父林廷福，官澎湖遊擊，每巡洋，挈之以行）有一首詩，稍稍涉及，其〈乙酉侍任澎湖，丙戌冬月言歸，賦詩誌別〉詩中吟道：「澎山三十六，居處半漁寮。虎井風煙壯，龍宮暑氣消（原註：宮在觀音亭邊，時家君與孫協戎、蔣別駕建，祀龍神以祈雨者）。雲生香鼎嶼；雷沸吼門潮。環海如明鏡，昇平領聖朝。」[31] 至光緒十七年（1891年），總兵吳宏洛捐銀五百元修補，剩銀百餘置南門內店屋收租，以資香火[32]。應可推知，光緒十二年之重建，規模不大，因陋就簡，所以不過五年，就須加以修補了。此次修補所留文物，有「慈航普濟」匾，上款是「光緒歲次庚寅（十六年，1890年）菊秋吉旦」，下款是「總帶宏軍前營花翎儘先補用遊擊劉忠樑敬叩」。

三、日治擴建

嗣後，代遠年湮，風雨飄搖，廢墜衰頹，剝落尤甚，尤其甲午之戰，日軍攻澎，觀音亭又慘遭狼煙，兩遭兵燹，損失甚大，遂向澎湖廳長增永吉次郎及三浦街長申請擴張更新重建，得其許可，於昭和二年（丁卯，民國十六年，

31　林豪，前引書，頁512。
32　同註16。

1927 年）仲春著手興工，「拓新基以宏壯其寺宇，增前進以嚴其山門，置鐘鼓樓於庭堆左右，修放生池於寺外西南，仍建立東西兩廂以為經堂、靜室、客舍、禪房之所，其龍王祠則移祀於殿之西偏，與佛祖坐向並列」，「並修築福德祠一所存舊蹟」，而「上棟日則用清和望日丑刻，適與孔聖廟同時，尤為一時之盛紀者哉」[33]！經此增修，亭內設噴水池，四周植樹，原放生池中增蓋涼亭，大增景致。此役於是年秋天工事告竣，所費金額計二萬二十餘日元有奇。

　　此次規模浩大，所有樂捐善信士女，均題名勒石，以為徵信與寺宇共傳不朽，今存有「街庄大字寄附金額芳名碑」、「諸善信寄附金額芳名碑」，「改築發起人集金紀念碑」（於昭和三年孟春之月鑴石），及眾多楹聯、匾額，洋洋灑灑，不勝記載收錄，而且捐輸地區遍及闔澎，可見觀音菩薩信仰之盛！不過為圖維持長遠，又有建店收租之舉，〈本寺廟油香店建築碑記〉詳敘始末：

> 是歲丁卯冬，澎湖觀音亭重新告竣。叨蒙諸善信踴躍樂捐，亦賴當事者及發起人經營之力也。惟是山形壯麗，廟貌清新，奈維持費尚未籌及，亦非久遠之計，爰是敬邀林介仁先生，及謝君靜觀，陳君長澤，黃君裕堂等公同時議，幸佛化有緣，並得魏齋女知修氏，肯同盡力，遂得謀成於戊辰（昭和三年，民國十七年，1928）秋月借地澄源堂前，建築內地式（指日本）家屋一座，分作兩棟，計開費工料金二千六百圓有奇。現賃內地人，所收租金永遠充作維持費，所有不數金額，則由本住持設法補足，茲將從前所積油香金及此番善男信女自由寄進芳名，勒碑於左，以垂不朽云耳。歲次己巳參秋之月吉旦，

33　廟中碑記記龍王祠移置西側，但今龍神奉祀在東側廂房，可能是民國四十六年重修時，西廂改作善堂，為著作善書之地，故龍神改置東廂。

觀音亭住持蔡德修立。

　　碑下為捐輸名單，較特殊者有(1)「前澎湖總鎮吳宏洛大人金百叁」；(2)「前盧如切師積立金百二十叁」；(3)前倉聖牌位金五十叁」等，則知：(1)前述總兵吳宏洛捐銀修補觀音亭，剩銀百餘，置南門內店屋收租，以資香火之事屬實，並遺愛至日治時期，仍發揮效用。(2)蔡德修住持之前為盧如切。(3)至於「前倉聖牌位金」指的是澎湖一地祭祀倉聖之送字紙習俗乙事，林豪《澎湖廳志》卷九〈風俗〉紀其事[34]：

> 士民最敬聖蹟，鳩資合雇數人，每月赴各鄉拾取字紙，積貯書院中，每歲送之清流，沿為成例。舉其端者，諸生陳大業也。同治十一年，紳士許樹基、陳維新、蔡玉成、陳雁標、林瓊樹等議，於送字紙時，士子衣冠，齊集書院，以鼓吹儀仗，奉製字倉聖牌位，迎至媽宮。及送畢，乃返駕於書院。各澳輪年董理，於是四標弁丁及郊戶商民亦各備鼓吹，共襄盛舉焉。

　　此外，昭和四年（民國十八年，1929 年）上元，另由薛佛然、王步程諸人發起，捐獻觀音亭晨鐘暮鼓壹組，今捐輸碑文猶存。此次重建之面貌，藤島亥治郎之《台灣的建築》一書附有照片，並描述道：「馬公觀音亭是於康熙三十五年創建的小寺，它面對富於熱帶情調的海，白色、粉紅色的牆壁接連著，赭瓦綠棟的屋頂所反射出來的情趣，有富麗感又令人疼惜。」[35] 林介仁（號維藩，澎湖馬公長安里人，咸豐四年生，民國二十二年病逝，享壽八十）亦有〈重遊觀音亭〉詩讚嘆：「韶華荏苒過中秋，景色風光感昔遊。

34　林豪，前引書，頁 304。
35　藤島亥治郎，《台灣的建築》（台原出版社，民國八十二年七月第一版），頁 176–177。

綠水依然當日面，青山頓改舊時頭。重來猶是同蘇子，前度何妨學老劉。最愛上人邀共話，禪機參破了凡愁」[36]。

四、光復以來

光復以來，民國卅六年（1947年）隨著海邊中正公園之興建，將內海風光包括在內，統稱為「西瀛勝境」，立牌坊於民生路口，以觀音亭為勝境之中心，並陸續添建四座涼亭，地勢最高的是北首的「介壽亭」；按著是寺前的「望潮亭」，就在放生池上；向西是國際獅子會所建的「海豚亭」；再西，在縣立游泳池正面的是「懷德亭」。此外，四十二年，「中國佛教會澎湖縣支會」成立於觀音亭，西瀛吟社也一度設立於內，成為澎湖佛教聖地，晨鐘暮鼓，香火鼎盛。民國四十六年（1957年），因廟宇蟻害嚴重，各方集資修建，面目一新，關於此次修建，有〈重建觀音亭記〉敘其始末：

> 查觀音亭為我澎民佛教信仰中心，位於馬公西瀛勝境，負郭面海，風景清幽。凡來澎湖觀光者，多蒞止焉，為存梵宇莊嚴，允宜重新廟貌，蓋此亭重建於中華民國十六年，歲次丁卯，迄今已歷三十餘載。中經風雨飄搖，復遭二次大戰兵燹，損害殊甚。嗣雖從事修葺，第以限於財力，僅及廂房部分，餘則仍闕其狀也。故邇來椽題梁柱，或為漏雨滲柱，或遭白蟻蝕毀。每當風雨侵襲，大殿兩廊，殆無立足之地，在人猶感如此，神佛又何以堪？馬公三甲佛教信士愬焉心受。爰發起組織觀音亭修建委員會，倡導重修之議，幸賴各方善士支持勸贊，慷慨樂捐，用能於中華民國四十六年農曆丁酉十月初二日，庀

36　同註27，前引書，第五章第二節乙〈文徵〉，收錄林介仁「重遊觀音亭」，頁153。

材興工，歷時一載，乃觀厥成。舉凡殿堂，門廡，
黝堊丹漆，莫不燦然合制，於是簷牙高啄，廟觀重
新，朗徹梵音，繽紛花雨，益增海濱靈秀之景色矣！
爰記崖略，並另勒樂捐善士芳名於石，永留紀念云。
修建委員會，民國四十八年歲次戊戌孟夏月旦。

　　該次擴建，捐輸者遍及闔澎諸鄉及眾多信士，而澎湖眾
善堂亦不落人後，計有：澎湖縣佛教支會諸信徒、興善堂、
從善堂、西街福善堂、坤儀堂、太祀堂、勸善堂、明善堂、
赤馬啟善堂、隨緣堂等。經此增修，精鑿細雕，有美輪美
奐之觀，而周遭環境亦頗有整修，如廟前放生池一所，池
中原為木造瓦葺之涼亭，經整修池底，乃改建水泥鋼筋之
二層小亭，白柱紅欄，設計新穎，登臨望潮，平添景趣，
故命名為望潮亭。

　　除此，廟前廣場又添一勝蹟，矗立一對石獅，獅座下
方有簡介，略云：此對石獅，乃於光緒十三年（1887 年）
十二月興建澎湖總鎮署時，遵古俗，立石獅於門前為驅邪
鎮煞，遂聘本地林勇及彭海樂兩師傅共同雕塑。而昔之總
鎮署則今之合作金庫，日治時期，日政府以署衙作為廳舍，
沿而用之，兩獅仍留原處。歷經四十餘載，至昭和十年（民
國廿四年，1935 年），廳舍拆除，地方鄉耆不願石獅淪沒，
隨之協議，移置觀音亭前。先是，應聘之兩師傅，為逞能
顯才，各承其一，林勇師以精技塑雄獅，彭海樂師則以巧
藝塑雌獅。其時石材難採。水泥未有，是以兩人以石灰、
糯米漿、黑糖水，混煉成材而塑之，類此塑材，台澎僅此
一對，於今歷經風霜，不朽不裂，壯麗依舊，唯恐兩獅由
來失傳於後，故略綴一二，以昭其誌。另外，廟前「古鐘亭」
中之古鐘乃海軍工作部協建，據周宗賢教授說是光緒十三
年改建時之古鐘[37]，古物猶存，也是幸運。

37　據淡江大學周宗賢教授提供的幻燈片。

第三節　龍神廟之興衰

　　既已探討觀音亭興建始末，對於附祀在東廂房之龍神祠，也應連帶探究一番。

　　澎湖信仰龍神之俗，由來頗遠，如《澎湖紀略》載：創建於乾隆四年（1739年）之嘉蔭亭（俗名五里亭，今之三官殿），「亭內中祀三官神，左祀文武二帝，右祀龍王神」[38]。龍王自古相傳為行雲施雨、安瀾平海之神祇，道光六年（1826年），通判蔣鏞因「澎地僻處汪洋，宦途客艘及本地士農工賈往來海上，穩渡安瀾，悉賴龍神默佑。且此地風多雨少，尤藉神佑，常沛甘霖，用占豐稔」。而澎湖向未專建龍神廟，「惟神像先後寄奉水仙、天后二宮」，澎湖官民春秋之祭缺如，祈禱亦無定所；乃會同協鎮孫得發、署左右營遊擊黃步青、林廷福倡捐，閣澎士耆商庶隨緣樂輸，擇觀音亭東邊舊廂屋四間拆建，並詳撥小船一百隻，每隻年納餉錢一百二十文之餉稅，撥充龍王廟春秋祭費[39]。此次創建龍神廟之動機、經過、維持方法，蔣鏞撰有〈建修龍神祠記〉，文章如下[40]：

> 澎地僻處汪洋，宦途客艘及本地士農工賈往來海上，穩渡安瀾，悉賴龍神默佑。且此地風多雨少，尤藉神佑，常沛甘霖，用占豐稔。自應立祠妥侑，以迓休和。迺澎地向未設立專祠，惟神像先後寄奉水仙、天后二宮，亦無專祭。原以轄隸台邑，郡城祀典修明，此地可無專設。第思官民居斯土者，滄海遙隔，春秋之祭缺如，祈禱亦無定所，於勸民而後致力於神之義猶有歉焉。顧建祠必須地靈，方足以妥神明而邀嘉貺。查觀音亭向來禱雨輒應，地甚靈爽，東

38　胡建偉，前引書，頁41。
39　參見（一）蔣鏞，前引書，頁7，（二）林豪，前引書，頁64。
40　蔣鏞，前引書，頁86。

澎湖古蹟與歷史

212

邊舊有廟屋四，近就傾圮，各董事林超等禱卜建修。惟重新拆造需費不貲，爰會同協鎮孫得發，署左右營遊府黃步青、林廷福倡捐，闔轄士耆商庶隨緣樂輸，共襄斯舉。用選董事林超等於道光丙戌年（六年，1826 年）夏季興土，越四月而告成。從此廟貌維新，神居永奠。並詳請與風神廟春秋二仲，各興祀典，以答鴻庥，庶幾安恬普濟，優渥頻施。人和而神降之福。其肇於斯乎？用將題捐暨董事備書於匾，以誌不朽。所有每歲收支各數，與風神廟共列印簿二本，一存署，一發房備查。

雖然龍神廟有官府撥小船餉稅以充春秋二祭之費，其後「又續徵尖艚銀十二兩，撥入祭費項下」[41]，但似乎受到照顧不多，恐怕淪於「等因奉此」之例祭祀典而已，吾人觀看上節觀音亭在道光、咸豐、同治年間均無補葺翻修之紀錄，亦可想見其旁龍神廟之際遇了。並且極有可能因無人維護而傾圮，最後才會併祀於觀音亭中[42]。

日治初期，日人井田麟鹿於明治四十四年（宣統三年，1911 年）發行之《澎湖風土記》之「祠廟」中提及觀音亭及龍神廟，略謂觀音亭在媽宮城北之海邊，於康熙三十五年創建，廟外有放生池。而龍神廟在觀音亭東邊，於道光六年創建[43]。雖大體抄襲清代方志，並無新資料補述，但顯見龍神廟於日治初期還存在，並未拆毀。至昭和二年（1927年）觀音亭整個更新重建，龍神廟應該也是在此次工役中拆毀，廟中碑記載：「其龍王祠則移祀於殿之西偏，與佛祖坐向並列」。不過今龍神卻奉祀在東側廂房，應該是民

41 同註 39。

42 筆者懷疑龍神廟之衰廢，可能與澎湖兵制有關，蓋至道光末年班兵班期停換後，班兵老死無由遞補，以迄同治七年的裁兵，駐軍日漸減少老化，遂忽略了龍神廟之維修事宜。

43 井田麟鹿，《澎湖風土記》（著者發行，明治四十四年五月），頁90。

國四十六年（1957 年）底重修時，因西廂改作善堂，故龍神改祀東廂。

第四節　結語

　　闔澎公廟計有媽祖宮（天后宮）、觀音亭、城隍廟、武聖殿，及三官殿等五座廟宇，而以前三者合稱「三大古廟」最為著名。三大古廟原由南甲（約當中央里及復興里）、北甲（約當長安里）、東甲（今之啟明里、重慶里）等三甲輪管，若今年東甲管媽祖宮，則明年變成管城隍廟，而後年負責觀音亭。此種年年易主之輪管制，固然避免某一角頭壟斷某一廟弊端，但也因此造成三甲推諉責任，尤以交接之際，遂使三大古廟在管理上日趨保守，以致香火日衰，廟宇日圮。於是在民國七十五年陰曆正月六日，三甲在城隍廟做例行年度集會，舉辦交接時，有人提出，年年交接之流弊，建議自該年起，各甲固定管理一廟。經與會人士在神前擲筊請示獲准後，自該年起，試辦三甲各管其區內之古廟，即東甲負責城隍廟，南甲負責媽祖宮，北甲負責觀音亭，直至今日[44]。

　　觀音亭位於馬公市西邊海濱，它面海背山而築，遠離塵囂，百年來該廟附近一直是市民晨昏運動散步的最佳去處，亭前之海水浴場，尤其是弄潮消暑好所在，故早晚遊人如織，信步進入廟中參拜禮佛者比比皆是。再則觀音菩薩在我國民間被認為是尋聲救苦，具大慈大悲的母性形象，及慈航普渡，拯救水手漁民於風濤海浪中之神祇，而禱雨靈驗尤具聲名，一向被認為靈顯之廟宇，故其香火能夠長久保持不墜，不僅是清代駐澎文武官吏出錢出力創建維修，也一直受到馬公市民普遍膜拜，以傳統七月普渡為例，一向有「城隍廟放，觀音亭收」之慣習，因城隍掌管鬼界，

44　余光弘，前引書，頁 36–37。

故七月普渡由其在七月三日領頭揭開序幕，其他廟宇不會先行普渡。而大士爺是普渡完畢押送陰鬼離境返陰間之神，故奉祀觀音大士之觀音亭是在七月的最後一日，負責最後一個普渡，其他各廟即在七月三日至三十日之間，擇一日或二日祭拜[45]。

觀音亭創建於康熙卅五年，至今三百年，由一涼亭而寺廟，亭前二口泉井也已消逝而成今之放生池，其中變遷頗大，而歷次修建頗覺紛雜，尤其列為古蹟後，近年仿古法修護，預計於民國九十四年年底完工，廟貌一「古」，屆時必凸顯其莊嚴古樸。為省繁文，茲將歷次修建紀錄整理如表 6-1，以明究竟，以醒眉目，兼為本文之結束。

表 6-1　觀音亭修建大事記

	年代	修建原因	倡修人物	備註
1	康熙三十五年（1696）	不詳或云祭祀海難者。	遊擊薛奎創建	民間相傳明末即已有小亭。
2	乾隆二十九年	不詳。	副總兵戴福（？）	今廟中存戴福敬立之木質古聯。
3	乾隆四十六年（1781）	撤基全修。	陳銓、馬蛟、溫靖、魏大斌、黃必成、柴大紀、楊開春、謝恩、潘鍾、黃捷魁	
4	嘉慶十年（1805）	或與擊退海盜蔡牽，答麻神恩有關。	副總兵王得祿、陳景興、聶世俊、盧慶長、時胡麟、黃定國	兩邊是廂屋，有四間。
5	道光六年（1875）	興建龍神祠，廂房也已傾圮。	蔣鏞、孫得發、黃步青、林廷福	以觀音亭東邊四廂房拆建為龍神祠。

45　余光弘，前引書，頁 152–153。

6	光緒元年 （1875）	不詳。	吳奇勳、黃學周	同時興修者有文石書院、觀音亭、北極殿。
7	光緒十二年 （1886）	中法戰爭為砲火燬圮。	程邦基、郭鵬翔、黃濟時、徐癸山、蔡玉成、許晉縉、許廷芳	與城隍廟同時興建，今廟中存有程邦基敬立之匾。
8	光緒十七年 （1891）	不詳。	總兵吳宏洛、劉忠樑	吳宏洛捐錢五百元修補，餘銀百餘元，置南門內店屋收租，以資香火。
9	昭和二年 （民國十六年，1927）	代遠年湮、廢墜衰頹，且甲午之戰，慘遭兵燹。	呂應、葉淵、許合發、鍾紅梓、許金平	增建前進山門，置鐘鼓樓、修改放生池、龍王祠移至於殿西，並修福德祠一所。翌年並建日式家屋賃租以充寺廟維持費。
10	民國四十六年之前 （1957）	二次大戰受損。	不詳	限於財力，僅修補廂房部分。
11	民國四十六年 （1957）	白蟻蝕毀，漏雨滲柱。	觀音亭修建委員會	歷時一年厥成，廟貌全新，亭前改建望潮亭。

第七章 施公祠、萬軍井的歷史研究

施公祠及萬軍井

文化資產局網站基本資料介紹			
文化資產類別	古蹟		
級別	縣（市）定古蹟	種類	寺廟
公告日期	1985/11/27	公告文號	臺內民字第357272號
評定基準	具歷史、文化、藝術價值	法令依據	《古蹟指定及廢止審查辦法》第2條第1項第1款
指定/登錄理由	具有保存價值		
所屬主管機關	澎湖縣政府		
地址或位置	澎湖縣馬公市中央里中央街1巷（施公祠10號）澎湖縣馬公市中央里中央街1巷（萬軍井11號旁）		
主管機關	名　　稱：澎湖縣政府文化局 聯絡單位：文化資產科 聯絡電話：06-9261141#134 聯絡地址：澎湖縣馬公市中華路230號		

管理人 / 使用人	關係	名稱
	管理人	項○○○○○○○
	管理人	澎湖縣政府文化局（萬軍井）

所有權屬	關係	公私有	名稱
	建築所有人	公有	國有財產署（萬軍井）
	建築所有人	私有	施○○○○○○○○○○○

歷史沿革	施公祠及萬軍井位於天后宮東側中央街，施公祠原稱「施將軍廟」，本祠原位於媽宮澳東街與海壇館為鄰（今署立澎湖醫院東側急診大樓處）。原創建於清康熙23（1684）年，施琅受封清海侯後所建的生祠。道光12（1832）年後，因入祀海壇殉職官兵木主，乃易名為施公祠。道光23（1843）年由海壇右營戍澎兵丁捐餉銀重修，並立碑記載。 「道光癸卯年花月　施公祠重修海壇右營戍澎各隊目兵丁等四百二十八名共捐餉銀壹百二十八兩四錢正董事海壇劉印元成另捐餉銀貳拾兩正海壇各伙房長仝公立」日治大正3（1914）年原館舍拆除興建澎湖島病院。施公祠與海壇館乃一同遷入原海壇標兵伙房處共祀（現址）。 施琅，福建省泉州府晉江縣人，曾為南明鄭芝龍、鄭成功父子的部將，後來因隙恨轉向降清。清康熙元年（1662）擢升為福建水師提督，康熙22（1683）年施琅率水師攻打澎湖，與明鄭守軍於澎湖海戰，明將劉國軒戰敗後由吼門遁逃。鄭成功孫鄭克塽隨即降清，並被封為漢軍公。施琅因征台有功清廷封為靖海侯，施琅派兵進駐澎湖後，清廷准予施琅於澎湖收取澎民之船等規費每年1200兩，做為私人經費。至乾隆2（1737）年4月25日，內閣奉上諭：「朕查閩省澎湖地係海中孤島，並無田地可耕，附島居民，咸置小艇捕魚，以糊其口。其年提臣施琅倚勢霸佔，立為獨行，每年得規禮一二○○兩。行家任意苛求漁人多受剝削，頗為沿海窮民之苦果。著總督郝

玉麟宣朕諭旨，永行禁革……。」自此澎湖島居民使脫離施琅的苛捐之苦。

施公祠由高聳的院牆與左右間仔和正廳所構成，進入院門後即為中庭，左右兩房為間仔，正廳前有一開敞的拜庭。正廳屋頂為燕尾式屋脊，兩旁間仔是單脊硬山式馬背，整體建築形式屬澎湖傳統的合院格局。祠院除了前排中間紅臉的神像是施琅外，後排中供奉媽祖，左邊為玉帝爺，右邊為海山城隍爺及范、謝將軍。西邊案桌供奉道光12（1832）年赴台平定「張丙之亂」殉職的海壇鎮鏢楊高陞及澎湖水師高清河等官兵的神位，祠內有「寰海皆春」古匾，由道光15（1835）年澎湖水師副將詹功顯所題。天井西側牆上嵌有兩塊古碑，一是道光22（1842）年間的兩任澎湖通判玉庚及王廷幹仝立的「大媽宮天后娘娘香油公口碑」，另一是道光23（1843）年「施公祠重修」古碑。

民國74（1985）年11月27日公告為縣定古蹟，民國91（2002）年1月25日修復至民國93（2004）年5月21日竣工。

但清康熙21（1682）年施琅率軍駐紮福建莆田的平海準備征伐澎湖之際，即教播媽祖庇佑，湧泉濟師之語來振奮軍心。雍正13（1735）年澎湖廳通判周于仁撰《澎湖志略》，將平海的神跡傳說附會到澎湖之上：「按天后即媽祖，康熙二十三年六月靖海侯施琅奉命征鄭克塽，取澎湖；入廟拜謁，見神衣半濕，始知實默佑之。又師苦無水，琅禱於神，井湧甘泉，數萬師汲之不竭。今其井尚存，名曰大井。及行，恍見神兵導引；至鹿耳門，水漲數信，戰艦得徑入，賊驚奔潰。琅上其事，奉昭加封天后。雍正四年，奉旨賜「神昭海表」匾額。雍正十二年，余請於上憲，與關帝廟春秋祭祀，俱取之正供云」。固此民間就此位於澎湖天后宮東側的井稱為「大井」又稱之為

	「萬軍井」、「師泉井」迄今。
	萬軍井位於天后宮東側，施公祠斜對面巷內，依 1622 年荷蘭艦隊司令官《雷雨生日誌》記載，荷人抵澎後於小廟旁（媽祖宮、天后宮）水井取水。文中提到的廟旁水井應是萬軍井。依此記載此井開鑿年代與天后宮應屬同一時期。

資料來源：
https://nchdb.boch.gov.tw/assets/advanceSearch/
monument/19851127000092

第一節　施琅生平

　　施琅[1]（1621 - 1687 年），字尊侯，號琢公，福建泉州晉江衙口人，生於明天啟元年（1621 年），卒於清康熙三十五年（1696 年），享年七十六歲。施琅原名「郎」，降清之後，易名為「琅」，但某些史籍則記為「烺」。

　　施琅的先世是在唐代由河南光州固始縣入閩，後再分居

1　本節多據（一）施琅，《靖海紀事》。（二）施偉青，《施琅評傳》（廈門大學出版，1980 年），及（三）周雪玉，《施琅攻台的功與過》（台原出版社，民國七十九年）改寫而成，茲不再一一註明。讀者若對施琅生平有進一步興趣，可參閱清代台灣諸志書中所附列傳，此處以范成，《重修台灣府志》（台銀文叢第一〇五種）為例，范志卷十一〈武備三〉「列傳」，記施琅：
施琅，號琢公，晉江人。明崇禎時，為遊擊將軍。及明亡，閩、粵事亦相繼敗，琅挈家屬入海依鄭氏。成功忌其能，因釁執之；會得脫，遁歸，家屬皆被害。
順治丙申，制府李率泰薦授副總兵，駐同安；薄廈門賊壘，擒其驍將數十輩，所招降萬餘人。晉同安總兵，擢福建水師提督；平金、廈沿海諸島。康熙六年，以「邊患宜靖疏」請搗台灣，得旨赴京面陳。尋以議裁浙、閩、粵三省水師提督，留京；晉爵內大臣伯。康熙二十年，朝廷從姚啟聖請，特命琅征台。琅至閩，選舟師練習三載，以二十二年六月乙酉由銅山進兵入八罩，直抵澎湖。澎為台門戶，賊之精銳悉在焉；有眾二萬餘、艘二百餘，集於雞籠等嶼。偽鎮國公劉國軒亦擁精兵二萬屯於風櫃尾、牛心灣等處，環設砲城，以陸兵守之。其餘沿海賊舟，星羅碁布。琅令大小船於風帆上，大書坐將姓名，以知進退、定賞罰。丁亥昧爽，鼓角喧騰，兩師將合，琅先令曾成、藍理、吳啟爵、張勝、許英、阮

於晉江南潯鄉，衍為潯江系，傳至施琅已是第十六世（見圖 7-1）。施琅祖父名為施一舉，父施大宣，弟施顯。明嘉靖、天啟年間，因遭逢兵燹而家道中落，出生於一個普通農民家庭。他「少有識度，膂力絕人」，年未及冠，從師「習戰陣擊刺諸技，于兵法無不兼精，遂智勇為萬人敵」，也養成了自負自傲性格。

比長，應募入伍，由卒伍而先後擢為千夫長、副將、游擊將軍、副總兵，後隨鄭芝龍降清。清順治四年（1647年），鄭成功慕名羅致，邀施琅加入反清義軍，施琅被任命為左先鋒，成為鄭成功部下最年少、知兵、善戰的得力驍將，他不僅教鄭成功「樓櫓旗幟、陣伍之法」，且屢建奇功，為鄭成功出謀畫策，計取金廈。不久，因施琅殺犯法親兵曾德而觸怒鄭成功，施鄭失和，施琅父子三人被拘押。琅以計得脫，成功怒殺施父大宣及弟施顯，施琅從此歸清，先

欽為、趙邦試七艘衝殺賊□，收入八罩，獨駕小舟潛偵賊寨動靜。癸巳，與各鎮折師，分為八隊；每隊七舟，各三其疊。琅自統一隊，居中調度；留八十餘舟為後援。又分遣五十餘舟從東畔 內藏寇歸路，以五十舟從西畔牛心灣、內外塹為疑兵牽制。忽北風驟發，勢相逆，三軍股栗；琅巡師大呼曰：「無弓！稚天、稚皇帝之靈實式臨之」。須臾，雷震風反，將士賈勇而前。賊舟發火矢交攻，煙焰迷天；官兵乘勢夾擊。自辰至申，賊艘被焚，覆溺投水者無算。劉國軒遁入小舟從吼門出，僅以身脫。既破澎湖，琅思以恩信給台人，凡降偽鎮營弁，將賞有差。給士卒糧米，焚傷覆溺未死者以醫藥救治之，有欲歸見妻子者給舟送之；降卒相謂曰：「是直生死而骨肉也」。歸相傳述，賊眾解體，望王師如時雨。方駐師澎島時，士卒數萬乏水；隨地鑿井，甘泉湧出。於是軍聲大振，鄭克塽始決計歸順；遣裨將馮錫珪、陳夢煒齎獻延平王金印一、招討大將軍金印一、公侯伯將軍銀印五，來乞降。時七月二十七日也。八月壬子，琅統舟師臨台地受降，令人民土番薙髮。官民有怨者，悉為捐釋。撫殘孽、籍府庫兵仗，郇陣亡之殺傷者；雞犬不驚，壺漿載道。捷書至闕，上解所御龍袍馳賜，載褒以詩。加授琅為靖海將軍，封靖海侯；予世襲。琅復念海外初平，所在土番雜處，為善後計，特疏詳陳台灣棄留利害，請設郡縣以為東南數省藩籬；詔報可。版圖式廓，海波不揚；江、浙、閩、粵四省數十年鯨鯢久靖，琅之功為多。

後被授為同安總兵、福建水師提督。康熙七年（1668年），清廷調施琅入京為內大臣，疏閒十三年。

　　順治十八年（永曆15年，1661年），鄭成功率軍東渡，驅逐佔領台灣的荷蘭人，旋於翌年五月卒於安平。以後鄭經襲爵延平郡王，清廷則採取禁海遷界之策，迫使沿海居民遷入內地，「起江浙，抵閩粵，數千里沃壤，捐作蓬蒿，土著盡流移」。康熙二十年（1681年），由於鄭經病逝，長子克　被弒，發生政變，政局不安。其時，清廷已平定三藩之亂，欲乘機東指，施琅在福建總督姚啟聖及大學士李光地等的力薦下，復出為福建水師提督，領命東征台灣。施琅此時雖已花甲，但在長期閒置後，一旦復出，不免急欲一展所長，於是一面整軍，一面上疏自請專征。此時朝中大臣相繼上疏，請「暫停進剿」，同為前線將帥的福建總督姚啟聖、巡撫吳興祚也在先取台灣或澎湖，南風或北風進討等重大問題上，與施琅相左，雙方堅持不下。施琅先後五次上疏，慷慨陳辭，力排眾議，甚至立下軍令狀：「事若不效，治臣之罪」，終獲康熙支持，令施琅獨任征台，不限時日，相機進行。

　　康熙廿二年（1683年）六月率師進軍台灣，爆發澎湖之戰，鄭將劉國軒敗走，未幾，東寧請降，佳報至京，正值中秋，康熙大喜，賜所御龍袍，又褒以詩章，「加授靖海將軍，封為靖海侯，世襲罔替，以示酬庸」，並特旨賜戴花翎。此後發生台灣棄留問題，施琅先後上疏，大聲疾呼，力陳保台，尤以〈恭陳台灣棄留疏〉貢獻頗大，此疏上後，康熙終於採納施琅建議，將台灣納入版圖，設一府三縣，台灣成為中國海上重鎮。

　　此後琅年歲已大，曾二度入京朝見。至康熙三十五年（1696年）二月，因出行郊外，偶感風寒，染痰壅氣喘之症而卒，葬在惠安黃塘虎窟口。次年，康熙追贈太子少傅、

光祿大夫，諡「襄壯」，並給全葬，命官諭祭三次，並於泉州府學前建祠立碑祀之，有司於泉州、福州、台灣立祀，配享文廟。民間也紛紛樹碑揚譽，立祠紀念，「沿海里巷，比戶奔哭，如喪考妣，所在祀為神明」。雍正十二年（1734年）諭令入祀京師賢良祠，春秋崇祀。

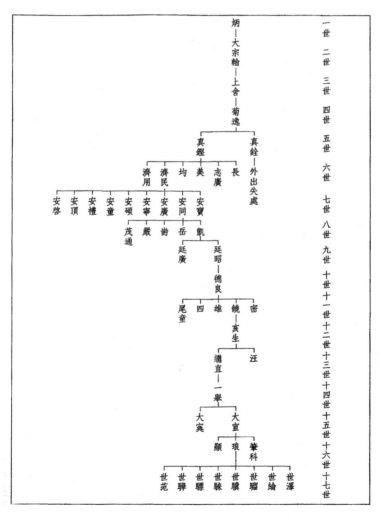

圖 7-1　施琅系譜

第二節　神蹟考辨

施琅一生最大功業在於打敗鄭氏，攻取台灣，而其中又以澎湖一役最為關鍵。澎湖海戰之成功，施偉青在《施琅評傳》一書中，從政治、經濟、軍事三方面，詳述獲勝原因，惜並未提及施琅利用媽祖信仰，展開政治作戰一事。

施琅一向善於利用風水、迷信，以製造有利情勢，施德馨〈襄壯公傳〉記載其年少時：「（施琅）將誕，母太夫人洪有神授寶光之夢，覺有異之。遂生公。少倜儻。氣骨不類恆兒，鄉薦紳庄公際昌一見大驚異。里有神宇曰定光庵，公垂髫詣神稽首，彷彿見神靈隨之拜起，公亦默以自異。」[2]

〈施襄壯公家傳〉亦有類似記載，並指出施琅「由是自負」。並對外揚言是老虎投胎的「虎精」，甚且死了亦埋葬在惠安黃塘虎口窟，〈襄壯公傳〉曾記載一事：

> （施琅）嘗統偏師入賊巢，而忌者後師不繼，雖勢極倉皇，公故示鎮定。薄暮，迫賊壘而營，賊畏憚未敢犯。因乘夜從間道旋，師迷失途，徬徨榛莽中，有群虎隨軍行止，委蛇導引，得達于大道，與諸軍合，其靈異類若此。[3]

也曾對外宣稱「公嘗夢為北斗第七星者」[4]，凡此種種例子，說明了施琅的確擅長製造各種神話傳說，助長聲勢，取得眾人信服。攻澎之役，也是如此。

施琅於康熙廿一年奉命征台之後，即選擇莆田縣的平海澳為海軍基地，整船練兵，並散佈媽祖庇佑，湧泉濟師之

2　見施琅，《靖海紀事》（台銀文叢第一三種）中收施德馨〈襄壯公傳〉，頁 23-33。

3　同註2。

4　同註2。

傳說，且親撰〈師泉井記〉以誌其事。同年十二月，造出媽祖顯聖，以燈光引護舟人之說。攻澎之前，透過其標下左營千總劉春，散佈媽祖告訴他：「二十一日必得澎湖，七月可得台灣」。果於二十二日澎湖克捷，七月台灣投降。甚且捏造媽祖助戰之靈異：

> 及康熙二十二年六月十六、二十二等日，臣在澎湖破敵，將士咸謂恍見天妃，如在其上，如在其左右，而平海之人俱見天妃神像是日衣袍透濕，與其左右二神將兩手起泡，觀者如市，如天妃助戰致然也……且澎湖八罩虎井大海之中，井泉甚少，供水有限，自臣統師到彼，每於潮退就海崁坡中扒開尺許，俱有淡水可餐，從未嘗有。及臣進師台灣，彼地之淡水遂無矣。[5]

除了運用媽祖神蹟外，連觀音菩薩和關聖帝君也不放過，杜臻《澎湖台灣紀略》提及：

> 初，琅將出師，夢觀音授以水一桶，覺而曰：水者，海也；一桶者，大一統也。我今茲必破賊矣！又，軍士有宿於關壯繆廟者，忽聞空中呼曰：選大纛五十杆，助施將軍破賊。琅聞之，益自喜，至是，果驗。[6]

第三節　萬軍井考辨

上述這些種種神蹟，於鼓舞清軍，瓦解鄭軍，收攏民心，的確在當時發揮了可觀功效。但是值得注意的是，不論枯井噴泉，媽祖神像衣袍透濕，或千里眼、順風耳雙手起泡，

5　見《天妃顯聖錄》（台銀文叢第七七種）收「歷朝褒封致祭詔誥、靖海將軍侯福建提督施為神靈顯助破逆請乞皇恩崇加敕封事」，頁12。

6　杜臻，《澎湖台灣紀略》（台銀文叢第一〇四種），頁10。

顯靈所發生的地點不是澎湖，而是在莆田湄州嶼附近的平海澳（今莆田縣平海鄉）。至於澎湖發生的神蹟只有八罩島虎井一帶的沙灘挖掘出淡水一事，不料，施琅之後清修的台灣府縣廳志諸書，似乎把湄州平海澳誤以為是澎湖的「某一澳」，以訛傳訛，輾轉抄襲，訛傳至今，萬軍井（師泉井，又名大井）即是一例。

前述施琅奉命征台，率軍駐紮平海後，不久即出現媽祖庇佑、湧泉給師的傳說，並親撰〈師泉井記〉以誌其事：

> 今上御極之二十一載，壬戌孟冬，予以春命統率舟師徂征台灣，貔虎之校，犀甲之士，簡閱而從者三萬有餘眾，駐集平海之澳……平澳遷徙之壤，介在海陬，昔之井廛，盡成堙廢。始得一井於天妃行宮之前，距海不盈數十武，漬滷浸潤，厥味鹹苦……祈籲神聰，拜禱之餘，不崇朝而泉流斯溢，味轉甘和，綆汲挹取之聲，晝夜靡間，歠涌滋溉，略不顯其虧盈之跡。凡三萬之眾，咸資飲沃，而無呼癸之慮焉……因鑴石紀異，名曰師泉，昭神貺也。[7]

此記明顯的說明「師泉井」是在平海澳的天妃宮前。此後修於康熙廿四年林謙光的《台灣紀略附澎湖》，及約修於康熙卅年杜臻的《澎湖台灣紀略》，均未提及澎湖師泉井之神蹟，直到修於雍正末年周于仁的《澎湖志略》才提及此事：

> 康熙二十二年六月靖海侯施琅奉命征鄭克塽，取澎湖，入廟拜謁，見神衣半濕，始知實默佑之。又師苦無水，琅禱於神，井湧甘泉，數萬師汲之不竭。今其井尚存，名曰大井。[8]

7　施琅，《靖海紀事》中〈師泉井記〉，頁20-21。
8　周于仁、胡格，《澎湖志略》（台銀文叢第一〇四種），「宮廟」，頁34。

乾隆廿四年（1759 年）胡建偉所修的《澎湖紀》更進一步的渲染為：

> 媽宮社大井，康熙二十二年靖海侯施琅率師討鄭逆，先克澎湖，駐兵萬餘於此。先時，水泉微弱，不足以供眾師之食，侯虔禱於天后神，甘泉立湧，汲之不竭，兵無竭飲。至今此井水泉亦甚旺焉，但水味略覺有些鹹氣耳。[9]

而修於道光九年（1829 年）的蔣鏞《澎湖續編》僅簡單地記載：「媽宮社大井，俗呼施井」[10]。此外，刊於康熙五十九年的陳文達修《鳳山縣志》亦記載：

> 康熙二十二年，靖海將軍侯施琅奉旨徂征台灣，師次平海，時方苦旱，有井在妃廟之左，舊不能資百口，至是，泉忽大湧，四萬餘眾汲之裕如焉。[11]

一路演變訛傳至刊於嘉慶十九年（1814 年）謝金鑾撰的《續修台灣縣志》變為：

> 二十二年，我師征澎湖，恍有神兵導引，及屯兵媽宮澳，靖海侯施琅謁廟，見神衣袍半濕，臉汗未乾，始悟實邀神助。又澳中井泉，只可供數百口，日日駐師八萬人，泉暴湧不竭。[12]

很顯然的，清修諸種方志，把平海澳的神蹟逐步的附會到澎湖來，整個神蹟的發生次序是：

1. 平海澳的枯井湧泉及媽祖託夢。

9　胡建偉，《澎湖紀略》（台銀文叢第一〇九種），卷之二〈地理紀〉「井泉」，頁 47。

10　蔣鏞，《澎湖續編》（台銀文叢第一一五種），卷上「井泉」，頁 9。

11　陳文達，《鳳山縣志》（台銀文叢第一二四種），卷之十〈外志〉「寺廟」，頁 160。

12　謝金鑾，《續修台灣縣志》（台銀文叢第一四〇種），卷二〈壇廟〉，頁 64。

2.將士恍見天妃及平海澳人發現天妃廟裡神像衣袍透濕，神將兩手起泡。

3.在大捷之後於八罩島虎井附近沙灘掘得淡水。

諸神蹟附會到澎湖，訛變為：

1.征澎湖時恍惚中有神兵導引。

2.及屯兵媽宮澳，施琅謁廟見神像衣袍半濕，臉汗未乾，始悟媽祖顯靈幫助。

3.等屯兵完畢，淅米炊飯，本來只能供百人喝的小井，忽然噴湧不竭，足供萬人之需，這也歸功於媽祖的庇佑。

流言附會如此，所以林豪在《澎湖廳志》中不客氣地予以辨斥：

> 施襄壯侯奏疏云：八罩虎井大海之中，井泉甚少，供水有限。自臣統師到彼，每於潮退，就海崁坡中，扒開尺些，俱有淡水可餐，從未曾有。及臣進師台灣，彼地之淡水遂無矣！按邵乘錄〈師泉井記〉，以為禱神得泉之證，不知師泉井固在內地之平海澳也……而紀略以媽宮街大街，指存施侯得泉濟渴之處，考之奏疏，似未盡合，蓋施軍惟在八罩虎井，故艱於得泉耳。若既入媽宮澳，則澎地已平，隨處可汲，何必獨恃此一井乎？且從前劉國軒兵守媽宮港者亦多，何以並無患渴，而所汲者又何井乎？[13]

第四節　施公祠的創建

施公祠有二：一於台南，今施厝街尚存有施家住宅遺址：

13　林豪，《澎湖廳志》（台銀文叢第一六四種），卷一〈山川〉，頁23。

一於澎湖，原稱施將軍廟，原廟建於何時已難詳考，杜臻的《澎湖台灣紀略》、周于仁的《澎湖志略》、林謙光的《台灣紀略附澎湖》、及胡建偉的《澎湖紀略》廟祠條目均未見到施將軍廟的紀錄，直到蔣鏞《澎湖續編》始見記載，續編卷二〈地理紀‧廟祀〉，「施將軍廟」條記：

> 施將軍廟，廟在媽宮澳東街，前水師提督施琅平台有功，封靖海侯，官民建祠祀之。通判蔣鏞查在澎奉差，因公遭風歿於王事者，皆無專祀，因籌捐銅錢三十二千文，發交鹽館生息，又籌捐銅錢四十千文，移營生息，附祭各木主於此以報之。[14]

此文指出施將軍廟是在施琅「平台有功，封靖海侯，官民建祠祀之」，並未指出是在其「歿後」建祠祀之，是可知施將軍廟是在施氏尚存時所建的生祠，而非至其死後方建廟為祀，參以施琅親撰的〈施將軍廟碑記〉，碑末官職題銜為「太子少保、靖海將軍、靖海侯世襲罔替，水師提督事務施琅立」[15]，更可確證。則知施將軍廟之創建，其上限，最早不超過康熙二十三年（1684 年），最晚不遲於康熙卅五年，是施琅封靖海侯後所建的生祠。

施公祠早期叫「施將軍廟」，至道光十二年（1832 年）蔣鏞纂修的《澎湖續編》中仍稱為施將軍廟，然而何時改稱「施公祠」呢？現存施公祠中，嵌於廟西壁下段有一古碑，內容為：「道光癸卯年（二十三年）葭月（11 月）穀旦，施公祠重修。海壇右營戍澎各隊目兵丁等四百二十八名，共捐餉銀一百二十八兩四錢正。董事海壇劉（印）元成另捐餉銀二十兩正，海壇各伙房長全公立。」是知道光二十三年（1843 年）施將軍廟已稱為施公祠，則改名應在道光十二年至二十三年之間（1832－1843 年）。

---

14 蔣鏞，前引書，頁 8。
15 黃典權，《台灣南部碑文集成》（台銀文叢第二一八種），頁 2。

而施將軍廟之改稱為施公祠，似與入祀木主有關，蓋澎湖陰陽堂收容文官銜中在職亡故而無後者，施公祠及昭忠祠則祀武營中無祀者，經田調查證，在施公祠神龕左側奉有許多神主（據說以前數目更多），字蹟清晰可辨者，有道光七年任台灣縣羅漢門巡檢兼攝台灣典史的「金日亨」，道光九年署理右營中軍守備的「黃聯陞」，另一個神主正中有一大牌，內列十人之姓名，經查證其中八人是道光十二年張丙之亂中殉職的低級軍官，有千總楊希盛、把總聶雲登、陳庚春、外委陳相坤、唐國賢、郭廷邦、邵清標、額外外委高清河等[16]。據此，似可推論：道光十二年後，因施將軍廟不再專祀施琅，兼入祀武職無後者，稱之為「施將軍」，稱之為「廟」，似有不妥，遂改稱為「施公祠」，要之改名為「施公祠」與入祀諸亂事歿者官兵神主有絕大關係。

第五節　施公祠的沿革

施將軍廟或創建於康熙二十三年，至道光十二年後改名為施公祠，其間唯一有確證可查的重修紀錄是：道光二十三年，由當時海壇右營戍澎各隊目兵丁，及董事海壇人劉元成共捐餉銀，合力重修。今祠中尚有一匾，前簷上立戊戌年桂月重修的「福曜海山」匾，查干支為戊戌年號的只有乾隆四十三年（1778 年），道光十八年（1838 年），光緒二十四年（1898 年），民國四十七年（1958 年），則或是乙未割台後，於光緒二十四年（明治二十年）曾一度重修所立，蓋其時為日治時期，故不立清帝廟號，只有干支。

施公祠原居「媽宮澳東街」，約在今省立澎湖醫院址，

16　以上人名之考證是據鄭喜夫，《台灣地理及歷史》（台灣省文獻委員會，民國六十九年），卷九〈官師志‧文職表、武職表〉而來，頁 253、185。

與海壇館為鄰。中法戰爭中受損，日人據台澎後，1914 年（大正 3 年，民國 3 年）徵用土地建立醫院，施公祠與海壇館乃一同遷入原屬海壇標兵之伙房中共祀，由施琅當年部屬之後代項秀明重建。由於自清代中葉，施公祠即與海壇戍兵建立相當密切關係，至日治以來，施公祠之管理權一直在海壇人後裔之手。嗣後因為有若干主事人擅自處分廟產，引起內訌不和，組織解體，現在的施公祠與海壇館之祭事，僅由住於其廟舍的項家負責。現在施公祠是項炎興先生在民國五十九年（1970 年）重修，至今已殘破不堪[17]。

施公祠現存古蹟，除二古匾：「福曜海山」、「寰海皆春」，暨道光癸卯年的重修古碑外，該祠中現奉有紅臉的施琅神像，尚有五帝爺神像三尊、媽祖一尊（均是原奉於海壇館神像），另有土地公一尊及不知名神像二尊（一說是海山城隍，一說是施世范、施世驃），及兩側謝、范二將軍的巨大神像。迨及民國七十四年十一月，經內政部公告指定為台閩地區第三級古蹟，原貌已被破壞不全，也非原址。要之，現存文獻沿革及口述資料均殘略不足，所考知者僅得如許！

第六節　班兵制度與海壇館

一、班兵制度與伙館

康熙廿二年，清廷收台灣入版圖，由於台灣孤懸海外，又是明鄭故地，加以當時兵餉繁重，全國一片裁兵之聲，施琅建議由福建各營額兵中抽調兵丁萬名到台防戍，既可守台，且使「兵無廣額，餉無加增」，獲得聖祖採納，制定班兵制度。最初台灣綠營分成水陸十營（即台灣鎮標中

17　蔡平立，《澎湖通史》（眾文出版社，民國六十八年），頁538。

左右三營、台灣水師協中左右三營、澎湖水師協左右兩營、南路營、北路營、水師、陸路營各半），其陸營諸兵多由漳州、汀州、建寧、福寧、海壇、金門等六鎮標，及福州、興化、延平、閩安、邵武五協標抽調而來；水師則由福建的海澄、金門、閩安三協標，及廣東水師南澳鎮抽調而來。

班兵三年一換，既是由福建、廣東各營分別抽調來台，來台後又須零散分營，錯雜相維，以防結黨為亂，致使台澎每營兵丁竟有調自內地數營之事。營別不同，方言不通，兵弁不習，生活不協，不僅造成操練困難，更各分氣類，彼此相鬥，擾民滋事，不法生事常有所聞，舉其大者，如包娼、放債、開煙館、開當館、開賭場、設局取利、搶取財物皆是，是以沈葆楨認為台灣有十大積弊，居首的即「班兵之惰窳」[18]。

而班兵亦有其自身痛苦之困擾，概要地說，其一，薪餉薄少，嗷嗷度日。雖然清廷對班兵調戍有旅費之補助，但其數戔戔，渡海之際常須候風，俟氣候許可方能登舟起程，況且船少兵眾，候配需時，為此稽延時日，虛耗盤費。其二，戍守班兵，初到台澎，無房舍可住，兵丁大半在民間租房而住，或支架帳房，搭蓋草寮，暫時棲住。即使兵房建好，使兵有居所，但一直到清末，台澎兵房大半都是官建的茅屋，而台澎風雨特多，時有地震，所以「甫造旋坍，既坍復葺，葺完住暫，去則又空，展轉虛糜，累公不少」，故營房常須修葺，並不合用。遂有伙館之建置，伙館之產生，主要目的即為幫助各營班兵，解決調防駐紮的食宿問題。澎湖媽宮的提標、海壇、南澳、銅山、閩安、烽火諸館，即因此而創。

---

18 詳見許雪姬，《清代台灣的綠營》下篇《台灣的班兵》一書（中研院近史所第五四種專刊，民國七十六年）。

二、海壇館的由來及沿革 [19]

清代駐台澎班兵伙館演變而成的廟宇，是台澎地區民間宗教的一個殊例，這類廟宇名稱一律都用「館」，而非一般習見的「宮」、「殿」、「廟」等。目前澎湖所存會館有四：一是與施公祠合併的海壇館（一稱海山館），一是提標館，一是銅山館（現更名銅山武聖殿），一是台廈郊實業會館（現一名水仙宮，為三級古蹟），並稱馬公四會館。餘如南澳館建物已拆，猶存殘跡；烽火館亦毀，僅存古井一口，古碑兩塊；原祀烽火館的神像仍存於故址民宅內。而閩安、南澳館建於何時何地？何時被毀？故老均無人知曉。

撥戍台澎班兵以地緣關係各分氣類，他們抵達澎湖之後，以祀神為名，建立伙館，一則作為調差之時落腳暫棲之地，一則充為在澎湖駐防期間聯誼社交之所。為擴大伙館功能，維持長久，往往會購買房產店業，以其租賃收入作為祀神香資，及其他公眾事業工作之開支。

這些清代班兵的伙館，除了主要館舍建築是「中祀神明，廊棲戍兵」外，又陸續增建許多附加建築，或提供兵丁眷屬住，或出租與民住。這些建築以廟館為中心，往往四周擴展，形成各營兵丁以廟館為中心的「角頭」。清代分佈於馬公市內伙房之確數及有關資料已難查考，據耆老指出各館館址及勢力範圍，約是：（1）海壇館位於今省立醫院東側內，其伙房及店業分佈在省立醫院之南側西側。（2）提標館位於海壇館與北極殿之間，即省立醫院東北角附近，其勢力圈在今馬公第二信用合作社以南，海壇館勢力以北。（3）銅山館位於今仁愛路中正路之交叉口，其勢力分佈於今中正路兩側並及仁愛路兩側，一直延伸至民族路附近。（4）南澳館位於現今馬公市的精華區，即真善美

19　非特別註明，本節多據余光弘《媽宮的寺廟》及筆者實地採訪而寫，茲不一一註明。

戲院附近。（5）烽火館偏處於民族路今馬公公車總站之南
（見圖 7-2）。

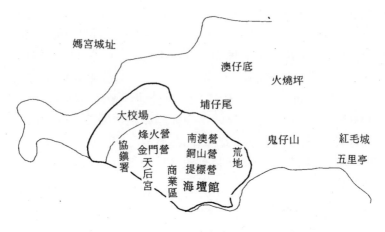

圖 7-2　清代馬公市班兵伙館位置圖

　　海壇館，顧名思義是清代海壇鎮派來的班兵所建廟館。
該館創建於何時已無法確知，據現存於烽火館故址的重修
碑記載烽火館「稽其始建自乾隆年間」，暨另一方乾隆
三十年（1765年）的重修碑記載，則烽火館建立於乾隆初
年應為合理推論，同理，以此例彼，海壇館創建也不應遲
於乾隆初年，更何況現居烽火館林家所保存的古地契，其
中有關海壇館的房契共有九份，計有乾隆二十九年二份，
四十七年一份，道光六年一份，十六年二份，二十三年一
份，二十九年一份，三十年一份。其中乾隆二十九年的一
份契文內容如下：

　　　　立賣杜契人黃望，有自置瓦屋壹所……坐落媽宮地
　　　　方海壇媽祖館後，東至左廳衙署邊，西至許家厝，
　　　　南至媽祖館後，北至左營軍局……賣與海壇左右兩
　　　　營眾弟子楊法、徐慶等……其銀即日全中收訖，其
　　　　屋付眾弟子前去拆毀，起蓋為天后聖母後殿……

同年之另一契約，除出面承購者是海壇人丁老、徐慶，另該屋坐落於東外，餘內容相似。據此可知，海壇館以奉祀媽祖為主神，乾隆二十九年（1764年）時已有，並在該年買地擴建，則海壇館創建於乾隆初年應相當可信，若以康熙二十五年始行班兵制度推論，則創建於乾隆初年之推論尚嫌保守。

海壇館應該於乾隆初年已有，而其組織團體已難稽考。一般言，台灣的會館多設有董事或理事，負責主持會館業務，對內處理會館一般事務，對外代表會館與其他團體交涉談判。其任期有一定時間，可連任，不受薪，但由會館支給若干車馬費。此外，有時因事務繁雜，另請有一些受薪職員協理，如接待賓客、清理會館、安排祭祀、辦理宴會、催收租穀，及一般慈善工作等等皆是。

會館是為同鄉服務，為達到這個目標，經費自然是會館設立與維持的依賴，通常經費的來源是同鄉人的捐輸募集，其中又以同鄉中的達官商賈的捐助最為主要，如前述馬公烽火館的重建，就是由駐紮澎湖水師副總鎮江起蛟，率領其屬下左右營游擊、守備、千總、把總等軍官，及「烽火門換戍澎台班兵樂助共成」。此外，會館為維持發展，須有一固定穩當的收入，故多置有田產店厝為其產業，將產業出租，以其收入做祭祀及其他事務之用。據前引房契內容，如海壇館在乾隆二十九年為擴建館舍，曾購買館舍的西側及後方二民居，拆卸其屋以增建後殿。乾隆四十七年右營游擊林廷寶任滿調職，將原有房屋一座捐贈，作為天后聖母香油之資。道光六年之契約，係把位在水仙宮前的公店出租。道光十六年協鎮詹功顯購店屋一座喜捨於該館為天上聖母之香資，同年同月同一賣主亦售給海壇館店屋一座。二十七年、二十九年海壇館又分別購瓦厝一座。三十年海壇標百總林家華及樂隊林興啟購買坐落於烽火館口的

瓦厝貳間。這些產業多半位居海壇館周圍，當然這些契約
不能代表昔時海壇館的全部產業。依現有的地籍資料載明：
在天后宮東南側，萬軍井邊的一間小店，產業是屬於海壇
館的。且據耆老所言，現今施公祠及其東鄰的一大片產業，
以前都是該館伙房，因此在海壇館鼎盛時期，其房地產業
有數十頃至上百頃，應不成問題的。所以當年的海壇館宏
敞奢麗，故老傳聞，光復初，今省立醫院的後院仍留有屬
於海壇館的大戲台及拜庭遺跡。

　　這大片產業的由來，除了合法買賣外，我們很難不懷疑
其中有巧取豪奪而來的。林豪在《澎湖廳志》中，曾提及「澎
之患氣，莫如戍兵、胥役二者，或以文亂禁，或以武亂法，
各挾其勢力，以厲吾民」，例如他又指出：「澎地本狹隘，
媽宮澳尤甚，而各標戍兵橫暴習慣，其或佔地至十餘里外，
如隔水之小案山，亦指為該標之管業，有明買遷葬者，則
群起阻之，遂使民有死無葬地之謠。」[20]

　　在戍兵橫暴驕橫的欺壓下，幅員不大的馬公市，精華地
區在各標瓜分下，淪為伙館之產業及勢力圈。直到日治初
期，殘留標兵依舊惡行不改。故老傳聞，海壇兵曾指其館
舍後某一住宅之窗戶礙其風水，竟糾眾要強行封人窗戶，
異族政權統治下猶如此蠻橫囂張，就可了解清代時強佔土
地的可能性。

　　據「寰海皆春」、「福曜海山」二古匾，海壇館可能分
別在道光十五年（1835年）及光緒二十四年（1898年）重
修過。日治初期（明治二十九年，1896年）被佔用作為澎
湖醫院，大正三年（1914年）館舍拆除，建立醫院病房等
設施[21]。施公祠也同被拆除，故海壇人項秀明將二者的神像

20　林豪，前引書，頁315。
21　井田麟鹿，《澎湖風土記》（成文出版社翻印，民國七十四年）。
　　按，此條資料轉引自余光弘書，但經遍查原書，並無是項記載，
　　不知余氏何所出？再遍查《澎湖事情》、《澎湖島》、《澎湖を

木主等合併移入原來的海壇伙房，今施公祠現址。海壇館派下弟子在日治時期仍有組織，定期聚會聯誼，但光復後不久，若干主事者擅自處分廟產，引起糾紛，其組織因之瓦解，留下一約十平方公尺的店業在天后宮及施公祠間，以其租項勉為香資之助，現在施公祠與海壇館的祭事，僅由住於其間的項家維持。

施公祠中尚保存原屬海壇館的軟身媽祖、五帝爺、海山城隍，及謝范二將軍神像，以及可能是海壇標下殉職官兵的神主牌。今馬公市民一般僅知道有施公祠，而不知有海壇館（或海山館），香火微渺，差堪維持。

第七節　小結

施公祠原名施將軍廟，原是紀念施琅平台後所創建的生祠，因此可能創建於康熙二十三年（1684 年），最晚不會遲於施琅去世之年康熙三十五年（1696 年）。道光十二年（1832 年）後，或因入祀海壇營殉職官兵木主，不便專稱為將軍廟，改名為施公祠，今可確知者，道光二十二年（1842 年）已稱施公祠，並在是年由董事海壇人劉元成及海壇右營戍澎兵丁共捐餉銀重修，格局不詳。施公祠原在媽宮澳東街，今省立醫院地址，與海壇館為鄰。中法戰爭中曾一度受損，日治後大正三年（1914 年）徵用土地建立醫院，拆除館舍，施公祠與海壇館乃一同遷建於原屬海壇標兵伙房中共祀，由海壇人項秀明主持其事。此後僅在民國五十九年（1970 年）項炎興先生重修過一次，現已殘破不堪。

海壇館又名海山館，是清代駐戍澎湖的海壇官兵所共建的會館，該館可能創建於乾隆初年，至遲於乾隆二十九年

古今に涉りて》等成文出版社所出版諸書，均無相關紀錄，姑誌之，待他日再查考。

（1764年）已有。館中奉祀媽祖，其建築論氣派規模雄於其他會館，至光復初仍留有大戲台及拜庭遺跡。海壇館原位於今省立醫院東側內，從乾隆年間到道光年間，陸續添購廟產，其伙房、廟業遍佈在省立醫院之南側及西側，廟產眾多，鼎盛時擁有數十頃至上百頃。道光十五年（1835年）及光緒二十四年（明治二十年，1898年）可能重修過，迨至光緒二十二年（明治二十九年，1896年）被佔用作為澎湖醫院，民國三年（大正三年，1914年）與施公祠同被拆除，遷建今址，與施公祠合併。光復初因主事者處置廟產不妥，引起派下糾紛，導致組織瓦解，香火寥落。今施公祠所存原海壇館古物有「寰海皆春」、「福曜海山」二古匾，及軟身媽祖、五帝爺、海山城隍、范謝二將軍神像，及若干神主牌位。

至於萬軍井（又名師泉井、施井、大井）之湧泉傳說，純屬訛傳，其發生之真實地點應在莆田湄州嶼附近的平海澳天妃宮前的水井，真正在澎湖發生的神蹟只有八罩島虎井一帶沙灘挖掘出淡水一事。造成這種附會訛傳，主要是清修的台灣諸府縣廳志書，將平海澳誤解為是澎湖的一澳，於是乎以訛傳訛，輾轉抄襲，流傳至今，澎人深信不疑，雖經前賢近人的駁斥，但很難扭轉民間的傳說及刻板印象。不過，若說當年施軍駐紮澎湖，曾汲泉飲用此井，應當可信，且此井也有可能在天后宮創建不久後，即已挖掘疏浚，供信徒、居民使用也是極有可能，不必因是訛傳附會，遂將此井的歷史價值完全抹殺。

附錄 施琅在台今存史跡

施公祠及萬軍井

文化資產局網站基本資料介紹			
文化資產類別	古蹟		
級別	縣（市）定古蹟	種類	寺廟
公告日期	1985/11/27	公告文號	臺內民字第357272號
評定基準	具歷史、文化、藝術價值	法令依據	《古蹟指定及廢止審查辦法》第2條第1項第1款
指定／登錄理由	具有保存價值		
所屬主管機關	澎湖縣政府		
地址或位置	澎湖縣馬公市中央里中央街1巷（施公祠10號） 澎湖縣馬公市中央里中央街1巷（萬軍井11號旁）		
主管機關	名　　稱：澎湖縣政府文化局 聯絡單位：文化資產科 聯絡電話：06-9261141#134 聯絡地址：澎湖縣馬公市中華路230號		

管理人 / 使用人	關係　　　　名稱 管理人　　　　項○○○○○○○ 管理人　　　　澎湖縣政府文化局（萬軍井）
所有權屬	關係　　　公私有　名稱 建築所有人　公有　　國有財產署（萬軍井） 建築所有人　私有　　施○○○○○○○○○○○
歷史沿革	施公祠及萬軍井位於天后宮東側中央街，施公祠原稱「施將軍廟」，本祠原位於媽宮澳東街與海壇館為鄰（今署立澎湖醫院東側急診大樓處）。原創建於清康熙 23（1684）年，施琅受封清海侯後所建的生祠。道光 12（1832）年後，因入祀海壇殉職官兵木主，乃易名為施公祠。道光 23（1843）年由海壇右營戍澎兵丁捐餉銀重修，並立碑記載。 「道光癸卯年花月　施公祠重修海壇右營戍澎各隊目兵丁等四百二十八名共捐餉銀壹百二十八兩四錢正董事海壇劉印元成另捐餉銀貳拾兩正海壇各伙房長全公立」日治大正 3（1914）年原館舍拆除興建澎湖島病院。施公祠與海壇館乃一同遷入原海壇標兵伙房處共祀（現址）。 施琅，福建省泉州府晉江縣人，曾為南明鄭芝龍、鄭成功父子的部將，後來因隙恨轉向降清。清康熙元年（1662）擢升為福建水師提督，康熙 22（1683）年施琅率水師攻打澎湖，與明鄭守軍於澎湖海戰，明將劉國軒戰敗後由吼門遁逃。鄭成功孫鄭克塽隨即降清，並被封為漢軍公。施琅因征台有功清廷封為靖海侯，施琅派兵進駐澎湖後，清廷准予施琅於澎湖收取澎民之船等規費每年 1200 兩，做為私人經費。至乾隆 2（1737）年 4 月 25 日，內閣奉上諭：「朕查閩省澎湖地係海中孤島，並無田地可耕，附島居民，咸置小艇捕魚，以糊其口。其年提臣施烺倚勢霸佔，立為獨行，每年得規禮一二○○兩。行家任意苛求漁人多受剝削，頗為沿海窮民之苦果。著總督郝

玉麟宣朕諭旨，永行禁革⋯⋯。」自此澎湖島居
民使脫離施琅的苛捐之苦。

施公祠由高聳的院牆與左右間仔和正廳所構成，
進入院門後即為中庭，左右兩房為間仔，正廳前
有一開敞的拜庭。正廳屋頂為燕尾式屋脊，兩旁
間仔是單脊硬山式馬背，整體建築形式屬澎湖傳
統的合院格局。祠院除了前排中間紅臉的神像是
施琅外，後排中供奉媽祖，左邊為玉帝爺，右邊
為海山城隍爺及范、謝將軍。西邊案桌供奉道光
12（1832）年赴台平定「張丙之亂」殉職的海壇
鎮鏢楊高陞及澎湖水師高清河等官兵的神位，祠
內有「寰海皆春」古匾，由道光 15（1835）年
澎湖水師副將詹功顯所題。天井西側牆上嵌有兩
塊古碑，一是道光 22（1842）年間的兩任澎湖
通判玉庚及王廷幹仝立的「大媽宮天后娘娘香油
公口碑」，另一是道光 23（1843）年「施公祠
重修」古碑。

民國 74（1985）年 11 月 27 日公告為縣定古蹟，
民國 91（2002）年 1 月 25 日修復至民國 93
（2004）年 5 月 21 日竣工。

但清康熙 21（1682）年施琅率軍駐紮福建莆田
的平海準備征伐澎湖之際，即教播媽祖庇佑，
湧泉濟師之語來振奮軍心。雍正 13（1735）年
澎湖廳通判周于仁撰《澎湖志略》，將平海的神
跡傳說附會到澎湖之上：「按天后即媽祖，康熙
二十三年六月靖海侯施琅奉命征鄭克塽，取澎湖；
入廟拜謁，見神衣半濕，始知實默佑之。又師苦
無水，琅禱於神，井湧甘泉，數萬師汲之不竭。
今其井尚存，名曰大井。及行，恍見神兵導引；
至鹿耳門，水漲數信，戰艦得逕入，賊驚奔潰。
琅上其事，奉昭加封天后。雍正四年，奉旨賜「神
昭海表」匾額。雍正十二年，余請於上憲，與關
帝廟春秋祭祀，俱取之正供云」。固此民間就此
位於澎湖天后宮東側的井稱為「大井」又稱之為

資料來源：
https://nchdb.boch.gov.tw/assets/advanceSearch/
monument/19851127000092

　　施琅，原名「郎」，降清之後易名為「琅」，但某些史籍則記為「烺」。其字尊侯，號琢公。福建泉州晉江衙口人。生於 1621 年（明天啟元年），卒於 1696 年（清康熙三十五年），享年七十有六歲。施琅逝世，康熙詔令追贈太子少傅，賜謚襄壯，給全葬，加諭祭三次。有司於福州、泉州、台灣立祀，配享文廟。1732 年（雍正十年），雍正帝特旨於京師建賢良廟，列施琅位次，春秋崇祀。可見清廷對他的殊榮與肯定。

　　施琅一生最偉大功業在於率清軍統一台灣，但也是爭議最大之焦點，古今論者已多，茲不贅述。由於這樣一段不尋常的經歷，故至今在台灣留下了不少關於施琅的史跡。

　　1683 年（康熙二十二年）既入台，傳曾設台南西定坊書院，為清代在台灣設書院之始，雖為時不長，嗣後關閉，對往後台灣文教事業或有若干助益。

　　施琅平台有功，封為靖海侯，世襲罔替，清廷贈給大片土地，永為勛業地。琅乃招漳泉移民開墾，徵收「施侯大租」，占地近三千甲，以永久業主靖海侯施之名義管理，稱為「施侯租地」。至今台灣仍保存有若干「施侯租」的契文，茲引一紙為例：

　　　業主靖海侯施，為給批事。照得本侯府祖遺勛，地

在嘉屬蕭壠保等處。查界內將軍莊有勛業一所，土名厝頭，東至車路，西至車路，南至吳超，北至胞弟，四至明白為界。內抽出四分二厘，付與莊佃吳謇前去耕種，年帶本侯府租谷四斗二升七。茲據吳謇前來認佃，合行給批。為此，批給該佃吳謇照約犁耕。自本年起應納之租，明約年年清款，到館交納，管事給單為據，不得拖欠租穀，亦不得私卸他人，亦不許額外侵漁；如有頂耕，應赴本侯府報明，另換佃批；倘有侵耕及抗租不法滋事，聽本侯府起耕呈官究追。各宜凜遵，給批為照。

業主靖海侯施

同治十年　月　日　給

施侯勛業地的設立，對施琅後裔、族人及鄉親到台灣的發展很有助益，故現在居住在台南、漳化、鹿港等地的施姓家族甚眾。

　台澎地區原有二座紀念施琅之祠廟。一為台灣府台灣縣寧南坊羨子林之施將軍祠，原為勇衛黃安住宅。1686 年（康熙二十五年），時人以琅入台不戮一人，且奏請保台，遂建祠祀以報之。惜 1720 年（康熙五十九年）因地震祠圮，遂廢，未再重建。今台南市所存史跡，僅有二碑，一為〈平台紀略碑記〉（按原碑無題，乃今人黃典權所名），高 280 公分，寬 106 公分，材質為花崗岩，現置於台南市中區永福路大天后宮之拜殿左壁，碑文如下：

台灣遠在海表，昔皆土番，流民雜處，未有所屬。及明季時，紅彝始有，築城與內地私相貿易。後鄭成功攻占，襲踞四世。歲癸亥，余躬承天討。澎湖一戰，偽軍全沒，勢逼請降。余仰體皇上好生之仁，以八月望日直進鹿耳門、赤嵌，泊艦整旅，登岸受

降，市不易肆，雞犬不驚。乃下令曰：「今者，提師跨海，要在平定安集。納款而後，台人即吾人，有犯民間一絲一泉者，法無赦。」士無亂行，民不知兵。乃禮遣降王入京，散其難民盡歸故里，各偽官兵載入內地安插。公事勾當，遂以子月班師。奏請於朝，為置郡一、縣三；分水陸要地，設官兵以戍之；賦稅題減其半。

夫炎徼僻壤，職方不載；天威遐播，遂入版圖。推恩陶俗，銷兵氣以光文治，端有望於官斯土者。是不可以無記。

康熙二十四年正月，太子少保、內大臣、靖海將軍、靖海侯世襲罔替、解賜御衣龍袍、褒錫詩章、兼管福建水師提督事務施琅立。

一為〈靖海將軍侯施公功德碑記〉，亦在台南大天后宮拜殿右壁，298公分，寬86公分，花崗岩，碑文如下：

古之勳立天壤，澤治人心，是皆勒燕，圖麟，流芳汗簡，千載為光者也。台灣自開闢鴻蒙以來，聖化未敷，鄭氏逋播於斯，凡歷三世；波濤弗靖，聖天子時廑南顧之憂。二十有二年，特簡靖海將軍侯施公招懷閭閻，閩之士民交慶曰：「維桑與梓，有長城矣！」

迨夫誓師銅陵，首戒妄殺。六月揚帆，風恬浪息；直搗澎島，克奏膚功。雖曰天命，詎非精誠所感哉？至若陣傷俘獲，悉為療藥，縱使還家。台人吾民，出自真摯，故台人始齊心而納款焉。降幡既授，兵不血刃；元黃壺漿，歡呼動地。其視晉公之平淮西、武惠之下江南，又殆過之！

然台去內地千里，戶不啻十萬。或欲一朝議棄，無

論萬家鳩鵠，買櫂無資；即令囊空歸井，飢寒慘迫，輾轉不堪憐乎？況為南疆吭咽，鹿耳險於孟門，墟其地，保無逋逃淵藪、貽將來憂者？是以力請於朝，籍為郡縣。此有功於朝廷甚大，有德於斯民甚厚！

迨勾當事畢，奏凱旋師，題留總鎮吳諱英者暫駐彈壓。而又念弁目之新附未輯也，兆庶之棄業虧課也，則又委參將陳君諱遠致者加意鈐束之，殫心招徠之。是侯之心，無一息可舒台民於懷抱，而東海陬壤，無一人不頌覆幬於如天也。

今荊棘遐旬，遍藝桑麻；詩書陶淑，爭炎桃李，極之戴發負齒之倫，莫不共沾教化，繫誰之功！台之人士，感於十年之後，久而愈深，群謀勒石以效衰思，歷疏所由，遠丐余言。余固□然□□矣，安能多□□，即以所詔余者代述以鐫刻之，俟夫異時太史之張大其事，而流芳奕世云。

侯諱琅，字琢公，籍泉之晉江縣。

康熙三十二年，歲次癸酉陽月穀旦，台灣縣四坊鄉者、舖民等全立。（姓名難以盡載，下略）

另一祠廟則是在澎湖縣馬公市之施公祠。施公祠原名施將軍廟，是紀念施琅平台所創建之生祠，可能創建於1683年（康熙二十三年），最遲不會晚於施琅逝世之年，即1696年（康熙三十五年）。1832年（道光十二年）後，可能因入祀海壇武營殉職官兵，不便專稱將軍廟，改名施公祠。今可確知者，1843年（道光二十三年），一座古碑碑文中已稱之為施公祠，并在是年由廟方董事海壇人劉元成，及海壇右營戍澎兵丁共捐餉銀重修。

施公祠原在馬宮澳東街，即今澎湖省立醫院地址，與海壇館為鄰，在1884年（光緒十年）中法戰爭中一度受損。

日治時期，在 1914 年（大正 3 年），因征用土地建立醫院，拆除館舍，施公祠與海壇館同遭浩劫，乃一同遷建於原屬於海壇標兵伙房中共祠，即今施公祠現址（馬公市中央里中央街一巷 10 號），由海壇人項秀明主持其事。海壇館派下弟子在日治時代仍有組織，定期聚會享祀，但光復後不久，因處分廟產事宜，引起紛爭，姐織因之瓦解，留下一約十平方公尺的廟地，在澎湖天后宮與施公祠間，以租金勉為香資之助。由於自清中葉起，施公祠即與海壇戍兵建立相當密切關係，所以一直由海壇人後裔管理，目前仍由項家管理、居住，內部擺設、裝潢雜亂，亟待整修。而項家亦視之為私廟，不歡迎外人入內參觀禮拜。

今施公祠所存古物，率多原海壇館遺物，如「環海畢春」、「福曜海山」二古匾，及軟身媽祖、五帝爺、海山城隍、范謝二將軍神像及若干神主牌位。真正施公祠之原跡，僅有奉祀之紅臉施琅神像與道光二十三年之重修古碑，時人不察，往往混淆在一起，不可不作一說明。

此外，施公祠尚有一康熙年間古碑，不知何時移置馬市公所前庭，再遷立於西文澳孔子廟前院，而碑文竟遭全部磨平，完全無法辨讀，幸碑文磨平前已收錄於蔣鏞《澎湖續編》、林豪《澎湖廳志》與黃典權《台灣南部碑文集成》，該碑勒石年代，黃典權判為 1685 年（康熙二十四年）左右，而原碑無題，故有名〈施琅將軍廟碑記〉或〈施將軍碑記〉，今人何培夫以為碑文乃施琅自述平台澎事功，碑名與碑文旨趣不符，乃改〈施琅靖台碑記〉，茲暫採其名，錄其碑文如下：

> 閩海汪洋之東，有島曰澎湖，明朝備倭，更番戍守。
> 及鄭氏據台灣，勢為咽喉，環島要害，皆設炮台，
> 因以為城。

康熙二十年辛酉八月間,余奉命專征至閩,群議咸以浩渺之表,難以奏膚。余乃矢策,繕舟輯,訓甲兵,歷有歲餘,以二十二年癸亥六月十四日乘南風由銅山進軍,直抵八罩。偽帥劉國軒統眾拒敵。適風息潮退,難以進取,余暫收軍八罩。再申軍令,以二十二日揚帆齊發,炮聲駭浪,火焰沖天,將士用命奮戰,盡焚其舟,而破其壘。偽軍全沒,死浮海中,以殷青波。時以為偽帥俱亡,不知其僅以身免,乘小艇匿敗艘二十餘遁去也。所有在水中撈起偽將士八百餘,帶傷負創、喘息猶存者,俱施以醫藥,浹月痊癒,仍給糧食,撥船載歸,令其傳諭台灣,束身歸命。其陸地偽將卒揚德等四千餘員名,倒戈乞降。余更奏請,奉有旨,赦其前罪。是以台灣人心咸知有生,紛紛內潰。偽藩及偽文武,自度勢窮難保,修降表至矣。余遂於八月望日,躬臨赤嵌受降,海疆從是廓清。以數十年來未靖之波,臨淵血戰始定,則斯島謂非巖區歟!是誌于□□□朝□成之,故記之云。

太子少保、靖海將軍、靖海侯世襲罔替、水師提督事務施琅立。

　歲月滄桑,施琅在台澎之史跡,現所存者:一祠宇、一神像與四古碑。在這些倖存的文物中,或可依稀想見先人的艱辛與今人的懷古之情。

後記

　　我個人在民國 110 年（2021 年）7 月從佛光大學宗教所退休，退休前數年已在規劃退休後生涯，一是整理個人著作，分類結集，陸續出版，二是賡續《臺灣史研究名家論集》的主編工作。

　　眾所周知，我之治學領域，集中在臺灣史的行郊、寺廟、古蹟三大領域，分別交由揚智出版社與蘭臺出版社出版，按課題出版的已有貿易類《清代台灣的商戰集團》及增訂新版的《清代台灣行郊研究》，其他尚有交通類的《臺灣古道與交通研究》、家族與人物類的《從古蹟發現歷史卷一：家族與人物》、《台灣家族人物與古蹟歷史》。寺廟類則有《從寺廟發現歷史》、《寺廟與台灣開發史》、《竹塹媽祖與寺廟》、《民間文書與媽祖廟之研究》。按地區出版的有《古蹟‧歷史‧金門人》、《竹塹媽祖與寺廟》、《宜蘭古蹟揭密—古道、寺廟與宜蘭人》、《台灣古蹟探源》，民俗飲食類有《台灣舊慣生活與飲食文化》、《臺灣民俗與信仰》，另有與其他學者合編的空大教科書《北部台灣的歷史與文化》。諸書雖有分類，不免會有模擬兩可，灰色地帶的重複，也在所不計了！

　　這次按地域集結出版的《澎湖古蹟與歷史》書，顧名思

義，自然是將我歷年來所寫有關澎湖古蹟與歷史，合併一集出版，其中收錄有〈清代澎湖臺廈郊考〉、〈澎湖臺廈郊補闕〉、〈全臺首座燈塔—西嶼燈塔的史蹟研究〉、〈澎湖媽宮城隍廟〉、〈清代澎湖海防經營與西嶼東砲台的歷史研究〉、〈澎湖媽宮觀音亭〉、〈施公祠、萬軍井的歷史研究〉，及應大陸某次施琅會議而草撰〈施琅在台今存史跡〉作為附錄。如今三校既畢，出書在即，略綴數言，說明此書出版因緣，深盼方家學者與澎湖鄉親父老多多指教。

　　再，本書得由杜潔祥學長，謝貴文教授兩位好友賜序，增添無上光榮，謹此致謝！

卓克華于三書樓

111.10.10

國家圖書館出版品預行編目資料

澎湖古蹟與歷史 / 卓克華著. -- 初版. -- 臺北市：蘭臺出版
社, 2022.12
　　面；　公分. --（臺灣史研究叢書；20）
　　ISBN 978-626-96643-3-7(平裝)

1.CST: 古蹟 2.CST: 歷史 3.CST: 歷史性建築 4.CST: 澎湖縣

733.9/141.6　　　　　　　　　　　111018673

臺灣史研究叢書 20

澎湖古蹟與歷史

作　　者：卓克華
主　　編：張加君
編　　輯：沈彥伶
美　　編：沈彥伶
校　　對：楊容容
封面設計：陳勁宏
出　　版：蘭臺出版社
地　　址：臺北市中正區重慶南路1段121號8樓之14
電　　話：(02) 2331-1675 或 (02) 2331-1691
傳　　真：(02) 2382-6225
E - MAIL：books5w@gmail.com或books5w@yahoo.com.tw
網路書店：http://5w.com.tw/
　　　　　https://www.pcstore.com.tw/yesbooks/
　　　　　https://shopee.tw/books5w
　　　　　博客來網路書店、博客思網路書店
　　　　　三民書局、金石堂書店
經　　銷：聯合發行股份有限公司
電　　話：(02) 2917-8022　　　傳真：(02) 2915-7212
劃撥戶名：蘭臺出版社　　　　　帳號：18995335
香港代理：香港聯合零售有限公司
電　　話：(852) 2150-2100　　傳真：(852) 2356-0735
出版日期：2022年12月 初版
定　　價：新臺幣360元整（平裝）
ISBN：978-626-96643-3-7